U0139044

警察系列

警察危害防止
實踐之研究

|第二版|

Research on Police Hazard
Prevention Practice

陳永鎮　著

五南圖書出版公司 印行

　　警察執法以危害防止爲主要職責，依據法令之性質仍屬行政法各論的範疇，故警察執勤處理違序案件，舉凡社會安寧秩序之維持，經常在危害防止的行政行爲作用中，衍生至輔助司法作用的犯行追緝，尤其社會環境快速變遷之下，民眾聚眾鬥毆、加暴行於人，甚至互毆等違序、違法行爲，警察在危害防止之實踐上，經常遇有此種行政與刑法競合及轉換的疑義與處置上的難處，以至於在執勤上，需有新的跨越警察行政法學及刑事法學領域的思維加以因應，在新思維的概念下，仍須立基於雄厚的警察行政法學基礎上，基此，大法官釋字第570號解釋，說明警察法第9條賦予警察職權之規定，有依法發布警察命令之職權，但卻僅限具有組織法劃定職權與管轄事務的性質，尚欠缺行爲法之功能，不足以作爲發布限制人民自由及權利之警察命令的授權依據，需以其他作用法作爲執行職權之依據，因此，如何在職權及權限範圍內實施裁量，成爲警察執法所面臨的重大考驗，執勤上，具有強大裁量權的背後，更蘊藏著極易產生廉政風險事件的誘因，警察執法時不得不慎。惟此，坊間甚少針對此部分加以深入探討、分析各種作用法之實踐，因此，本人將研究成果，彙集成書，提供實務機關與學術界，在警察危害防止之實踐上參考。

　　針對警察危害防止實踐之研究，作者之基礎在於30年來，服務於中央及地方警察機關執行行政、刑事調查工作之經驗。民國100年轉調任法務部廉政署服務期間，對警察執勤廉政風險之分析、調查與研究，及持續至中央警察大學、國立中正大學進修法學碩士、博士等，除專任教授警察法規、警察法規專題研究等課程（兼任課程召集人）外，並在其他大學法政系、醫社系等兼任相關警察法規（含警察法規、社會秩序維護法、警察職權行使法）、刑事政策、刑法專題、少年事件處理法、犯罪學（概論、理論與實務）、犯罪心理學等課程師資，使實務與學術相結合，從法學觀點、違序處理、偵查實務、犯罪防治到刑事政策等基礎之經驗，及從事教學工作後，與法學專家，進行專家焦點座談與量化、質性訪談，加以研究探討警察處理違序案件，客觀面對危害防止實踐之議題。

　　本書架構主要立基於警察執行職權，實踐危害防止之現有秩序法理論基礎上，加以區分為四大部分八章加以論述警察危害防止之實踐：

　　第一部分：著重在實踐之相關法源與風險之探討，分布在本書第一章。

　　第二部分：著重在探討警察危害防止之勤務運作易衍生之廉政風險議題，分布在本書第二章之涉貪態樣、第三章之貪污犯罪決意。

　　第三部分：著重在秩序罰之現況與處理，分布在本書第四章之執行社會秩序維護法現況探討、第五章處理違序案件之研究。

　　第四部分：著重在實踐危害防止之際，遭受不法侵害用槍議題之探討，分布在本書第六章之各國警察人員執勤用槍規範之探討、第七章之警察人員用槍涉訟現況初探、以及第八章之執法使用槍械致人傷亡涉訟歷程之實證研究等。

　　本書將警察危害防止實踐之理論與實踐、職權行使所衍生廉政風險之態樣與決意、分析警察處理違序案件現況與裁定之趨勢、各國警察執勤用槍之現況規範、執法使用槍械致人傷亡之責任、涉訟歷程等議題加以解析。

　　本書之出版問世，感謝五南圖書的協助與推動，以及在學習研究中，臺灣警察專科學校提供優良的環境、資源與研究空間，擔任警察法規召集人職務，不斷與課程教師請益及討論，提供本人寬廣的寶貴意見、思考方向及建議，給予本人莫大的助益，另對參與之受訪談者、焦點座談之專家學者與協助彙整裁判書類之警專35期、36期參與研究的同學，重要的是我父母、家人全力的支持，本人無比感謝。

於興隆崗萬芳樓314室

目 次

序

摘要

　　本文主要利用文獻探討，論述警察執行危害防止之概念，以警察執行職權之依據緣由加以探討，目的在於使警察執行違序及協助犯罪偵查時，釐清執法依據之差異，警察法第2條賦予警察任務為起端，從而在大法官釋字第432號、第491號及第570號之解釋，加以說明，從德、日體系之脈絡，釐清我國警察危害防止之法源，再論及名詞定義與概述警察職權行使法、社會秩序維護法與警械使用條例之警察作用法，進而分析出警察危害防止任務轉換犯行追緝之關聯，釐清警察執勤勤務類別中，以查緝色情為警察人員廉政風險最高的勤務，其次，為洩密、偽造文書，皆為警察人員涉貪廉政風險之徵候易涉貪之廉政風險等，以供實務機關執行之參考。

關鍵字：危害防止、犯行追緝、警察職權、警察執勤、警察廉政風險

---

* 本文曾發表於應急管理學報第3卷第3期（2019年7月）；因社會秩序維護法、警械使用條例修法，予以修正部分內容。

第一節　前言

　　警察執行危害防止，係基於警察法賦予之警察任務，該任務乃明定於警察法第2條及警察法施行細則第2條將其區分為主要任務及輔助任務，亦即為主要任務有三：依法維持公共秩序、保護社會安全、防止一切危害；輔助任務有：促進人民福利。而在警察依法執行四大任務之際，發現有諸多不確定概念的法律用語，諸如：「公共秩序」、「社會安全」、「一切危害」、「人民福利」等，在執行上產生疑義，所以必須先界定「警察」及上述四種名詞之定義；爰依據大法官釋字第432號解釋：略以，法律明確性之要求，非僅指法律之文義具體詳盡之體例而言，立法時仍得衡酌法律所規範生活事實之複雜性及適用於個案之妥當性，從立法上適當運用不確定法律概念或概括條款而為相應之規定（李震山，2016：37）。

　　另大法官釋字第491號解釋，更明確說明，若法律以抽象概念表示者，其意義需非難以理解，且為一般受規範者所得預見，並可經由司法審查加以確認，才符合法律明確性原則（李震山，2016），基此，首先需瞭解賦予警察任務之警察法本身之性質為何？著手瞭解，依據大法官釋字第570號解釋，警察法第2條及第9條賦予警察任務及職權，並規範內政部為中央警察主管機關，故得依法行使職權發布警察命令。但警察命令內容涉及人民自由權利者，亦應受法律保留原則之拘束。同法第9條第1款規定，警察有依法發布警察命令之職權，僅具組織法之劃定職權與管轄事務之性質，欠缺行為法之功能，不足以作為發布限制人民自由及權利之警察命令之授權依據。

　　所以，警察依法執行四大任務，皆以危害防止為主要職責，在職權行使上，均需依據各種警察作用法執行，諸如：警察職權行使法、道路交通管理處罰條例、社會秩序維護法、集會遊行法、警械使用條例等，不得以警察法第9條所賦予之警察職權為其依據，方符大法官解釋及法律規範。

第二節　警察危害防止實踐之法源

　　警察行政法規範，主要規範警察組織、作用與救濟，其中涉及法律公平正義與人權保障，所以警察執行危害防止，經常觸動強制措施，以強制、干預手段取締限

制人民自由，故需有法源依據方可爲之，除警察專用法外（警察法、警察職權行使法、社會秩序維護法、警械使用條例、集會遊行法等），尚有警察非專用法（行政執行法、行政罰法、行政程序法、公務員行政中立法等），論及法制，則需以我國法律體系脈絡加以釐清，而我國警察法制承襲德國、日本而來，茲將其概述如下：

德國警察法係在基本法公布前，其特徵主要爲警察得以概括條款授權採取干預措施，其任務過於廣泛，及於一般行政之危害防止，而於基本法公布後，則強調警察事務爲邦事務，警察任務、職權皆以具體規範，直至1983年迄今，均強化警察職權在個人資料保護及危害爲具體發生前之防止，亦即危害防止之概念（許文義，1999），惟因時代變遷，致德國體制轉換，法規範疇亦隨之大幅調整，以配合歐盟條約與規章，使之走向另一里程（林明鏘，2009）。

Drews、Wacke、Vogel、Martens等人於1985年著有危害防止（Gefahren-abwehr）一書，第九版書中第三篇第八章至第十二章論及警察概括條款與特別指令、第四篇警察依概括條款之警察任務、第六篇第二十三章至第二十九章論及警察行爲，以及第七篇第三十章至第三十三章論及權利救濟與補償請求（李震山，2016：25-26）。

Scholler、Schloer於1993年第四版也著有「德國警察與秩序法原理」，第三章至第五章論及聯邦警察與警察之權限、警察任務及警察特別法權限，第十章至第十六章，亦論及警察處分所及之對象、職務行爲、警察與秩序法內職權行使之型態、對警察處分與裁量內容上之要求、處分之執行、國家責任、損失補償及費用求償請求權，以及權利保護與監督（李震山譯，1995）。

Knemeyer於2007年著有「警察與秩序法」其中有三大重點，即包含有德國危害防止之發展及組織，分別於第一章至第六章論及危害防止之發展、機關、行爲形式、執行之發動、職權措施、特別職權，以及第十三章特別領域秩序安全機關之危害防止等（李震山，2016：27）。

Götz更於2013年第五版亦著有「警察與秩序法通論」第七章論及危害防止作爲警察任務與職權之基礎，第八章一般職權與特別職權，第十二章危害防止之措施，第十七章警察危害防止，第十八章犯行與秩序違反之追緝，第十九章針對警察措施之法律救濟（李震山，2016：26）。

　　Pieroth、Schlink、Kniesel等人於2016年第九版合著有「警察與秩序法」一書共七篇，第二篇以危害防止作爲警察與秩序法機關之任務，第四章至第六章說明危害之定義、任務、管轄、程序與形式以及第五篇論及集會自由等（李震山，2016），上述均爲我國警察危害防止之實踐，奠定良好基礎。

　　日本警察法制部分，依據鄭善印教授就日本警察法制之研究，論及二戰前，日本之行政警察執行職權，係依據行政警察規則（並非法律位階）或行政執行法，二戰後，基於法位階體制觀念，無論行政警察或司法警察執行職權，皆已依國會制定之法律爲依據，並訂定「警察法」，以爲組織、任務、職掌及官制之依據，將警察組織分爲中央與地方。至於日本全國警察所執行之任務，均定有明文（李震山，2016），僅限於：

一、個人生命、身體及財產之保護。
二、犯罪之預防、鎮壓及偵查。
三、嫌疑犯之逮捕。
四、交通之取締。
五、公共安全與秩序之維持。

　　爲了執行警察法所賦予之任務，亦定有警察職務執行法，第1條開宗明義規定：本法訂定之目的，爲使警察官能忠實順利進行警察法鎖定之保護個人生命、身體及財產，預防犯罪，維持公共安全以及執行其他法令等職權職務，而規定其必要之手段（李震山，2016：24-25）。

　　依此，足以看出日本警察法與警察官職務執行法間，有目的與手段之關係；更明確賦予日本警察執法重要的法律，至於偵查犯罪部分所依循的刑事訴訟法，仍與我國相同係以檢察官爲主體，所以未列在警察法制上，此與我國最大之差異[1]。基此，日本警察法與警察官職務執行法、德國基本法與警察秩序法等，對我國警察法及相關作用法影響甚鉅。

---

[1] 我國警察法第9條更賦予警察必須協助偵查犯罪，並執行搜索、扣押、拘提及逮捕之強制力，以遂行協助偵查犯罪，更在刑事訴訟法第229條至第231條明定在非同一機關隸屬下，用法律創設跨機關之指揮體系，致使警察在組織架構上，屬於檢察官偵查犯罪之助手，但實際上亦衍生主從關係。

第三節　警察危害防止之實踐

　　警察執行危害防止之任務時，亟需釐清之相關名詞及各種要件之作用法，諸如：警察、公共秩序、社會安全、一切危害、人民福利等皆較不具明確性之用語，故有必要加以說明，定義明確後，再論及警察執行警察任務亦即危害防止所依據之作用法範疇，以利警察危害防止之實踐。

一、名詞定義

（一）警察

　　從各項之研究中，警察之異議具有強烈時空性，亦隨時空因素與時代背景之轉換，對「警察」之定義，亦隨之有所不同（李震山，2016：3），我國警察近期經歷過戒嚴時期之警察國時代[2]，轉而解嚴後，邁入法治國階段迄今，而警察之作用係與人類社會同來，每個國家必有維持公共安寧秩序作用，從廣義、實質的意義而言，係針對「功能」加以觀察，只要具有前述警察意義之作用、及行使此一意義之權限者，均屬之。

　　我國警察，創自前清末葉，而「警察」一語，卻來自於日本，譯自於英、法、德，源於拉丁、希臘語，其意義均含有「城市統治」的方法，但卻寧可說為「市民團體」的行政管理，隨之傳入法、德之後，則警察之意義，被解釋為良好秩序之意（陳立中、曾英哲，2017：6-7）。依據大法官釋字第588號解釋，說明我國現今法治國時代之警察定義，實應為「維護社會公共安寧秩序或增進公共利益為其直接目的，基於國家一般統治權，以命令或強制人民之作用」。其觀念要素有三（陳立中、曾英哲，2017：7）：

1. 由目的言，警察以維護社會公共安寧秩序或增進公共利益，為其直接目的。
2. 由手段言，警察係以權力命令、強制人民之作用。

---

[2] 政府利用警察之權力，以實現國家之目的，此時代稱為警察國時代。其使用警察一詞，是指國家整個政策，將警察當作國家政務之總稱，即以全部之國政作為警察工作。只因為當時國家以一般福利為藉口，干涉人民生活過甚，國家之活動乃擴張到沒有限制。國家與國民祇存有權力服從關係，從而個人自由受極大拘束，警察便成為重要之手段使用警察命令的名義政府為增加人民之一般福利，這不過是一種得用警察命令的名義，對於人民之私生活，由生產至消費，積極予以干涉統治。

3. 由權力之基礎言，警察係基於國家一般統治權之作用。

　　經由統整，具體說明警察之定義，「凡基於維護社會安寧秩序或增進公共利益為目的，對於人民以命令或強制，並限制其自由之作用，均為警察」。但此種意義之警察職權，並不限於狹義具有形式之警察機關或警察人員所行使，其他行政機關，亦有依法行使此種命令或強制之權力。例如建築主管機關依據建築法規之規定，取締建築物；衛生、環境保護主管機關依據衛生、環境保護法令之規定，執行防疫、檢疫、管理藥品、保護環境等是。所以，有人主張各種行政作用中應有其適當之警察權：命令權與強制權（陳立中、曾英哲，2017：7）。

　　釋字第588號解釋文第四段，載明「依行政執行法第19條第1項」，關於拘提、管收交由法務部行政執行署所屬行政執行分署派員執行之規定，為憲法第8條第1項所稱「警察機關」，所以，憲法第8條第1項所稱「非經司法或警察機關依法定程序，不得逮捕、拘禁」之「警察機關」，並非僅指組織法之形式「警察」之意，凡法律規定，以維持社會秩序或增進公共利益為目的，賦予其機關或人員得使用干預、取締之手段者均屬之，即所謂之學理上之警察，但在本書所謂之「警察」，僅為「形式上」、「法制上」、「組織上」、「狹義上」之警察，也就是說，從警察法規定之警察任務、警察機關及警察人員行使警察職權，所表現於警察行政作用中之警察意義。

　　故以，警察機關與警察人員以法規為依據之行政作用；係依據法規，維持公共秩序、保護社會安全、防止一切危害為主要任務之行政作用；係依據法規，促進人民福利為輔助任務之行政作用；係依據法規行使職權，以服務、勸導、維護、管理、命令、強制與制裁等為手段之行政作用，所以，本書所稱之警察係為形式、狹義、組織上及法制上之警察。

（二）公共秩序

　　公共秩序之概念，德國普魯士高等行政法院之見解，與普魯士警察行政法第14條立法理由，公共秩序所保護者，係公共生活中個人行為的整體不成文規範，故遵守該規範係國民共同生活不可或缺之要件（李震山譯，1995：70）；而本文中所謂維持公共秩序，乃指將有關公眾之食、衣、住、行、育、樂等共同生活，納入正常有序之健全狀態，亦即法規所希望人人各守其分，使社會不發生紊亂現象，而保持

圓滿安和狀態。例如社會秩序維護、交通秩序維持、市容整理、廣告物管理、特定營業管理等皆爲之（陳立中、曾英哲，2017：9）。

（三）社會安全

社會安全，在德國係以「公共安全」稱之，指的是個人之生命、健康、自由及財產不可傷害性、法規範（秩序）的保護、以國家重要設施之維護；亦即爲維護個人重要之利益及國家設施。此種公共安全之概念，包括生命、健康及財產的保護，這些都屬「個人利益」，而公共性的概念特徵，必須強調，僅限於跟公共有關，而遭受危害的利益與公眾，警察方得介入（李震山譯，1995：65）。而本文中所謂保護社會安全，泛指保護個人、社會、國家之安全法益而言，例如：自衛槍枝管理、槍砲彈藥刀械管制、集會遊行管理，民用航空器之安全檢查等皆是。而安全，其與憲法第十三章基本國策、第四節社會安全之涵義，兩不相同。惟維護公共秩序與社會安全，同時亦須能防範妨害公共秩序及社會安全之事端發生；如無法防範其發生時，更應運用有效方法，遏阻、消除其擴大或繼續存在。警察執行任務之重心，並在於預防、搶救種種不幸之危害發生，使人民生命、身體、自由、財產不受侵害（陳立中、曾英哲，2017：9）。

（四）一切危害

有危害之存在，警察方有保護之法益，所以危害概念之特徵，係屬一種狀況，在該狀況發生時未加阻止，則極有可能因狀況或行爲，所造成的損害，而成爲對公共安全（或秩序）法益之損害；德國Bayern邦的警察任務法中，則以「一般存在之危害」稱之爲抽象危害；此種一般危害亦被視爲危害概念的本身，特別是用於作爲警察預防抗制犯罪行爲之依據（李震山譯，1995：73）。而本文中所謂一切危害，包括天然災害與人爲危害。前者如水災、火災、風災、震災等是；後者如侵害國家利益、社會利益、個人權益之犯罪行爲及依法應處行政秩序罰之行爲等。擾亂社會秩序安全之行爲，莫過於犯罪，所以防制犯罪，爲警察重要職責。我國警察法第2條之警察任務，已容納警察職權中，例如違警處分、行政執行，使用警械，以及有關警察業務之保安、正俗、交通……外事處理等事項。協助偵查犯罪及執行搜索、扣押、拘提及逮捕等事項，係輔助刑事司法作用，雖明定於警察法中，惟其爲刑事訴訟法所規定者，乃屬刑事司法之範圍。警察任務之防止一切危害，亦均以法令規定者爲依據（陳立中、曾英哲，2017：10）。

（五）人民福利

應以一般行政遇有障礙非警察協助不足以排除，或因障礙而有妨害安寧秩序，協助之，亦即職務協助。例如營建主管機關依法拆除建築物，遭受人民抗拒阻撓的障礙。法律有規定者，依其規定協助之。例如海關緝私條例第16條規定警察機關協助緝私。經內政部同意之他種行政命令有規定者，依其規定協助之。例如觀光旅館業管理規則爲交通主管之行政命令，經內政部同意後會銜發布，其中規定有由警察機關協助執行事項（陳立中、曾英哲，2017）。

二、警察執行職權相關作用法

警察作用，係組織意義上，警察機關與警察人員爲了達成警察任務，依法所採取之相關作爲之措施的總稱，並以達成警察任務爲依歸，所以可以區分爲危害防止與刑事之公共性危害（李震山，2016：189），警察執行危害防止任務，所執行職權之依據，警察專用法令及非專用法律等，諸多行爲法爲執行之依據，惟實際運用大多以違序裁處之社會秩序維護法、執行職權所運用之警察職權行使法，以及爲確保民眾及執勤人員自身安全考量，則依警械使用條例加以使用、防範爲主軸，本文茲將警察職權行使法、社會秩序維護法及警械使用條例等，警察危害防止作用法概述說明如下：

（一）警察職權行使法

警察職權行使法係規範警察行使職權時，所採各項必要措施之規定，諸如：查證身分、資料蒐集及即時強制等，其內容涉及行政權與國家及人民間權利義務之關係，所以，在性質上歸屬於行政法性質。在法定內容上，係爲達成警察防止危害任務所爲之必要行爲，特別是對於強制性之行政行爲，具體明確規定其要件與程序，且有可預見性，故亦屬行政法中之作用法性質。

綜觀所有警察職權行使法中，並未發現有任何具體之裁處抑或處分之規定，現行警察行使職權所涉法律，比如說，警察勤務條例中的臨檢、治安人口查察、集會遊行法之資料蒐集及不得攜帶物品之扣留等，其相關要件、程序尚缺乏明文規定，不符法律明確性原則；透過警察職權行使法之制定，將使警察行使上述職權，有明確之法律依據，本法與各該法律有互爲補充之作用。

　　警察職權行使法之重點，乃在於第3條所示：警察行使職權應符合比例原則[3]及警察對於原無犯意之人民不得實施「誘捕偵查」之行為，惟誘捕偵查非一概違法，在行為人原無犯意，純因偵查機關之設計誘陷，以唆使其萌生犯意，待其形式上符合著手於犯罪行為之實行時，再予逮捕，乃違法之誘捕偵查，即所謂「創造犯意型之誘捕偵查」；而行為人原已犯罪或具有犯罪之意思，偵查機關獲悉後已開始偵查，為取得證據，僅係提供機會，以設計引誘之方式，使其暴露犯罪事證，待其著手於犯罪行為之實行時，予以逮捕、偵辦者，即所稱之「提供機會型之誘捕偵查」。上開違法誘捕偵查，縱其目的在於查緝犯罪，然因手段顯然違反憲法對於基本人權之保障，且已逾越偵查犯罪之必要程度，對於公共利益之維護並無意義，亦即造成基本權之干預，且欠缺正當性，因此等違反法定程序所取得之證據資料，應不具有證據能力[4]；第4條所示：警察行使職權時，應著制服或出示證件（二擇一）表明身分，並應告知事由；第6條基於預防犯罪與防止危害而身分查證與公共場所、路段及管制站之指定等要件及限制，屬於靜態思維；第7條所示：警察行使查證身分職權時，得採取必要措施；另對無法查證身分者，得將其帶所查證不得逾3小時；第8條所示：對已發生危害或易生危害之交通工具，得實施攔停檢查並強制駕駛人或乘客離車及檢查交通工具。第10條所示：於可能發生犯罪案件之公共場所或公眾得出入之場所（含路段），裝設監視器。第11條之「長期監視」措施；第12條及第13條所示：線民運用予以法制化，明定其相關要件及程序；第15條所示之得定期查訪治安顧慮人口，以防制其再犯；第19條之保護性的管束、安全性的管束及概括性的管束，第20條戒具使用時機要件，以及第29條至第31條之權利保護事宜，對警察行使職權有違法或不當情事，致損害人民權益者，人民得依法提起訴願及行政訴訟之救濟等。

　　警察執行危害防止階段，依警察職權行使法規定之所有職權行為，皆屬警察之行政行為，此種行為之特色應具有「預防性」、「主動性」、「事前性」、「廣泛性」，其非但不受司法之事前監督，也不受中央警察機關就個案所作之指揮與監督，至於何時應如何運用職權，才能妥當行使行政權所賦予之權限作用，需由警察人員自行判斷負責，其行使的約制為「比例原則」。所以，警察職權行使法之範圍

---

[3]　比例原則之呈現需符合適當性原則、必要性原則及狹義比例性之相當性原則，先講適當性再談必要性，最後仍須兼顧相當性原則，此三種原則之組合方為「比例原則」。
[4]　參見最高法院104年度台上第266號刑事判決。

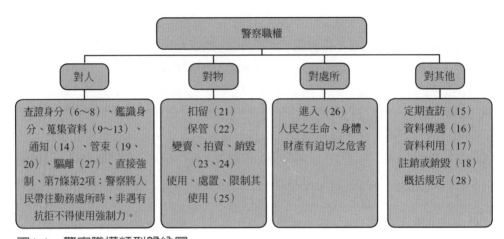

圖1-1　警察職權類型歸納圖
資料來源：李震山（2018）；作者繪製。

包含「警察之行政調查活動，諸如：查證身分、蒐集資料等，此部分與行政程序有關」、「警察即時強制：屬行政強制之行為，則與行政執行程序有關」（鄭善印，2003；陳正根，2010）。

　　警察執行危害防止，實踐之依據為警察職權行使法，該法第2條明示警察之具體公權力強制措施之職權：將其區分為對人、對物、對處所以及對其他等四大部分，對人部分以身分查證（第6～8條）、鑑識身分、蒐集資料（第9～13條）、通知（第14條）、管束（第19、20條）、驅離（第27條）以及直接強制[5]（第7條第2項）；對物部分以扣留（第21條）、保管（第22條）、變賣、拍賣、銷毀（第23、24條）、使用、處置、限制其使用（第25條）；對處所部分為進入（第26條）；對其他部分為定期查訪（第15條）、資料傳遞（第16條）、資料利用（第17條）、註銷或銷毀（第18條）以及第28條概括規定（圖1-1），均為警察執行職務時重要之依據，故加以區分，期能明確執法。

（二）社會秩序維護法

　　社會秩序維護法（下稱社維法）制定之目的，為維護公共秩序，確保社會安寧

---

[5] 指以體力、幫助物或武器，對人或物強制干預的警察最後手段之一，但必須是其他強制方法（間接強制）皆不合目的時，才得依法行之，例如：警職法第7條第2項：警察將人民帶往勤務處所時，非遇有抗拒不得使用強制力（李震山，1999）。

而制定社會秩序維護法，故在本法規定違反社會秩序行爲的法律要件、效果與處罰程序的法律，所規定處罰程序之調查、裁處、執行、救濟，除部分由司法機關裁定外，其餘都是由警察機關爲之，所以歸類爲行政特別法範疇，用以約束人民違反社會秩序維護法行爲，處罰之依據，猶如日本的輕犯罪法、德國的秩序違反法以及新加坡的刑法第八章違反公共秩序安寧罪。

　　警察在危害防止階段，有關違反社會秩序行爲之行爲態樣（包含妨害安寧秩序、妨害善良風俗、妨害公務、妨害他人身體財產）、責任、認定、處罰、時效、管轄、調查、裁處、執行、救濟（區分爲警察機關處分、簡易庭裁定之救濟及救濟之捨棄與撤回）等，依據本法加以約制，爲能確實維護人身自由、營業自由等，需有相關之細項規範，由法院加以裁定，諸如，依據本法訂定之違反社會秩序維護法處理辦法、拘留所設置管理辦法、沒入物品管理規則、警察機關辦理社會秩序維護法案件應注意事項、法院辦理社會秩序維護法案件應行注意事項、地方法院與警察機關處理違反社會秩序維護法案件聯繫辦法等，儼然，形成嚴密之體系架構，而此，在警察執行危害防止時，主要之秩序罰依據，皆與警察職權行使法互爲補充。

　　爲使警察機關與人員，執行違序行爲之取締與裁處及執行裁處之效果能有效實施，故訂定違反社會秩序維護法處理辦法，分別解釋違反社會秩序維護法行爲時之處理辦法，區分總則、警察機關之管轄、警察機關之調查程序、移送、裁處、救濟、易以拘留、執行及附則等九章（圖1-2），儼然規範處理社會秩序維護法案件之名詞定義、管轄區分、調查程序、移送、裁處及救濟與裁罰種類如何執行，使警察在處理違序事件實有所遵循（見表1-1）。

　　違反社會秩序維護法處理辦法加以區分，所以在總則：分別規範制定依據；解散、檢查、禁止、勸阻者；書面通知管教、監護；二種以上處罰之處理；裁處確定及名詞界定——查禁物、再有違反行爲、再次違反、深夜、情節重大之認定標準、噪音、職業賭場等；警察機關之管轄：說明由警察機關處分之案件；競合、指定管轄；移送；涉嫌違反刑事法或少年事件處理法之認定及程序等；警察機關之調查程序：說明查獲可爲證據應予沒入之物的處理；證人、關係人之書面陳述；強制到場時之保護身體、名譽；填具報告單與隨案送行爲人之要件；訊問態度、即時訊問原則、實施訊問之處罰、方式與筆錄記載事項、申辯、隔離訊問與對質；筆錄之製作方式；證據之適格、調查等；違序之移送：規定移送簡易法庭及文件；裁處部分：規定宣告處分之程序；處分書之更正等。以及，救濟之規範：說明聲明異議之提

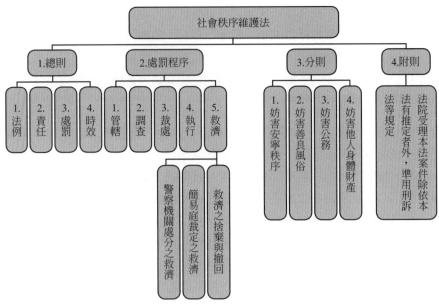

圖1-2　社會秩序維護法架構圖
資料來源：作者繪製。

出；原處分機關之處置；簡易庭之處置；在途期間之準用與回復原狀之聲請等；警察機關之**執行**：說明執行機關；合併執行、囑託執行；拘留之執行、停止拘留執行之情形；被處罰人之同意書；收繳罰鍰與沒入款項程序；沒入物品之處理；罰鍰之繳納、許可分期繳納罰鍰；停止營業、勒令歇業之執行；申誡之執行；執行通知單應載事項等。均在使警察能更有效的執法。

　　警察在實踐危害防止之時，對於違序行為大多需採取干預及強制等手段，在調查原因、逕行通知到場、對強制到場等考量標準，皆為線上執勤員警必須熟識及需依循比例原則，爰依社維法第39條為調查之原因，有四種狀態，亦即為：警察機關因「警察人員發現」、「民眾舉報」、「行為人自首」、「其他情形知有違反本法行為之犯罪嫌疑人者」，應即開始調查[6]。但實施調查之際，則需以傳喚證人或違序者到場詢問為基本程序，故需以書面通知為原則，逕行通知到場為例外，所以，警察處理違反社維法之現行違反案件時，非有下列三種情形應避免逕行通知到

---

[6] 警察機關辦理社會秩序維護法案件應注意事項第3點。

表1-1　違反社會秩序維護法處理辦法體系架構表

章節	名稱	處理辦法內容
第一章	總則	1.制定依據；2.解散、檢查、禁止、勸阻者；3.書面通知管教、監護；4.二種以上處罰之處理；5.裁處確定之定義；6.查禁物之定義；7.再有違反行為之定義；8.再次違反之定義；9.深夜之定義；10.情節重大之認定標準之定義；11.噪音之定義；12.職業賭場之定義
第二章	警察機關之管轄	1.由警察機關處分之案件；2.競合、指定管轄；3.移送；4.涉嫌違反刑事法或少年事件處理法之認定及程序
第三章	警察機關之調查程序	1.查獲可為證據應予沒入之物的處理；2.證人、關係人之書面陳述；3.強制到場時之保護身體、名譽；4.填具報告單與隨案送行為人之要件；5.訊問態度；6.即時訊問原則；7.實施訊問之處罰方式與筆錄記載事項；8.申辯；9.隔離訊問與對質；10.筆錄之製作方式；11.證據之適格、調查
第四章	移送	1.移送簡易法庭；2.移送文件
第五章	裁處	1.宣告處分之程序；2.處分書之更正
第六章	救濟	1.聲明異議之提出；2.原處分機關之處置；3.簡易庭之處置；4.在途期間之準用；5.回復原狀之聲請
第七章	刪除	刪除（109年11月16日刪除第45、46條條文）
第八章	執行	1.執行機關；2.合併執行；3.囑託執行；4.拘留之執行；5.停止拘留執行之情形；6.被處罰人之同意書；7.收繳罰鍰與沒入款項程序；8.沒入物品之處理；9.罰鍰之繳納；10.許可分期繳納罰鍰；11.停止營業、勒令歇業、申誡之執行；12.執行通知單應載事項
第九章	附則	1.違反案件之登記；2.編訂卷宗與保存；3.書表格式之訂定；4.送達程序之準用；5.施行日

資料來源：本文整理。

場[7]：1.依客觀合理方法仍無法查證身分，或無固定住所或居所，或有逃亡之虞；2.有湮滅、偽造、變造或隱匿證據或勾串共犯或證人之虞；3.其他為維護公共秩序，確保社會安寧行使本法規定之職權所必要。

　　依據社維法第42條之規定：對於現行違反本法之行為人，警察人員得即時制

---

[7]　警察機關辦理社會秩序維護法案件應注意事項第5點。

止其行為,並得逕行通知到場;其不服通知者,得強制其到場。但確悉其姓名、住所或居所而無逃亡之虞者,得依第41條規定辦理。故其立法理由,乃在於為使處罰程序順利進行及防止危害擴大,對於現行嫌疑人除即時制止其行為外,並得逕行傳喚,其不服傳喚者,必須賦予警察人員以強制到案之權限,以防止行為人逃逸。但執行勤務警察人員確悉其姓名、住所,確認無逃亡之虞者,得依前條規定通知其到案。而所謂強制其到案,依司法院37年院解字第3924號解釋,係指以強制力使其到案,但不得逾必要之程度而言。至此,要再注意兩件事,第一,是否應將現行違序人強制到場,必須考量下列四項標準[8]:1.有無強制到場之必要;2.有無強制到場之能力;3.客觀環境是否許可;4.行為人身體健康及財物損害之程度等,依現場狀況加以考量;但警察機關處分或隨案送交地方法院簡易庭之社維法案件時,經強制到場之人應隨案移送者,需注意以其現行違反本法行為逕行通知到場或強制到場,且其姓名、住居所不明或有逃亡之虞者為限[9],所以並非所有強制到場之違序行為,皆須隨案送交簡易庭。第二,強制力強度問題,其不服逕行通知到場者,警察人員為防止行為人逃逸,得強制其到場,亦即以強制力以引致其到場之意,但以腕力或其他方法為之,並得視必要情形依法使用警銬、警繩。但應注意其身體及名譽,並不得逾必要之程度[10]。又強制到場之法律性質與刑事訴訟法之拘提或逮捕相同,均屬提審法之適用對象(內政部警政署103年7月14日警署行字第1030118451號函),據以形成警察處理社會秩序維護法之程序圖(圖1-3)。

(三)警械使用條例

　　警械之使用,其性質屬於物理上之動作,使用警棍、警刀為一種即時性行為,且在短時間完成行為,而使用槍械則只需扣下扳機,成功將子彈射出,射擊行為即告完成,這樣,警械的使用,假若危急時性完成之行為,那可探討的是「干預性質的事實行為」,或是可視為「擬制的行政處分」(蔡震榮,2004);干預性之事實行為指的是有些警察公權力措施缺乏下令規制義務人的意思,警察基於本身法定職權,自己直接以行動著手防止危害的工作[11](李震山,2002),也就是說,不必

8　警察機關辦理社會秩序維護法案件應注意事項第6點。
9　警察機關辦理社會秩序維護法案件應注意事項第8點。
10　警察機關辦理社會秩序維護法案件應注意事項第7點。
11　李震山老師認為,行政物理行為會發生事實上之效果,而該效果是否屬於涉權行為而與人民權利或義務有關,可區分為不生法律效果之行為(諸如:警察巡邏、道路鋪設)與發生法律效果之行為(諸如:警察臨檢、盤查、驅離等)。

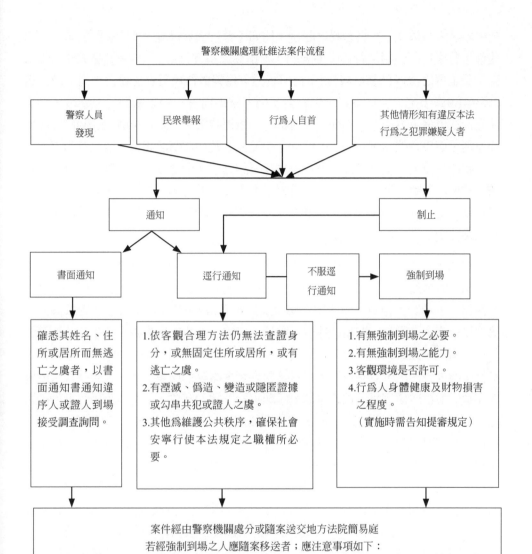

圖1-3　警察處理社會秩序維護法之程序圖

資料來源：作者繪製。

經由義務人行爲或不行爲義務之配合，比如：執行鑑識措施、即時強制的管束，這些都是警察自行強制之行爲，僅屬於「干預性之事實行爲」[12]。在於警械使用條例中，最重要之法條仍屬第4條使用槍刀時機，爲警械作用發動之要件，另分散在第6條至第9條規定，警械使用之制約與原則，整體而言，警察執勤使用警械，均需「先合法再講求方法」，亦即，先討論符合用槍時機，在論及第6條至第9條之比例性原則、使用時機消滅應停止、注意勿傷及他人及如非情況急迫，應注意勿傷及其人之致命部位，以上皆具備，方爲第12條所謂之依法令之行爲，故警察人員使用槍械適法性之判斷基準，應以用槍當時警察人員之合理認知爲主，事後調查或用槍結果爲輔，此有「警察人員使用槍械規範」第2點定有明文，惟在德國依其性質視爲「直接強制」[13]（陳正根，2010）。

諸如：新竹縣竹北分局2017年間執勤員警，爲了追捕吸毒犯，因越南籍移工先實施攻擊執勤員警及協勤之民防人員，造成民防人員受傷，因而將攻擊、拒捕之越南籍移工連開九槍致死案，雖已與家屬以新臺幣260萬元和解，但法官依據刑法第57條規定，考量員警開槍後態度、動機、目的、手段、所生損害及生活狀況等情狀加以衡酌，以業務過失致死，將開槍員警判處有期徒刑8月緩刑3年，後經員警上訴至臺灣高等法院，認該員警因自首又對事實客觀經過均多坦認，且與被害家屬達成和解，並已賠償完畢，被害家屬表示願意給予緩刑機會。臺灣高等法院審酌後裁定，原判決撤銷；以過失致死罪，處有期徒刑6月，如易科罰金，以新臺幣1,000元折算1日；緩刑3年[14]。又如，2014年桃園市警局楊梅分局警員攔檢竊盜通緝犯時，因對方倒車逃逸，先對空鳴槍示警未果，因此朝該通緝犯非致命部位之腿部射擊三槍，最後對方因失血過多、傷重不治，以業務過失致死，判處有期徒刑6月，得易科罰金；另家屬提出國賠，此案經高等法院審酌後，判決桃園市府要賠償150萬元，不得上訴[15]。上述案例，皆爲警察執勤用槍是否依據警械使用條例用槍時機及符合比例原則，而加以判斷是否爲依法令之行爲而阻卻違法，惟依開槍致死之結

---

[12] Vgl. Moller/Wilhem, Allgemeines Polizei-und Ordnungsrecht, 5. Auflage, Stuttgart 2003, S. 112ff.

[13] Vgl. Rachor, F. Polizeihandelm, in: Lisken/Denninger,Handbuch des Polizeirechts, S. 541ff.

[14] 陳凱力（2019）。驚悚畫面首度曝光！拒捕遭警12秒連開9槍 他全身赤裸癱死輪下。ETtoday新聞雲，6月24日，https://www.ettoday.net/news/20190624/1474409.htm（查詢日期：2019年4月20日）；臺灣高等法院108年度上訴字第3100號刑事判決。

[15] 葉驥「開3槍打死拒捕通緝犯」判國賠 桃市府150萬全負擔挺警。ETtoday新聞雲，2018年10月18日，https://www.ettoday.net/news/20181018/1284061.htm（查詢日期：2019年4月20日）。

果，均判處業務過失致死，亦即，開槍未符合比例原則，以至於衍生相關之罪責與賠償議題，其中可議性爲，員警代表政府執行公權力，其用槍究係爲行政處分、事實行爲抑或個人行爲，所衍生的均影響後續之救濟與補、賠償議題。

依據訴願法第3條第1項及行政程序法第92條第1項規定：「本法所稱行政處分，係指行政機關就公法上具體事件所爲之決定或其他公權利措施而對外直接發生法律效果之單方行政行爲。」不論從「決定」或是「公權力措施」，使用警械射擊行爲似已符合上述之規範，實質上具有行政處分之性質，但吳庚（2005：460-463）認爲，傳統上我國對於執行行爲視爲「事實行爲」，倘若，未經警告之射擊行爲，可視爲即時強制之行爲，亦有將即時強制歸屬於「擬制行政處分」（林素鳳，1999：156；蔡震榮，2004：227-230），如同下令處分之行政處分，一經執行即完成，具有即時性質之行政處分（陳正根，2010：108-110），但我國警械使用條例於2007年刪除使用警械事先警告之規定，如前所述，射擊行爲視爲即時強制之行爲，亦即爲「事實行爲」。爲期能有效合法使用警械，茲將使用警械流程彙整如圖1-4。

第四節　警察執行危害防止任務之關聯

一、危害防止與犯行追緝之關聯

依據警察法第2條賦予警察依法執行警察任務，又於警察法施行細則第2條，將警察任務區分爲維持公共秩序、保護社會安全、防止一切危害之主要任務及促進人民福利之輔助任務，爲達成此任務，基於保障人權及維護治安之學理任務（李震山，2002：39-55），依此，行政作用之危害防止區分原則性之公共性危害與例外之私權危害，原則性之公共性危害，再加以區分爲警察主管事務與其他機關主管事務兩種，而警察主管以危害不可延遲原則，經常使用強制力，係依各種警察作用法而執行。

其他機關主管事務，則依據行政程序法第19條與行政執行法第6條之行政（職務）協助，而職務協助有其必要性，在學理上應有三項特性：被動性、臨時性（個

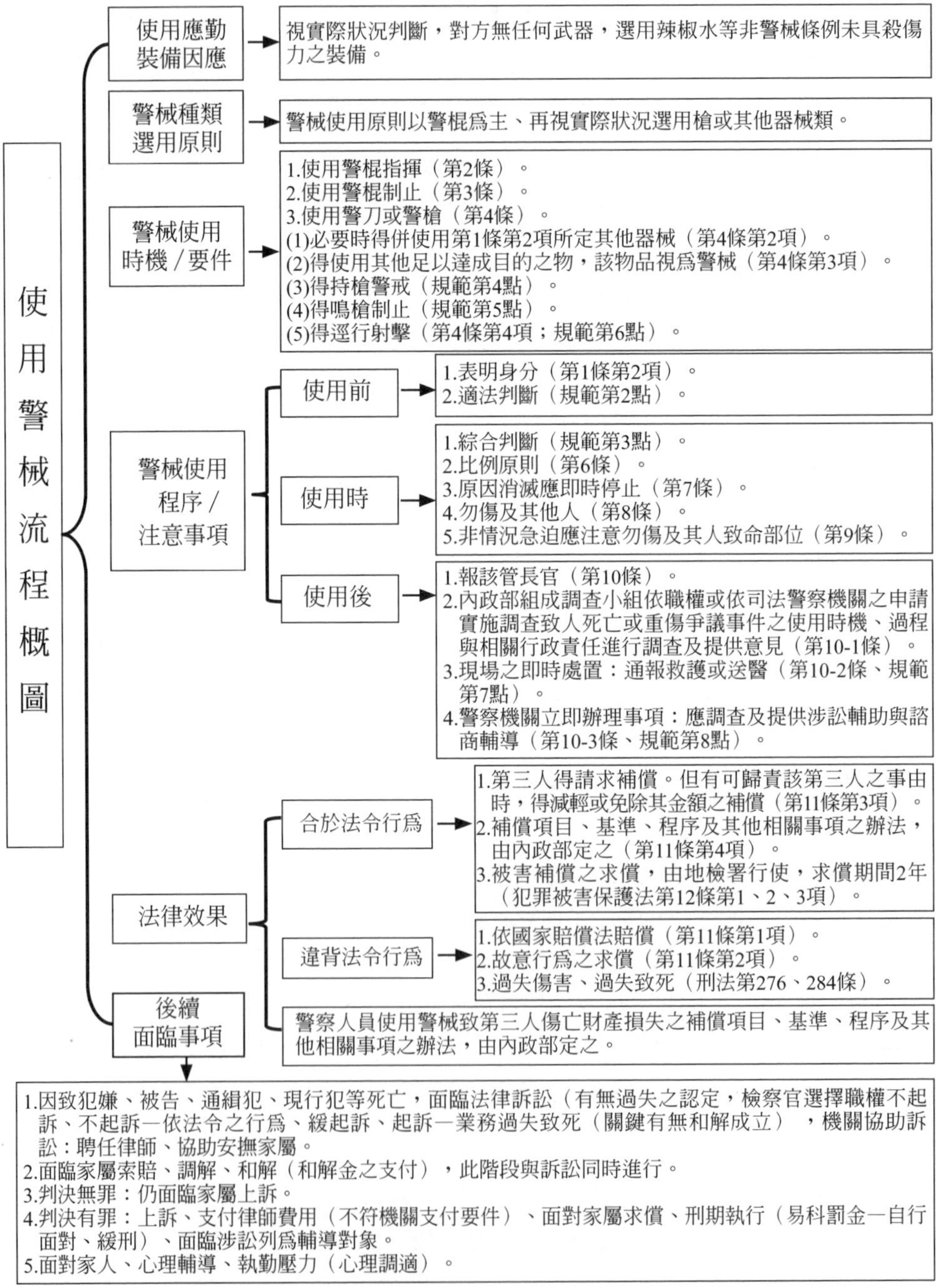

使用警械流程概圖

使用應勤裝備因應
視實際狀況判斷，對方無任何武器，選用辣椒水等非警械條例未具殺傷力之裝備。

警械種類選用原則
警械使用原則以警棍為主、再視實際狀況選用槍或其他器械類。

警械使用時機／要件
1.使用警棍指揮（第2條）。
2.使用警棍制止（第3條）。
3.使用警刀或警槍（第4條）。
(1)必要時得併使用第1條第2項所定其他器械（第4條第2項）。
(2)得使用其他足以達成目的之物，該物品視為警械（第4條第3項）。
(3)得持槍警戒（規範第4點）。
(4)得鳴槍制止（規範第5點）。
(5)得逕行射擊（第4條第4項；規範第6點）。

警械使用程序／注意事項

使用前
1.表明身分（第1條第2項）。
2.適法判斷（規範第2點）。

使用時
1.綜合判斷（規範第3點）。
2.比例原則（第6條）。
3.原因消滅應即時停止（第7條）。
4.勿傷及其他人（第8條）。
5.非情況急迫應注意勿傷及其人致命部位（第9條）。

使用後
1.報該管長官（第10條）。
2.內政部組成調查小組依職權或依司法警察機關之申請實施調查致人死亡或重傷爭議事件之使用時機、過程與相關行政責任進行調查及提供意見（第10-1條）。
3.現場之即時處置：通報救護或送醫（第10-2條、規範第7點）。
4.警察機關立即辦理事項：應調查及提供涉訟輔助與諮商輔導（第10-3條、規範第8點）。

法律效果

合於法令行為
1.第三人得請求補償。但有可歸責該第三人之事由時，得減輕或免除其金額之補償（第11條第3項）。
2.補償項目、基準、程序及其他相關事項之辦法，由內政部定之（第11條第4項）。
3.被害補償之求償，由地檢署行使，求償期間2年（犯罪被害保護法第12條第1、2、3項）。

違背法令行為
1.依國家賠償法賠償（第11條第1項）。
2.故意行為之求償（第11條第2項）。
3.過失傷害、過失致死（刑法第276、284條）。

後續面臨事項
警察人員使用警械致第三人傷亡財產損失之補償項目、基準、程序及其他相關事項之辦法，由內政部定之。

1.因致犯嫌、被告、通緝犯、現行犯等死亡，面臨法律訴訟（有無過失之認定，檢察官選擇職權不起訴、不起訴─依法令之行為、緩起訴、起訴─業務過失致死（關鍵有無和解成立），機關協助訴訟：聘任律師、協助安撫家屬。
2.面臨家屬索賠、調解、和解（和解金之支付），此階段與訴訟同時進行。
3.判決無罪：仍面臨家屬上訴。
4.判決有罪：上訴、支付律師費用（不符機關支付要件）、面對家屬求償、刑期執行（易科罰金─自行面對、緩刑）、面臨涉訟列為輔導對象。
5.面對家人、心理輔導、執勤壓力（心理調適）。

圖1-4　使用警械流程圖（2023年修正）

資料來源：陳永鎮（2018b：128）。

案性）及輔助性[16]；此部分係基於不向隸屬機關間相互請求協助的一種類型，協助保護私權之任務，依民法第151條規定，為保護自己權利，對於他人之自由或財產施以拘束或毀損者，不負損害賠償之責。但以不接受法院或其他有關機關援助，並非其時為之，則請求權不得實行或其時行顯有困難者為限。但其他有關機關是否包含「警察機關」，則可連結至警察職權行使法第28條第2項：「警察依前項規定，行使職權或採取措施，以其他機關就該危害無法或不能即時制止或排除者為限」，所以可以予以肯定，包含「警察機關」（李震山，2016）。

所以，警察機關在執行職權之際，依法執行警察四大任務，實踐危害防止之行政作用，經常依據警察常用之專用法有「警察職權行使法」與其他作用法互為補充，並常以實施「社會秩序維護法」之秩序罰為主要行政制裁之法令，其中，無論對人、對物、對處所及對其他所使用之警察職權時，多數所實施之強制力，大多為警察職權行使法第19條之「管束」、第7條之「帶回」勤務處所查證及社會秩序維護法之「強制到場」等手段，而實踐過程中，倘有發現犯罪或犯罪嫌疑之際，則從違序之危害防止使用之行政作用法轉換為輔助司法作用之犯行追緝，轉換依據刑事訴訟法協助檢察官犯罪偵查，執行搜索、扣押、逮捕、拘提等強制措施，其轉換關聯如圖1-5。

二、警察危害防止職務協助之原則

警察實施危害防止之際，經常遇有其他行政機關要求職務協助，此並非警察機關獨有之行為態樣，如前所述，規範行政機關間互有協助之必要時，需依據行政程序法第19條、行政執行法第6條之規定要件提出請求，以發揮共同一體之行政機能，且限制在其權限範圍內互相協助，但在我國憲法中並未明文規定憲政機關或各國家機關間相互合作之義務，但從比較法的觀點來看，德國憲法實務上有機關忠誠義務（陳新民，2005：348），德國基本法第35條第1項規定：聯邦與邦之所有機關，應互為法律上及職務上之協助，而於德國聯邦與各邦統一警察法標準草案第三

---

[16] 被動性：程序上，職務協助之發動，是以其他機關之請求為要件；臨時性：時間上，職務協助僅為「臨時性」，為單一事件，處理完畢，職務協助應之停止，避免協助事件成為長期例行工作，違反管轄恆定原則；輔助性：原則上，職務協助過程中，請求機關仍是程序上之主體被請求機關居於輔助地位，僅對請求機關無法執行之部分為補充性之協助，並非「全部包辦」（李震山，2016：71-74）。

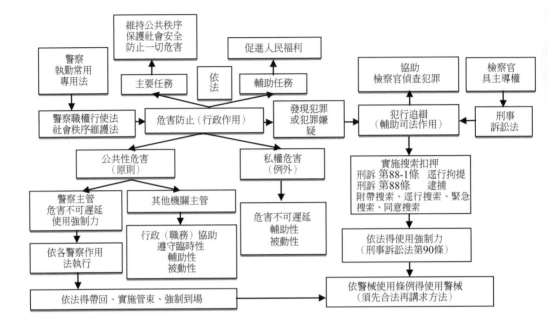

圖1-5　危害防止與犯行追緝關聯簡易圖

資料來源：作者繪製。

章明定：各邦警察法除承受聯邦與各邦行政程序法之職務協助規定外，並配合警察工作性質，將之具體規定於警察法中[17]（許文義，1999：68；李震山，2016）。

　　爲達成警察任務，提升行政效能，合理規範警察機關職務協助，以避免警察機關輕易介入其他行政機關之法定職務範圍，致影響警察任務之執行。警政署參照行政程序法第19條及2000年11月22日修正發布前之警察法施行細則第2條第2項：「前項第二款之輔助任務指協助一般行政機關推行一般行政而言，其協助並應以遇有障礙非警察協助不足以排除或因障礙而有妨害安寧秩序時爲限。」等相關規定，及衡酌警察機關職務協助所具臨時性、被動性、輔助性等特性，爰於2015年5月26日以警署行字第1040100116號函，訂定「警察機關職務協助執行原則」，明確規範警察於行政協助時之原則，茲將警察機關職務協助之原則分述如下[18]：

---

[17] Vgl. Denninger, Polizeiaufbgabe, in Lisken/Denninger, Handbuch des Polizeirechts, 5. Aufl., 2012, D. Rdnr. 218-229.

[18] 本案總說明及逐點說明，公告於警政署警政知識聯網／業務公告／行政組項下。

（一）執行原則之目的

為達成警察任務，提升整體行政效能，合理規範警察機關職務協助，特訂定本原則。

（二）警察機關職務協助應依相關法律及法規規定辦理

警察機關職務協助應依行政程序法第19條規定及行政執行法第6條等相關法規規定辦理。

（三）警察機關職務協助範圍不得逾越其他行政機關法定職務及其原則

警察機關提供職務協助內容，以警察機關法定職權範圍為限，並不得介入其他行政機關法定職務範圍。警察機關提供職務協助，應以其他行政機關實施取締、稽查、檢查、到場、強制及其他職務事項，遇有危害非警察協助不足以排除或因該危害而有妨害公安秩序者為限，並以維護現場秩序及其他機關執行人員安全為原則。警察機關提供職務協助將嚴重妨害警察本身勤（業）務執行，或逾越警察機關法定職權範圍者，應拒絕之；有其他正當理由，不能提供協助者，得拒絕之。

（四）其他行政機關請求警察機關職務協助之申請方式與時效

請求警察機關提供職務協助，請求機關應於開始協助6日前，按個案以書面向有管轄權之警察分局或相當層級之警察機關提出請求；請求協助內容跨越二個以上警察機關轄區者，得向其共同上級警察機關提出請求。但因情況急迫，未立即獲得警察機關職務協助可能造成公安秩序或人員生命、身體、自由或財產之危害者，請求機關得先以電話、傳眞或口頭等方式提出請求，並於協助後3日內補送請求書面。

（五）其他行政機關請求警察機關職務協助之程序及結果回復

警察機關對於其他行政機關請求職務協助者，應於收受書面請求之翌日起3日內，依第2點及第3點規定審核是否同意，並以書面回復請求機關。警察機關對於其他行政機關依第4點規定先以電話、傳眞或口頭等方式請求者，得先以相同方式回復，並於請求機關補送請求書面後，以書面回復之。

（六）警察機關得衡酌請求職務協助可能遭受危害之情形，具有裁量權

警察機關為執行職務協助，除依法律規定應協助者外，得按個案衡酌請求機關可能遭受危害之情形、轄區地方狀況及駐地特性等因素，依權責審酌是否同意協助。

（七）警察機關與其他行政機關協議訂定職務協助之原則特徵

其他行政機關請求警察機關提供職務協助者，警察機關得與其協議訂定協助期間，且不得為長期性、統案性或常態性之職務協助。

（八）其他行政機關請求警察機關職務協助因故停止協助時之通知

請求警察機關職務協助之事由已消滅，或因其他理由必須停止職務協助者，請求機關應立即通知警察機關停止提供職務協助。

（九）請求協助機關負擔職務協助所需費用協議

請求提供職務協助之警察機關，得向請求機關要求負擔職務協助所需之費用。其負擔金額及支付方式，由請求機關與被請求之警察機關協議定之。

第五節　警察廉政風險管理之實踐

警察人員執勤時，無論係處於危害防止階段之行政作用行為，抑或犯行追緝之刑事司法作用行為，警察所面臨之誘因及發生的相關廉政風險因素，一再地傷害整個警察團隊形象甚鉅，從官方次級資料及文獻探討研究分析，以司法院網站所公布臺灣各地方法院為研究場域，2011至2016年間，臺灣各地方法院審判，警察貪污案類判決有罪之判決書類為研究樣本，發現，臺灣地區警察人員廉政高風險區域集中於都會區之排名，依序為「桃園、高雄、新北及臺中、臺北地院轄區」之趨勢（陳永鎮，2017），但警察人員因靖紀工作實據成效，致風紀狀況平穩，而且違紀（法）件數與人數之差距，逐漸拉近，顯示結構性、集團性、次文化違法案件已大幅減少，廉政風險涉貪之比例，呈現下降之趨勢，而在執行職權之勤務上，以查緝色情行業為警察人員廉政風險最高的勤務，其次，為洩密、偽造文書為警察人員涉貪廉政風險之徵候；釐清警察人員廉政風險之關鍵管理因素為警察人員廉政風險之

監控與機會兩大因素,故在警察廉政風險管理上,針對監控與機會兩大因素,加以防治,以遏止警察人員貪瀆案件之發生(詳述於本書第二章)。

第六節 結論

警察執行危害防止任務,執行職權之依據,以社會秩序維護法、警察職權行使法,為主要依據,而在公共性危害以警察主管事務為主,其次對於其他機關主管事務,則以危害不可延遲之原則,實施行政(職務)協助,並以警察職權行使法第28條第2項:概括性原則為警察職務協助之法律依據。

警察職司危害防止所實施之強制力,則施以對人之管束與違序之強制到場等手段,惟執行時,發現犯罪或犯罪嫌疑之際,則從危害防止轉換為輔助司法作用之犯行追緝,進而依據刑事訴訟法協助檢察官犯罪偵查,執行搜索、扣押、逮捕、拘提等強制措施,故警察在處理聚眾危害防止階段之行政作用行為時,得以危害防止之行政制裁與裁量,施以對人之管束與違序之強制到場、裁處,抑或轉換為犯行追緝之輔助刑事司法作用行為,實施逮捕或逕行拘提之強制措施,遇有抗拒、攻擊行為時,妥適運用警械,在合於時機下使用,方能合法保護民眾及執勤人員自身安全;而警察在實踐危害防止之際,執行各種取締違序之勤務或協助犯罪偵查作為,經常面臨各種誘因,極易發生廉政相關風險因素,故需在廉政風險上,加以管理,爰依警察涉貪案類判決有罪分析,發現,警察人員廉政高風險區域集中於「桃園、高雄、新北及臺中、臺北等地方法院轄區之趨勢,勤務種類以查緝色情為警察人員廉政風險最高的勤務,其次,為洩密、偽造文書,皆為警察人員涉貪廉政風險之徵候,故在警察廉政風險管理上,針對監控與機會兩大因素,加以防治,以遏止警察人員貪瀆案件之發生,並在後續各章節中分別加以論述,期能在危害防止任務更有效實踐與管理。

摘要

　　本文主要在探討員警執行職權涉貪態樣之研究，運用文獻探討、官方次級資料等研究方法，選定以司法院網站所公布臺灣各地方法院為研究場域，將「法學資料檢索系統」內所載裁判書，自2012年1月1日至2016年12月31日止，計5年之臺灣各地方法院審判，警察貪污案類判決有罪之判決書類為研究樣本。

　　研究發現：多數民眾係透過媒體管道，在媒體傳播之效應，近年對於警察清廉程度大幅提升，且警察結構性、集團性、次文化違法案件已大幅減少。員警執行職權涉及貪污之區域集中在桃園、高雄、新北及臺中、臺北都會區之趨勢。近5年警察涉貪，判決有罪案件遞減1倍，且警察貪污犯罪率下降3.16倍，在涉貪人數下降5倍。執行職權勤務以業務處理及臨檢勤務項目涉貪較多，執勤取締之方式，以查緝色情涉貪最為嚴重，次為違規開單告發及查緝非法（取締砂石、環保等）與值班勤務及查緝電玩及賭博等，其中以警員接觸涉貪犯罪較為嚴重，其次為偵查佐，但亦不乏有警察局長牽涉其中。員警執行職權涉及貪污犯罪的態樣因素，以偽造文書及洩密罪為前導犯罪，再觸犯違背職務收賄罪，在行收賄刑度比例方面，有過於懸殊之現象，行收賄案件類型模式，由共犯結構轉為個人主動索賄模式，而行收賄手法有以單一收賄為主之趨勢，持續收賄則以6月至1年未滿即被發現，且近5年賄款獲利最多仍10萬至50萬未滿之間，但亦有達1,236萬餘元賄款，且不乏500萬至700多萬元不等之賄款。

　　依據本文發現提出以下之建議：一、善用媒體傳遞員警正向執勤能量，以達揚善於公堂，規過於私室，呈現警察投入治安，維護社會安寧秩序之清廉形象；二、結合檢、警、調、廉等司法警察單位，強化建立橫向聯繫網絡，積極防堵員警貪瀆情事，阻斷貪污機會；三、主計、督察、政風稽核單位，應強化實施走動式輔導與

---

* 本文曾發表於臺灣警察專科學校警察通識叢刊第8期（2017年12月）。

管理，發揮內部稽核能力，勿流於形式；四、強化行賄者責任與教育，科以行賄者重刑，以遏阻行賄弊端發生；五、落實全員參與宣導課程，教育員警遭受賄賂之處置防貪作爲與抗壓、抗誘惑與正向之工作態度。

關鍵字：基層員警、執行職權、貪污態樣

第一節　前言

香港警務處被揭淡化警隊貪污史，網絡媒體「852郵報」於2015年3月20日提到翻閱香港警察網頁的「警隊歷史」資料，無意中發現暗藏「國教科」式的隱惡揚善資訊，警隊向公眾提供的歷史描述中，出現明顯事實偏頗的情況。對於引爆當年「反貪污、捉葛柏」運動的貪污總警司葛柏潛逃事件，形容葛柏是對抗騷亂者的英雄，偶然被發現有秘密財產，然後「逃離」香港，沒有提及葛柏當年貪款之巨[1]。這是發生在1967至1994年間的香港，正因廉政公署成立積極打貪的結果；反觀臺灣，在1994年由警政署公布民意調查報告，對象是7,515位村里長，調查結果顯示（呂政達等，1996：7）：44.2%認爲警察縱庇非法行業情形相當嚴重，22.3%認爲警察利用職權索賄，或接受業者招待邀宴。接二連三於1995年6月英國「經濟學人」周刊，將臺灣的貪污現象，評爲亞洲四小龍之首，無獨有偶1995年連續爆發臺中市警察局第五分局警察集體收受電玩業者賄賂案，以及撼動臺灣的電玩大亨周人蔘行賄警界的賄賂案，幾近動搖警界菁英，業者向警察誘使之「公關伎倆」及「送紅包花招」，可稱爲臺灣警察史上，最具代表性的集體貪瀆手法（呂政達等，1996）。

又於2000至2001年間爆發高雄濃濃案，警察集體收受色情業者賄賂，扯出警察集體包庇貪瀆弊案，起訴涉案官警達34名與業者18名，爲近年高雄地區警界最大的集體貪瀆風紀事件[2]，復於2016年3月16日陸續爆發集體貪瀆案，12位現任、退休的官警涉嫌向電玩業者收取超過700萬元的規費，協助業者免被警方查組，雄檢一口氣起訴六名員警及二員白手套，另有六名現任、退休的員警遭法院羈押，案情仍持續延燒[3]，並於2016年8月28日收押一位現任分局長，且於2016年12月27日俯首認

1　警務處被揭淡化警隊貪污史，形容廉署打貪「做得太過火」。最後防線立場報導網站，https://thestandnews.com/politics/%E8%AD%A6%E5%8B%99%E8%99%95%E8%A2%AB%E6%8F%AD%E6%B7%A1%E5%8C%96%E8%AD%A6%E9%9A%8A%E8%B2%AA%E6%B1%A1%E5%8F%B2-%E5%BD%A2%E5%AE%B9%E5%BB%89-%E7%BD%B2%E6%89%93%E8%B2%AA-%E5%81%9A%E5%BE%97%E5%A4%AA%E9%81%8E%E7%81%AB/（查詢日期：2017年8月22日）。
2　黃建華（2003）。儂儂案2官警分判14及12年。自由時報新聞網，9月24日，http://old.ltn.com.tw/2003/new/sep/24/today-so6.htm（查詢日期：2017年8月22日）。
3　黃佳琳（2016）。高雄驚爆集體貪污12名官警羈押、起訴。自由時報新聞網，3月16日，http://news.ltn.com.tw/news/society/breakingnews/1634397（查詢日期：2017年8月22日）。

罪其於行政科專勤組長期間，涉嫌按月收賄包庇電玩業者[4]等內幕。

　　依據警察法第2條規定：警察的任務爲依法維持公共秩序、保護社會安全、防止一切危害、促進人民福利等四大任務，職司社會治安及秩序維護之重責大任，所以，國家賦予其相當大的權力，以進行任務之遂行，故與民眾直接接觸，在其職權範圍，具備多樣性及複雜性（許福生等，2017）。基於，警察職權行使法第2條之規定，警察爲達成其法定任務，於執行職務時，依法採取查證身分、鑑識身分、蒐集資料、通知、管束、驅離、直接強制、物之扣留、保管、變賣、拍賣、銷毀、使用、處置、限制使用、進入住宅、建築物、公共場所、公眾得出入場所或其他必要之公權力之具體措施，其職務範圍，依警察法第9條警察職權規定，亦涵括保安、正俗、交通、衛生、消防、救災、營業建築、市容整理、戶口查察、外事處理等事項，顯示警察與民眾權益息息相關。

　　依中央廉政委員會第17次委員會議官方資料分析，發現檢察官偵辦貪瀆犯罪探討犯罪狀況，2016年各地檢署（不含最高法院檢察署特別偵查組）偵辦貪瀆案件計301件，涉案公務員計有997人次，依涉案人員分析，犯罪行爲之風險事件類別，以警政類遭起訴人數99人次最多，且大多爲基層員警[5]，再從風險事件分析，2016年警政類（計60件，占19.17%），次於行政事務類[6]爲第二，分析其主要涉貪方式有：包庇色情或賭博等不法業者，利用職權與不法業者勾結，收受賄賂包庇業者違法經營，另一方式爲：違規公務查詢或洩漏個人資料，接受友人請託或業者不法利誘，違法洩漏個人資料致公務機密外洩（法務部廉政署，2016）。

　　綜觀，臺灣自1995至2016年間，間隔5至10年即爆發集體收受電玩或是色情業

4　藍凱誠（2016）。警分局長涉電玩弊案哽咽認罪「我錯了」。聯合報，12月27日，http://a.udn.com/focus/2016/12/27/26659/index.html?from=udn-referralnews_ch2artbottom（查詢日期：2017年8月22日）。

5　警政類43人次，其中中層薦任人員有14人、基層有29人，且大多爲地方行政機關（法務部廉政署，2016：36）。

6　依法務部統計處於2014年9月1日函訂「法務部辦理貪瀆案件涉案類別及特殊註記歸類原則」，其研定之風險事件（弊端項目）共分爲「工商監督管理」、「金融保險」、「稅務」、「關務」、「電信監理」、「公路監理」、「運輸觀光氣象」、「司法」、「法務」、「警政」、「消防」、「營建」、「民戶役地政」、「入出國及移民與海岸巡防」、「環保」、「衛生醫療」、「社會福利」、「教育」、「農林漁牧」、「河川及砂石管理」、「軍方事務」、「外交事務」、「國家安全情報」、「國有財產管理」、「國營事業」、「行政事務」、「其他」等27類，依案件性質分類。

者之賄賂，讓辛勞的警界蒙羞，而其真正因素究係職權因素還是人心人性問題，從上述之案件及數據，突顯本文之重要性。

　　本文藉由相關文獻的發現，實施地方法院判決資料之分析，期能對員警執行職權涉及貪污態樣與成因，從法律實務認知面著手，有全面性的瞭解，進而從研究發現擬定防治措施，因此，本文之目的包括有三：

一、瞭解近5年員警執行職權涉及貪污之區域狀況及職權類別。
二、探討員警執行職權涉及貪污犯罪的態樣因素。
三、提出可行建議措施，供實務參考。

第二節　文獻探討

　　依據警察法第2條規定：警察有四大任務，實質上，警察執行職權就是以干預的手段，促使民眾合乎規範，無論人民有無故意或過失，警察都有指導的責任。且在維護公共秩序上，具有相當的裁量空間，因此，指導雖具有教育性意義，也最足以增進政府與人民間情感（梅可望，2002：12-13），反之，運用指導而不當干預，則極易造成民怨，導致偏差行為，甚至違反貪污瀆職法令，便是一例（林釗圭，2002）。所以，為使本文更臻完整，依據法務部廉政署委託臺灣透明組織協會進行的民調現況，加以探討警察清廉程度、瞭解民眾對公務員貪污行為容忍程度、民眾認知公務員印象之管道、警察是否具有結構性、集團性等次文化違法現象等，另再依相關理論及實證研究，加以探討員警執行職權涉貪的態樣，茲將分析如下：

一、民調現況探討

　　透過法務部廉政署委託臺灣透明組織協會進行的近年之民調現況，發現有四：一為警察清廉程度大幅提升；二為民眾對公務員貪污行為容忍程度有顯著下滑現象；三為民眾多數係透過媒體管道認知公務員清廉形象；及四為警察結構性、集團性、次文化違法案件大幅減少。茲將分析如下：

（一）警察清廉程度大幅提升

從民意調查資料顯示：法務部廉政署委託臺灣透明組織協會執行2015及2016年廉政民意調查，關於受訪人對於公務員清廉程度之評價，在26類公務員中，警察從2014年清廉程度第11名，在2015及2016年已躍居第七名，約前四分之一，僅次於公立醫院之醫療人員、監理人員、一般公務員、消防安檢員、教育行政人員及軍人，反觀評價倒數五名，分別為土地開發人員、縣市議員、鄉鎮市民代表、立法委員及政府採購人員（表2-1）。

（二）民眾對公務員貪污行為容忍程度有顯著下滑現象

2016年廉政民意調查中顯示，對於政府廉政政策與作法之看法，認為政府應優先處理的係「防貪法規之建置」（36.7%），其次為「調查起訴貪污」（33.8%），三為「不貪教育宣導」（23.2%），而最後的政策居然係「加強行政機關審查作業公開透明」（僅0.1%），但2015年最應優先處理的居然是「加強行政機關審查作業公開透明」（有32.7%）[7]，足見，經過1年努力，「行政機關審查公開透明化」已見成效。但，對於公務員貪污容忍程度，居然有6.3%的受訪民眾認為尚能容忍，更有2%認為貪污是可以接受的，零容忍的程度僅占63%，整體而言，與2015年相較2016年受訪者對於公務員貪污行為的容忍程度有顯著下滑[8]，平均數從2.11下滑至1.34（法務部廉政署，2017）。

（三）民眾多數透過媒體管道認知公務員清廉形象

民眾對於公務員清廉形象認知的主要管道，有電視、個人經驗、親友、網路、報紙等五大管道，其中以電視傳遞訊息認知所占比例34.9%最多，其次，為個人經驗15%，再為親友14.1%，網路12.8%，報紙亦占有8.8%[9]，足見傳播媒體在民眾認知公務員清廉形象上，管道所占比例約有56.5%，對於民眾認知之影響甚鉅。

---

[7] 76年2月5日行政院第2017次會議決議通過修正草案，頁19。
[8] 同上，頁20。
[9] 同上，頁21。

表2-1　公務人員清廉程度評價彙整表

人員類別	2016年10月				2015年10月			2014年10月		
	平均數	標準差	個數	排名	平均數	標準差	排名	平均數	標準差	排名
公立醫院醫療人員	6.48	2.17	1,035	1	6.24	2.18	1	6.47	2.22	1
監理人員	6.04	2.21	985	2	5.77	2.19	2	5.90	2.31	2
一般公務人員	5.91	2.19	1,033	3	-	-	-	5.90	2.35	3
消防安檢人員	5.87	2.30	1,006	4	5.63	2.33	3	5.85	2.45	4
教育行政人員	5.85	2.31	1,010	5	5.43	2.19	5	5.60	2.34	6
軍人	5.77	2.43	992	6	5.33	2.41	8	5.65	2.44	5
警察	5.76	2.28	1,045	7	5.37	2.18	7	5.12	2.40	11
衛生稽查人員	5.70	2.19	985	8	5.49	2.26	4	5.24	2.33	9
環保稽查人員	5.54	2.27	1,007	9	5.22	2.36	9	5.19	2.37	10
稅務稽查人員	5.51	2.31	986	10	5.38	2.33	6	5.48	2.39	7
殯葬管理人員	5.28	2.47	960	11	5.18	2.39	10	4.96	2.52	12
檢察官	5.20	2.37	989	12	5.11	2.38	11	5.27	2.33	8
海關人員	5.09	2.30	960	13	4.75	2.37	16	4.84	2.42	15
河川水利業務人員	5.02	2.26	944	14	4.72	2.26	17	4.39	2.45	16
中央政府首長及主管	5.01	2.36	958	15	4.80	2.44	14	4.26	2.57	19
縣市政府首長及主管	4.95	2.29	985	16	4.91	2.30	12	4.39	2.36	17
監獄管理人員	4.92	2.30	928	17	4.63	2.29	18	4.84	2.31	14
鄉鎮市首長及主管	4.88	2.33	987	18	4.85	2.33	13	4.22	2.44	20
法官*	4.83	2.48	1,008	19	4.77	2.55	15	4.95	2.45	13
政府公共工程人員	4.78	2.32	982	20	4.42	2.29	20	3.89	2.45	25
建管人員	4.70	2.28	978	21	4.51	2.27	19	4.30	2.39	18
政府採購人員	4.61	2.25	988	22	4.26	2.34	21	4.04	2.49	22
立法委員	4.49	2.53	1,008	23	4.22	2.51	24	3.95	2.49	24
鄉鎮市民代表	4.38	2.47	1,001	24	4.24	2.49	22	4.08	2.55	21
縣市議員	4.38	2.49	999	25	4.23	2.45	23	4.01	2.50	23
土地開發業務人員	4.34	2.39	957	26	4.05	2.42	25	3.58	2.56	26

資料來源：法務部廉政署（2017）。

（四）警察結構性、集團性等次文化違法案件大幅減少

　　警察貪瀆情形一直以來，皆為民眾所詬病，這是刻板印象？還是真實？從各種調查報告、起訴、判決案件數而言警察涉及貪污案件，依前述2015年確實比一般公務員為多，但真是如此嗎？其貪腐風險為何？係職務職權所衍生？還是人心人性問題？基於，警察被賦予之任務相關特殊，故具有較多的干預民眾之職權，依據內政部警政署2017年第一次廉政會報督察業務工作報告分析，在違法案件上，增加一件，但在人數上，卻減少21人，再與2006年11月執行靖紀工作迄今分析，2006年第1、2期違法案件大幅減少184件、288人，違紀案件大幅減少455件、506人，靖紀工作實據成效，致風紀狀況平穩，而且件數與人數之差距，逐漸拉近，顯示結構性、集團性、次文化違法案件已大幅減少（表2-2）。

表2-2　2016及2017年同期與2006年第1、2期風紀狀況分析表

項目		2016年 1-4月	2017年 1-4月	2006年 第1、2期	2016年	增減	比率
違法	件	68	69	432	248	-184	-43%
	人	91	70	574	286	-288	-50%
違紀	件	96	51	773	318	-455	-59%
	人	102	52	850	344	-506	-60%
貪污	件	5	5	-	-	-	-
	人	6	5	-	-	-	-

資料來源：內政部警政署（2017）；本文彙整。

二、相關理論探討

　　探討員警執行職權涉及貪污態樣，在犯罪學相關理論中，本文盧列理性選擇、日常活動理論、機會理論、緊張理論及一般化犯罪理論等加以探討，論述如下：

（一）理性選擇理論觀點

　　Clarke與Cornish（1986）從認知的觀點來解釋犯罪的理性抉擇模式，主張犯罪者經常是對行動與事件，作出成本效益分析，因為認為公務員進行貪污犯罪行為是相當理性的行為，為一系列成本效益分析的結果，貪污犯自認利用職務犯罪機會恰

當、風險低、報酬高、且能滿足內心心理之需求，以致在執行職權時容易實施貪污，亦極為可能進行貪污犯罪之行為（黃成琪，2001；黃啓賓，2005；林筠軒，2006；季志平，2009），在解釋警察所產生違法、違紀問題，是經評估，如作出該違法或違紀事件，可獲得快樂，避免痛苦，則會從事違法或違紀。例如：對違規砂石車應積極取締，涉及地方派系利益，屬於吃力不討好的工作，警察在勤務規劃與執法上，具有裁量權，警察人員在認知上，容易產生以理性抉擇模式，認為要獲取利益、避免痛苦；因此，選擇包庇砂石業者或直接收受賄款不告發，造成違法行為（林世當，2009）。

（二）日常活動理論觀點

　　貪污犯罪機會與日常生活間是否產生密切關聯，此部分從Felson（2010）提出的日常活動理論，可看出端倪，他認為一個有犯罪動機的人，跟犯罪所要的合適的標的物，出現在同一場域，加上有能力的監控者不在場的情境下，一個犯罪事件自然會發生。更認為犯罪活動，都是基於時空上與日常生活活動，及犯罪「機會」相配合，導致「直接接觸掠奪性犯罪」之發生。

（三）機會理論與新機會理論觀點

　　機會因素的Cloward與Ohlin（1960）提出機會理論，他更認為，人之所以犯罪，係有不同的機會，接觸非法的手段，造成犯罪機會不同，這也是基於正常機會被剝奪，無法達成生活目標，才使用不法手段而陷入犯罪，有些從事犯罪行為也係因目標與方法間矛盾產生壓力所致（蔡德輝、楊士隆，2012），而警察人員發生違法或違紀行為，究其原因，乃警察官階偏低，且機關人員編制結構，呈現多瓶頸型態之潛水艇型，基層及中階警察因升遷不易，往往服務15年以上無法升遷者，由於升遷機會受阻，無法以正常方法升至中、高階層，造成身分地位的挫折與失敗，因此，本理論強調，機會與次級文化的產生，係造成警察人員違法犯罪問題的原因之一（林世當，2009）。再者，Felson與Clark（1998）更提出新機會理論認為，人之行為係個人特質與外在環境或場域互動的結果。因為，貪污犯罪的發生，機會因素扮演著相當重要的角色，而嚴密的防弊措施及監控機制，即在於減少貪污機會，而這機會，在員警值勤而言，其執行職權即所謂機會。

（四）一般化犯罪理論整合理論觀點

從整合理論上言，Gottfredson與Hirschi（1990）整合了社會控制理論、日常活動理論、機會理論、生活型態理論等理論重要概念，提出一般化犯罪理論，認為，犯罪是具有低自我控制之特徵，所以，才不會計算犯罪利益與懲罰，只在追求「立即」的快樂滿足或是「立即」解除痛苦，但每個人對於環境的認知均有不同，即使在同一情境下也會有不同之處置（陳聖沂，1992；黃成琪，2001），這也就是訊息決定判斷的結果，在解釋警察人員違反風紀問題方面，原因乃在於員警早期家庭社會化過程不當。諸如：員警早期父母離異、單親家庭、受虐兒童、出自犯罪家庭等家庭功能不彰下成長，致使員警家庭社會化過程不當，心理上產生低度自我控制能力，如遇到環境誘惑或挫折時，因警察人員本身的低自我控制能力，加上機會條件兩者彼此交互作用情況之下，警察人員則易發生違法或違紀之行為，因此，本理論強調，低自制力及機會因素係造成員警違反風紀主因之一（林世當，2009）。

基於上述各種理論之論述，說明人之行為皆因有需求而產生動機，動機促動行為，而行為之促動則更需機會。但警察為何在刑度高的成本下，何以願冒不符成本利益的效果進行貪污犯罪，他們利用執行何種職權進行貪污，其係如何產生？並無法確切的說明，本文遂從相關實證研究加以探討。

三、相關實證研究

警察貪污之相關實證研究，雖付之闕如，甚少從判決上探討分析態樣與成因，大多以法律構成要件之法學探討為主，與本文目的大有不同，但仍具有相當之參考價值，茲將類似相關實證研究分述如下：

（一）Dong、Dulleck與Benno（2012）

貪污需考慮到個人不要被孤立，係基於社會網絡和組織動態間有高度相關，而貪污有自由裁量權、經濟與權力，以及低的刑罰等三個先決條件。並且傾向取決於環境感知的層次、宗教誘導社會行為規範和道德約束，且在降低貪污犯罪風險上，強調社會規範因素、同儕影響、鄰近效應及社會互動環境因素；而警察是一個團隊，在執行職權時大多為兩人以上共同值勤，是共犯結構抑或有其他？何以會再進行裁量職權時，涉及貪污，本文並未加以著墨。

（二）Barr與Serra（2010）

認爲貪污是一種文化現象，卻與個人規範、價值觀及信仰等息息相關，所以，防制貪污需強化個人學習及生活型態，培養價值觀及強化社會規範的監控，基此，發現，上述壓力、監控及機會因素之實證研究，尚未釐清內外在壓力、爲何以現有監控機制未能發揮之因素及機會如何形成，故啓發本文有關壓力及監控與機會部分之訪談大綱。

從國內相關實證研究及官方次級資料中，不難發現公務員圖利及利用職務上機會詐取財物之態樣屬較多數，茲將其分述如下：

（三）陳永鎭（2015）

貪污犯罪決意影響因素，主要以機會爲主要考量因素，且決意時間以具有裁量權限者，最快當日即已決意實施貪污犯罪行爲，足以認爲公務員在具有裁量權限下，仍以有無職務機會爲考量，區分初始階段、持續階段及結束階段進行貪污犯罪。

（四）胡佳吟（2003）

在犯罪型態上比例較高者爲竊取或侵占公有財物（21.2%）及利用職務機會詐取財物（15.9%）、違背職務收受賄賂（15.2%）；王永福（2008）在不同類型公務員貪瀆犯罪之特徵及影響因素研究中發現，從事貪瀆犯罪主要之手法爲「違背職務收受賄賂」、「利用職務機會詐取財物」、「竊取或侵占公有財物」，另在「非屬易滋弊端業務類型」與「其他類型」中，手法則以「利用職務機會詐取財物」爲最多（胡奇玉，2010）。

（五）施嘉文（2009）

警察貪污態樣上，以利用「查察」、「取締」、「告發」之職權收受賄賂，發展出「靜態發展期」、「萌生期」、「轉化期」、「強化期」及「實現期」等階段。

（六）陳文隆（2010）

以賭博性電玩爲例之研究中發現，電玩業者透過行賄警勤區、刑責區員警及行

政股承辦取締電玩賭博業務承辦人，行賄目的在於這些員警具有取締裁量及掌控臨檢取締情資，而提早知悉查緝及獲取不被取締而繼續營生，故亦為利用執行職權機會收受賄賂之態樣。

　　所以從統計數據及相關研究上，均可明顯看出，公務員基於具有裁量權限，故較易「利用職務上機會詐取財物」，也是貪污犯罪較多數之態樣，惟警察在執行職權時，是否亦有怕被孤立，而在社會及組織網絡上，無法融入友儕與職場同事而「利用職務上機會詐取財物」身涉貪污，值得深入分析，故與本文之分析樣本來源與目的大有不同。

第三節　研究設計與實施

一、研究方法

　　為求能順利達到研究目的，本文之研究方法採用文獻探討法及官方文件次級資料分析等研究方法，進行研究，茲將其分述如下：

（一）文獻探討法

　　文獻探討為一種較為簡單之探索性研究，亦即進行蒐集相關學者、專家之研究分析結果與建議，將其應用作為本文之基礎（楊國樞等，1986），研究者利用文獻探討法廣泛蒐集，關於貪污犯罪相關理論、實證研究、學位碩、博士論文、期刊、研討會論文集、媒體報導等資料，藉由相關文獻之蒐集閱讀及探討，並參酌貪污犯罪防治之實務作法，使研究者能在問題癥結點上的探索，有更深層的領悟。本文為達到研究目的，加以運用文獻探討法，針對相關犯罪學理論以及實證研究，惟因員警執行職權涉及貪污態樣之研究，甚少有國外文獻，大都聚焦在政治議題及少數刑事政策面，故，在外文文獻上較為缺乏，此處之文獻，運用在第二章文獻探討，予以鋪陳分析，以萃取概念。

（二）官方次級資料分析

　　在犯罪學領域的研究，經常運用到官方所統計發布之資料，本文運用官方文件

資料分析法，採用法務部每年出版之「犯罪狀況及其分析」、法務部調查局年報、法務部廉政署年報統計之貪污犯罪統計資料、銓敘部、行政院主計處、法務部檢察統計指標、司法院司法統計等，作為研究問題背景、研究動機、貪污犯罪現況分析之基本資料，為達研究目的，本文主要以司法院網站「法學資料檢索系統」之臺灣各地方法院審判警察貪污案類判決有罪之判決書為樣本，進行分析。

二、研究場域與研究樣本

依據官方次級資料分析法，以司法院網站臺灣各地方法院為研究場域，將「法學資料檢索系統」內所載裁判書，自2012年1月1日至2016年12月31日止，計5年之臺灣各地方法院審判警察貪污案類判決有罪之判決書類為樣本，在「全文檢索語詞」中輸入「貪污&警察」之關鍵字，檢索後得出之案件，5年共計199件，最後再過濾，再將其中裁判案由為「貪污治罪條例」選出，進行過濾出涉案被告為「警察」，並排除「無罪」、「聲請羈押」、「警察機關移送」及重複登錄之案件。排除無罪及羈押聲請之案件，最後粹取出2012至2016年間「警察貪污判決有罪之案件」，全臺各地方法院共計95件，作為本次研究樣本，進行分析（表2-3）。

表2-3　2012至2016年貪污判決分析表（件）

年份	全般貪污判決案件	警察貪污判決案件	判決警察貪污有罪案件
2012	164	57	25
2013	210	37	26
2014	177	44	20
2015	176	23	12
2016	155	38	12
總計	882	199	95

資料來源：司法院法務統計（2017）、法務部法務統計（2017）；本文整理。

三、研究過程與研究態樣分析

（一）研究過程

　　本文目的透過文獻探討，並分析司法院網站「法學資料檢索系統」內所載裁判書，自2012年1月1日至2016年12月31日止，計5年之臺灣一審地方法院審判警察貪污案類判決有罪之判決書，計95件為研究樣本分析對象，並檢視現行可能存在之整體性貪污態樣問題或不足之處，最後針對預防警察人員貪污犯罪，提出改善建議及可行作法，主要研究流程如下（圖2-1）：

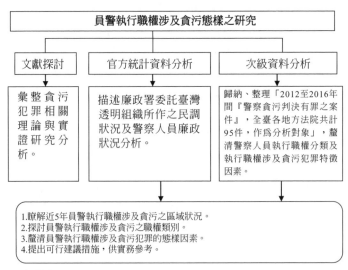

圖2-1　研究流程圖

資料來源：本文繪製。

（二）研究態樣分析

　　本文之員警執行職權涉及貪污態樣，係依地方法院判決書中，分別粹取出，員警執行職權涉及貪污之種類，進行職權種類分析，計有警察勤務類別，依據警察勤務條例第11條規定，區分為值班、備勤、巡邏、臨檢、守望、勤區查察等六種及執勤取締類別，係電玩、色情、毒品、採購、其他等。進而再分析員警執行職權涉及貪污犯罪的特徵因素，探討分析行收賄刑度分析（區分行賄刑度及收賄刑度分析）、涉犯法條類別分析（貪污法條分析）、警察貪污結構模式分析（共犯或個人、主被動）、行收賄期間分析（期間、獲利分析）等因素（表2-4）。

表2-4　員警執行職權涉及貪污態樣分析表

員警執行職權涉及貪污態樣分析	執行職權分類	區域分布狀況及警察勤務類別、職務。
		執勤取締：方式種類。
	執行職權涉及貪污犯罪特徵因素	行收賄刑度分析。
		涉犯法條類別分析。
		警察貪污結構模式：共犯或個人、主被動收賄。
		行收賄期間及獲利分析情形。

資料來源：本文整理。

第四節　員警執行職權分類涉貪狀況分析

本文發現員警執行職權涉及貪污態樣，區分執行職權分類及執行職權涉及貪污犯罪特徵因素等，茲將本文發現分析如下：

一、員警執行職權分類涉貪狀況分析

依據2012至2016年之一審地方法院之判決，本文之樣本計有95件（表2-5），進行分析員警執行職權涉及貪污之區域分布狀況、涉案員警勤務類別以及執勤取締之方式種類，分述如下：

（一）員警執行職權涉及貪污之區域分布狀況

1. 近5年各地方法院轄區警察涉貪判決有罪集中都會區之趨勢

依據臺灣各地方法院對於警察涉及貪污犯罪之判決結果，進行分析，發現：2012至2016年之一審地方法院之判決警察貪污有罪最多之區域，以桃園地院轄區21件最多，其次為高雄地院16件，再次為新北地院11件、臺中地院9件、臺北地院8件、屏東地院4件（圖2-2），以年度分析發現：

(1) 2012年判決警察貪污有罪的地方法院最多為桃園地院10件，其次為高雄地院4件，再次為臺中、臺北及新北地院各2件，而嘉義、雲林、屏東、花蓮及金門地院各1件，其餘地院均無。

(2) 2013年判決警察貪污有罪的地方法院最多為高雄地院8件，其次為臺中地院4

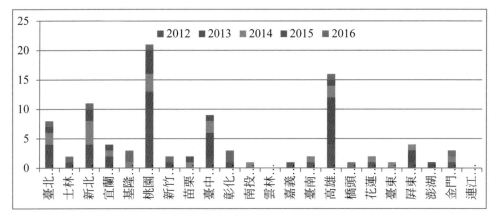

圖2-2　2012至2016年警察涉貪污犯罪各地院判決分析圖（件）

資料來源：司法院統計處（2017）；本文彙整。

件，再次為桃園地院3件，臺北、新北及屏東與宜蘭地院各2件，而士林、新竹、澎湖地院各1件，其餘地院均無。

(3) 2014年判決警察貪污有罪的地方法院最多為新北地院4件，其次為桃園地院3件，再次為臺北、臺中及高雄地院各2件，而宜蘭、基隆、苗栗、南投、臺南、花蓮、臺東、屏東、金門地院各1件，其餘地院均無。

(4) 2015年判決警察貪污有罪的地方法院最多為桃園地院4件，其次為新北地院2件，再次為臺北、宜蘭、苗栗、臺中、彰化及高雄地院各1件，其餘地院均無。

(5) 2016年判決警察貪污有罪的地方法院最多為基隆、彰化地院各2件，其次為臺北、士林、新北、桃園、新竹、高雄、橋頭[10]、金門地院各1件，其餘地院均無（圖2-3）。

　　綜上分析，各年度警察涉貪判決有罪最多之一審地方法院為2012年桃園地院10件，2013年高雄地院8件，2014年新北地院4件，2015年桃園地院4件，2016年基隆、彰化地院各2件，仍以集中於都會區之趨勢，惟2016年則以基隆、彰化地院各2件為最多，都會區僅1件。

---

[10] 臺灣橋頭地方法院於2016年9月1日正式啟用，設有橋頭、岡山及旗山簡易庭，管轄高雄市那瑪夏區、桃源區、茂林區、六龜區、甲仙區、杉林區、美濃區、旗山區、內門區、田寮區、阿蓮區、路竹區、湖內區、茄萣區、永安區、彌陀區、岡山區、燕巢區、大樹區、鳥松區、仁武區、大社區、橋頭區、梓官區、楠梓區、左營區等26區。故2016年以前均無資料。

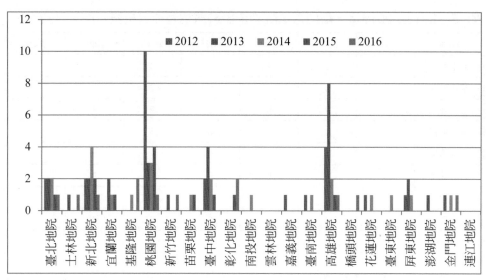

圖2-3　2012至2016年各年度警察涉貪污犯罪各地院判決分析圖（件）

資料來源：司法院統計處（2017）；本文彙整。

2. 近5年警察涉貪判決有罪案件遞減1倍之趨勢

　　2012至2016年之一審地方法院之判決警察貪污有罪計有95件，其逐年趨勢，以2013年26件最多，其次為2012年25件，接著逐年遞減之趨勢，尤以2015年及2016年降低1倍，近5年統計則以桃園地院轄區21件最多，其次為高雄地院轄區16件，再次為新北地院轄區11件，依序為臺中地院9件，臺北地院8件，而雲林地院及連江地院則無警察貪污案件之判決（表2-5、圖2-4）。

表2-5　2012至2016年一審地方法院判決警察貪污有罪分析表（件）

年別	2012	2013	2014	2015	2016	總計	排序
桃園地院	10	3	3	4	1	21	1
高雄地院	4	8	2	1	1	16	2
新北地院	2	2	3	2	1	11	3
臺中地院	2	4	2	1	0	9	4
臺北地院	2	2	2	1	1	8	5
宜蘭地院	0	2	0	1	0	4	

表2-5　2012至2016年一審地方法院判決警察貪污有罪分析表（件）（續）

年別	2012	2013	2014	2015	2016	總計	排序
屏東地院	1	2	1	0	0	4	
基隆地院	0	0	1	0	2	3	
彰化地院	0	0	0	1	2	3	
金門地院	1	0	1	0	1	3	
士林地院	0	1	0	0	1	2	
新竹地院	0	1	0	0	1	2	
苗栗地院	0	0	1	1	0	2	
臺南地院	1	0	1	0	0	2	
花蓮地院	1	0	1	0	0	2	
南投地院	0	0	1	0	0	1	
嘉義地院	1	0	0	0	0	1	
橋頭地院	0	0	0	0	1	1	
臺東地院	0	0	1	0	0	1	
澎湖地院	0	1	0	0	0	1	
雲林地院	0	0	0	0	0	0	
連江地院	0	0	0	0	0	0	

資料來源：司法院統計處（2017）；本文彙整。

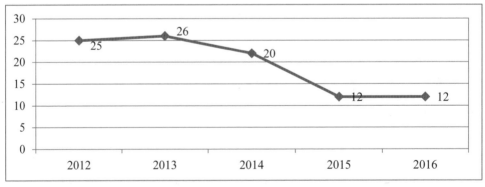

圖2-4　2012至2016年警察涉貪判決有罪趨勢分析圖（件）

資料來源：司法院統計處（2017）；本文彙整。

3. 警察貪污犯罪率近5年下降3.16倍

　　依據司法院「法學資料檢索系統」內所載裁判書類資料，2012至2016年之一審地方法院之判決分析，判決警察貪污有罪之案件，計有95件，181人，呈現逐年降低之趨勢，而以警察貪污案件與全般貪污案件比例分析，從0.14下降至0.07，計有1倍，人數比例從0.24下降至0.04，計下降5倍，在犯罪率上從89.03下降至26.50，計下降3.16倍，茲將逐年分析發現分述如下（表2-6）：

(1) 2012年貪污件數168件、283人判決貪污有罪，而依警察人數為76,374人，判決警察貪污件數25件、64人判決貪污有罪，與全般貪污案件比例為0.14，人數比例僅0.24，其犯罪率為83.79。

(2) 2013年貪污件數218件、423人判決貪污有罪，而依警察人數為76,570人，判決警察貪污件數26件、41人判決貪污有罪，與全般貪污案件比例為0.18，人數比例僅0.09，其犯罪率為53.54。

(3) 2014年貪污件數196件、527人判決貪污有罪，而依警察人數為75,554人，判決警察貪污件數20件、29人判決貪污有罪，與全般貪污案件比例為0.10，人數比例僅0.05，其犯罪率為38.38。

(4) 2015年貪污件數190件、464人判決貪污有罪，而依警察人數為75,112人，判決警察貪污件數12件、27人判決貪污有罪，與全般貪污案件比例為0.06，人數比例僅0.05，其犯罪率為35.94。

(5) 2016年貪污件數169件、413人判決貪污有罪，而依警察人數為75,452人，判決警察貪污件數12件、20人判決貪污有罪，與全般貪污案件比例為0.07，人數比例僅0.04，其犯罪率為26.50。

表2-6　2012至2016年貪污判決有罪案件、人數、犯罪率比較分析表

年別	貪污件數	貪污有罪人數	警察人數	警察貪污件數	警察貪污有罪人數	案件比例	人數比例	警察犯罪率
2012	168	283	76,374	25	64	0.14	0.24	83.79
2013	218	423	76,570	26	41	0.18	0.09	53.54
2014	196	527	75,554	20	29	0.10	0.05	38.38
2015	190	464	75,112	12	27	0.06	0.05	35.94
2016	169	413	75,452	12	20	0.07	0.04	26.50

資料來源：銓敘部銓敘統計（2017）、司法院司法統計年報（2017）；本文彙整。

（二）警察勤務類別

依據警察勤務條例第11條規定，將警察勤務分類為臨檢、勤區查察、備勤、值班、巡邏及守望，加上司法搜索、業務處理、查贓證物及交通取締等，為警察勤務類別中經常實施之項目，惟本文發現，巡邏及守望勤務時，幾近無法實施貪污犯罪，茲將警察執行職權勤務涉貪類別及涉貪之職稱等級等分析結果，分述如下：

1. 警察執行職權勤務涉貪類別，以業務處理及臨檢時涉貪較多

依據司法院「法學資料檢索系統」內所載一審地方法院審判裁判書類資料，分析2012至2016年間，警察執行職權時涉及貪污之勤務類別，發現如下：以業務處理合計28件為主，次為臨檢勤務23件，再次為值班、搜索各13件，交通取締勤務12件（表2-7）：

(1) 2012年警察執行職權時涉及貪污之勤務類別，以臨檢勤務7件，最為嚴重，其次為搜索勤務，再為交通取締與業務處理。

(2) 2013年警察執行職權時涉及貪污之勤務類別，則以業務處理10件，最為嚴重，次為臨檢勤務8件，再為值班與交通取締。

(3) 2014年警察執行職權時涉及貪污之勤務類別，仍然以業務處理7件，最為嚴重，次為交通取締4件，再為臨檢、值班、搜索等勤務各3件。

(4) 2015年警察執行職權時涉及貪污之勤務類別，依然以業務處理4件，最為嚴重，次為搜索勤務3件，再為臨檢2件。

表2-7　2012至2016年警察執行職權勤務涉及貪污犯罪之勤務類別分析表（件）

年別	臨檢	勤區查察	備勤	值班	搜索	業務處理	查贓證物	交通取締
2012	7		1	3	5	4	1	4
2013	8			3	2	10		3
2014	3			3	3	7		4
2015	2	1		1	3	4		1
2016	3	2		3		3	1	
總計	23	3	3	13	13	28	2	12

資料來源：司法院司法統計年報（2017）；本文彙整。

(5) 2016年警察執行職權時涉及貪污之勤務類別，以臨檢勤務、值班及業務處理各3
件，較爲嚴重。

2. 警察執行職權涉貪以警員涉貪犯罪較為嚴重

　　有關警察執行職權時涉及貪污犯罪行爲時，其職務不乏有警察局長、組隊長、
主任、警務正、督察員、警務員、所長、巡官、小隊長、巡佐、偵查佐及警員等，
其中以警員88人最爲嚴重，其次爲偵查佐42人，茲將細項分析如下（表2-8）：

(1) 2012年警察執行職權時涉及貪污犯罪之職務，以警員38人，最爲嚴重，其次爲
偵查佐13人，再爲警務員兼所長5人。

(2) 2013年警察執行職權時涉及貪污犯罪之職務，以警員22人，最爲嚴重，其次爲
巡佐或小隊長7人，再爲警務員兼所長6人。

(3) 2014年警察執行職權時涉及貪污犯罪之職務，以警員10人，最爲嚴重，其次爲
偵查佐9人，再爲巡佐或小隊長5人。

(4) 2015年警察執行職權時涉及貪污犯罪之職務，以偵查佐11人，最爲嚴重，其次
爲警員8人，再爲警務正或督察員4人。

(5) 2016年警察執行職權時涉及貪污犯罪之職務，以警員10人，最爲嚴重，其次爲
偵查佐7人，再爲巡佐或小隊長、巡官及警務員兼所長各1人。

表2-8　2012至2016年警察執行職權勤務涉及貪污犯罪之職務分析表（人）

年別	警員	偵查佐	巡佐或小隊長	巡官	警務員兼所長	警務正或督察員	隊長（主任）	局長
2012	38	13	3	2	5	1	1	1
2013	22	2	7	1	6	2	1	
2014	10	9	5	1	2		1	1
2015	8	11	1		2	4	1	
2016	10	7	1		1			
總計	88	42	17	5	16	7	4	2

資料來源：司法院司法統計年報（2017）；本文彙整。

（三）執勤取締之方式，以查緝色情涉貪最爲嚴重

　　依據警察法第9條規定賦予警察之職權[11]計有八大項，全部均與民眾息息相關，爲維護公共秩序，確保社會安寧，進行危害防止的行政作用上，對於違序、違法之民眾，施以強制與干預之手段，皆出自於國家透過法律賦予警察之各項行政裁量權與司法協助權限，大致上，執勤取締之方式，計有查緝電玩、色情、毒品、賭博、竊盜與非法（取締砂石、環保等）、辦理採購、違規開單告發、辦理業務、值班勤務等，其中以查緝色情16件最爲嚴重，次爲違規開單告發及查緝非法（取締砂石、環保等）與值班勤務各14件，再爲查緝電玩及賭博13件等，茲將其分析如下（表2-9）：

表2-9　2012至2016年警察執行職權執勤取締方式分析表（件）

年別	查緝 電玩賭博	查緝 色情	查緝 毒品	辦理 採購	開單 告發	查緝 非法	查緝 竊盜	辦理 業務	值班 勤務
2012	6	4	4	1	3	5	1	1	0
2013	3	5	1	2	4	3		4	4
2014		4	1	1	5	2		4	4
2015	3	3					1	3	1
2016	1			1		4			5
總計	13	16	6	5	14	14	2	12	14

資料來源：司法院司法統計年報（2017）；本文彙整。

1. 2012年警察執行職權執勤取締方式分析，以查緝電玩及賭博勤務6件，最爲嚴重，其次爲查緝非法（取締砂石、環保等）5件，再爲查緝色情及毒品各4件。
2. 2013年警察執行職權執勤取締方式分析，以查緝色情5件，最爲嚴重，其次爲違規開單告發、辦理業務、值班勤務各4件，再爲查緝電玩及賭博勤務及查緝非法（取締砂石、環保等）各3件。

---

11 警察法第9條：「警察依法行使左列職權：一、發佈警察命令。二、違警處分。三、協助偵查犯罪。四、執行搜索、扣押、拘提及逮捕。五、行政執行。六、使用警械。七、有關警察業務之保安、正俗、交通、衛生、消防、救災、營業建築、市容整理、戶口查察、外事處理等事項。八、其他應執行法令事項。」

3. 2014年警察執行職權執勤取締方式分析，以違規開單告發5件，最為嚴重，其次為查緝色情、辦理業務、值班勤務各4件等。

4. 2015年警察執行職權執勤取締方式分析，以查緝電玩及賭博勤務、查緝色情及辦理業務各3件，最為嚴重。

5. 2016年警察執行職權執勤取締方式分析，以值班勤務衍生的竊取、侵占貪污犯罪5件，最為嚴重，其次為查緝非法（取締砂石、環保等）4件。

二、執行職權涉及貪污犯罪特徵因素

分析員警執行職權涉及貪污犯罪的特徵因素，加以分析行收賄刑度（行賄刑度及收賄刑度分析）、涉犯法條類別分析（污法條分析）、警察貪污結構模式分析（共犯或個人、主被動）、行收賄期間分析（期間、獲利分析）等因素，茲將其分析結果如下：

（一）員警執行職權勤務時涉貪犯罪行收賄刑度分析

員警為執行警察法所賦予之任務，遂在法律上具有相當之行政裁量及權限，誠如1887年阿克頓「Lord Acton」發表他的著作「自由與權力」，說明絕對權力導致絕對腐敗（Power tends to corrupt and absolute power corrupts absolutely）。警察基於執行職權，在制度及職務上具有裁量、准駁等行政權限，掌握絕對的權力，極易受外界之誘惑而涉及貪污，而在警察執行職權涉貪案件中，具有行賄情形，以及行賄及收受賄賂，所判處之刑度情形之落差為何？茲將其分析如下：

1. 行收賄案件類型模式，由共犯結構轉為個人主動索賄模式

從研究分析發現：員警執行職權涉及貪污犯罪，主要以個人犯案53件最多，且具有主動索賄57件之情形，亦即其類型以個人犯案，主動索賄最為嚴重；而以各年趨勢分析，2012年行收賄案件類型屬於共犯結構，被動收賄模式，2013及2014年行收賄案件類型，則轉為個人犯案，主動索賄模式，2015年則轉變為共犯結構，主動索賄模式，較為惡質性，2016年則又轉為個人犯案，但收賄模式則主被動收受賄賂參半，故，依整體而言，以個人主動索賄為近年之模式，惟以逐年分析，則可看出員警執行職權行收賄之趨勢，由共犯結構轉為個人犯案主動索賄模式（表2-10）。

表2-10　2012至2016年員警執行職權勤務時涉貪犯罪行收賄模式分析表（件）

年別	個人犯案	共犯犯案	被動索賄	主動收賄
2012	10	15	15	10
2013	19	7	6	20
2014	14	6	6	14
2015	3	9	5	7
2016	7	5	6	6
總計	53	42	38	57

資料來源：司法院司法統計年報（2017）；本文彙整。

2. 行收賄案件刑度比例過於懸殊

　　貪污犯罪大多為對向犯，亦即有行賄者才有收賄者，抑或有主動索賄者，才有被迫支付賄款之被害人，依據貪污治罪條例規定，貪污區分三級，亦即為該條例第4、5、6條，分別處刑有期徒刑10年、7年、5年以上，無非要保有公務員神聖不可收買之廉潔性，但反觀，行賄者則分違背職務行賄及不違背職務行賄罪，所處徒刑分別為1年以上7年以下及3年以下有期徒刑，在基本量刑依據上，造成極大之衝擊，故在行賄者所判徒刑，集中在1年以下有期徒刑，而收受賄賂者，最多被判處20年以上有期徒刑者計有4人，刑度集中在1年至5年未滿73人、5年至10年未滿57人、10年至15年未滿者亦不在少數，也有30人，研究發現：行收賄案件判處刑度比例過於懸殊，茲將其分述如下（表2-11）：

(1) 行賄者刑度：2012至2016年集中在1年未滿，最多為2012年16人，次為2016年9人，其中2015年轉為1年至5年未滿6件最多。

(2) 收賄者刑度：2012至2016年集中在1年至5年未滿，最多為2012年23人最多，次為，5年至10年未滿18人；而2013至2015年，仍以1年至5年未滿最多。而判處最重20年以上有期徒刑，則在2012年有3人，2014年有1人。

表2-11　2012至2016年行收賄案件及判刑刑度分析表（人）

年別	1年未滿		1年至5年未滿		5年至10年未滿		10年至15年未滿		15年至20年未滿		20年以上		行賄案件	未有行賄案件
	收賄	行賄	收賄	行賄	收賄	行賄	收賄	行賄	收賄	行賄	收賄	行賄		
2012	0	16	23	15	18	1	12	0	8	0	3	0	15	10
2013	3	7	15	1	12	0	9	0	1	0	1	0	6	20
2014	2	8	14	1	7	0	5	0	1	0	0	0	6	14
2015	2	2	14	6	8	0	3	0	0	0	0	0	5	7
2016	0	9	7	4	12	0	1	0	0	0	0	0	6	6
總計	7	42	73	29	57	1	30	0	10	0	4	0	38	57

資料來源：司法院統計處（2017）；本文繪製。

（二）涉犯貪污及刑法法條類別分析

　　員警執行職權涉貪案件中，大多以違反刑法條文為前提，在觸犯貪污治罪條例，本文發現：違反刑法條文不外乎有刑法第132條之洩密、刑法第216條之偽造文書、刑法第231條之妨害風化、刑法第266、268條之賭博及毒品危害防制條例等五種態樣，亦即為前述員警執行勤務方式，所衍生違反之法律，而近5年以違反偽造文書22人及洩密罪15人，最為嚴重，再結合貪污治罪條例條文，則以觸犯貪污治罪條例第4條第1項第5款，違背職務收賄罪69人，最為嚴重，次為第6條第1項第4款，圖利罪26人，再為第5條第1項第2款，詐領公有財物罪23人（表2-12）。

（三）行收賄期間趨勢及收賄金額獲利情形

　　本文分析發現：行收賄持續狀況已有重大轉變，近5年則以單一收賄事件為主，若有持續收賄則以6月至1年未滿則為發現；在收賄獲利方面，最多則以新臺幣（下同）10萬至50萬未滿，但最多獲利亦有達1,236萬餘元，茲將分述如下：

1. 行收賄大多轉為單一收賄事件，為仍有持續收賄近5年

　　本文發現：員警執行職權涉貪收賄期間，以單一事件收受賄賂後即為結束，為主要之模式，但仍有持續進行之案例，其中以持續收賄6月至1年未滿10件最多，次為收賄4月未滿即結束有8件，亦有收賄1年至2年未滿方結束，亦有8件，最長持續收賄58個月，長達近5年之久，茲將其逐年狀況分述如下（表2-13）：

表2-12　2012至2016年員警執行職權涉貪法條分析表

年別	貪污第4條第1項第1款[12]	貪污第4條第1項第5款	貪污第5條第1項第2款	貪污第5條第1項第3款[13]	貪污第6條第1項第3款[14]	貪污第6條第1項第5款[15]	貪污第6條第1項第4款	貪污第7條[16]	刑法洩密罪	刑法偽造文書	刑法妨害風化	刑法賭博罪	其他
2012	2	30	8	1	2	2	13	1	5	4		1	2
2013		14	4	4	2		9		4	8	3	1	
2014	2	4	7	3	3		3	1	4	4	1		2
2015		9	3		1				1	6	2	2	
2016		12	1		2		1	1					
總計	5	69	23	8	10	2	26	3	15	22	6	7	2

資料來源：司法院統計處（2017）；本文繪製。

表2-13　2012至2016年員警執行職權涉貪收賄期間分析表

年別	單一事件	收賄4月未滿	收賄4月至6月未滿	收賄6月至1年未滿	收賄1年至2年未滿	收賄2年至3年未滿	收賄3年至5年未滿
2012	12	1	1	4	5	1	
2013	13	5	2	2	2		2
2014	9	2	1	1	1	4	2
2015	6		1	3		1（34月）	1（58月）
2016	11		1				
總計	51	8	6	10	8	6	6

資料來源：司法院統計處（2017）；本文繪製。

---

[12] 貪污治罪條例第4條第1項第1款：「竊取或侵占公用或公有器材、財物者。」
[13] 貪污治罪條例第5條第1項第3款：「對於職務上之行為，要求、期約或收受賄賂或其他不正利益者。」
[14] 貪污治罪條例第6條第1項第3款：「竊取或侵占職務上持有之非公用私有器材、財物者。」
[15] 貪污治罪條例第6條第1項第5款：「對於非主管或監督之事務，明知違背法律、法律授權之法規命令、職權命令、自治條例、自治規則、委辦規則或其他對多數不特定人民就一般事項所作對外發生法律效果之規定，利用職權機會或身分圖自己或其他私人不法利益，因而獲得利益者。」
[16] 貪污治罪條例第7條：「有調查、追訴或審判職務之人員，犯第四條第一項第五款或第五條第一項第三款之罪者者，加重其刑至二分之一。」

(1) 2012年員警執行職權涉貪收賄期間，以單一事件爲主12件，持續收賄則以收賄1年至2年未滿5件爲收賄最長時間。

(2) 2013年員警執行職權涉貪收賄期間，仍以單一事件爲主13件，持續收賄則以收賄4月未滿5件爲收賄最長時間。

(3) 2014年員警執行職權涉貪收賄期間，仍以單一事件爲主9件，持續收賄則以收賄2年至3年未滿4件爲收賄最長時間。

(4) 2015年員警執行職權涉貪收賄期間，仍以單一事件爲主6件，持續收賄則最長持續收賄58個月，長達近5年之久，及收賄34個月，長達2年多期間，收賄最長時間。

(5) 2016年員警執行職權涉貪收賄期間，仍以單一事件爲主13件，持續收賄則以收賄4月未滿5件爲收賄最長時間。

2. 行收賄獲利賄款多數為10萬至50萬未滿

　　本文分析發現：近5年賄款獲利最多仍以10萬至50萬未滿，但亦有達1,236萬餘元賄款，且不乏500至700多萬元，茲將逐年狀況分述如下（表2-14）：

(1) 2012年員警執行職權涉貪收賄金額，最多數以10萬至50萬未滿12人，其次爲1萬至5萬未滿及50萬至100萬未滿各4人，亦有接受不正利益有女陪侍酒店之飲宴。

(2) 2013年員警執行職權涉貪收賄金額，最多數以未滿1萬及爲10萬至50萬未滿各7人，其次爲565萬至747萬5人，亦有接受不正利益，有女陪侍酒店之飲宴4人。

(3) 2014年員警執行職權涉貪收賄金額，最多數以1萬至5萬未滿6人，次爲10萬至50萬未滿4人，但收受賄款最多則有1,236萬餘元賄款及575萬6,000元，亦有接受不正利益有女陪侍酒店之飲宴。

(4) 2015年員警執行職權涉貪收賄金額，最多數爲1萬至10萬未滿6人，賄款最爲300萬及150萬。

(5) 2016年員警執行職權涉貪收賄金額，最多數爲10萬至50萬未滿5人，其次爲1萬至5萬未滿2人，亦有接受不正利益有女陪侍酒店之飲宴情形。

表2-14　2012至2016年員警執行職權涉貪收賄金額分析表

年別	未達1萬	1萬至5萬未滿	5萬至10萬未滿	10萬至50萬未滿	50萬至100萬未滿	100萬至300萬未滿	300萬至500萬未滿	500萬至1000萬未滿	1000萬以上	不正利益或物品
2012	3	4	3	12	4	2				2
2013	7	4	2	7		1		5		4
2014	2	6	3	4	2			1	1	1
2015	2	3	3	2		1（150萬）	1（300萬）			
2016	1	2	1	5	1	1		1	1	1
總計	15	19	12	30	7	5	1	7	2	8

資料來源：司法院統計處（2017）；本文繪製。

第五節　結論與建議

透過本文分析，近年民眾對於警察清廉程度之民調現況，發現：民眾對於公務員清廉形象之認知，多數係透過媒體管道，在媒體傳播之效應，對於警察清廉程度大幅提升，且警察結構性、集團性、次文化違法案件已大幅減少，對於警察清廉形象有提升作用。

一、結論與討論

在本文之各項數據分析亦有下列員警執行職權涉及貪污之區域狀況及職權類別及執勤涉及貪污犯罪的態樣特徵等之發現：

（一）員警執行職權涉及貪污之區域集中桃園、高雄、新北及臺中、臺北都會區之趨勢。

（二）近5年警察涉貪判決有罪案件遞減1倍，且警察貪污犯罪率近下降3.16倍，在涉貪人數下降5倍。

（三）員警執行職權勤務涉貪類別，以業務處理及臨檢勤務項目較多，執勤取締

之方式，以查緝色情涉貪最爲嚴重，次爲違規開單告發及查緝非法（取締砂石、環保等）與值班勤務及查緝電玩及賭博等，促使員警產生誘因，在執行職權機會下，無法把持進而涉貪，其中以警員接觸涉貪犯罪較爲嚴重，其次爲偵查佐，但亦不乏有警察局長牽涉其中。

（四）員警執行職權涉及貪污犯罪的態樣因素，以行收賄刑度、涉犯法條類別分析、警察貪污結構模式分析、行收賄期間獲利分析等因素，形成各種態樣茲將其發現分述如下：

1. 員警執行職權涉貪態樣，以僞造文書及洩密罪，再觸犯違背職務收賄罪

員警涉貪態樣有違反洩密、僞造文書、妨害風化、賭博及毒品危害防制條例等五種態樣爲主，近5年以違反僞造文書及洩密罪，最爲嚴重，進而觸犯貪污治罪條例第4條第1項第5款，違背職務收賄罪，最爲嚴重，次爲第6條第1項第4款圖利罪，再爲第5條第1項第2款，詐領公有財物罪。

2. 員警涉貪行收賄刑度比例過於懸殊之現象

貪污犯罪大多爲對向犯，有行賄者才有收賄者，抑或有主動索賄者，才有被迫支付賄款，故在判處上則以貪污治罪條例加以處刑，而非以刑法瀆職罪章之相關條文，在刑度上基於爲保有公務員神聖不可收買之廉潔性，皆處以員警較重之刑度，故在行賄者所判徒刑，集中在1年以下有期徒刑，而收受賄賂者，最多被判處20年以上有期徒刑，刑度也大多集中在1年至5年未滿與5年至10年未滿57人、10年至15年未滿者亦不在少數，造成判處刑度比例過於懸殊之現象。

3. 行收賄案件類型模式，由共犯結構轉爲個人主動索賄模式

員警執行職權涉及貪污犯罪模式，近5年主要以個人主動索賄爲近年之模式，惟以逐年分析，則可分析出員警執行職權行收賄之趨勢，已由共犯結構轉爲個人犯案主動索賄模式。

4. 行收賄以單一收賄為主之趨勢

持續收賄則以6月至1年未滿即被發現，且近5年賄款獲利最多仍10萬至50萬未滿之間，但亦有達1,236萬餘元賄款，且不乏500萬至700多萬元。

二、研究建議

（一）善用媒體傳遞員警正向執勤能量，以達揚善於公堂，規過於私室，呈現警察投入治安，維護社會安寧秩序之清廉形象

　　從民調發現，民眾之感受來自於媒體，警政署下設有警察廣播電臺，與媒體間亦保有一定程度之互動，於員警有具體清廉與正向表現時，應予以適時呈現，發現員警牽涉重大貪瀆案件，應對員警詳加調查案情，並透過媒體適時予以澄清，達勿枉勿縱，但絕非隱匿、包庇，促使警察更具廉能。

（二）結合檢、警、調、廉等司法警察單位，強化建立橫向聯繫網絡，積極防堵員警貪瀆情事，阻斷貪污機會

　　員警執行職權最常發現貪污之勤務，從研究中發現為業務處理及臨檢勤務項目較多，執勤取締之方式，以查緝色情、違規開單告發及查緝非法（取締砂石、環保等）、值班勤務與查緝電玩及賭博等，無非為警察具有重要的裁量與准駁權限，而再執行此項勤務，皆非默默進行，均有接觸民眾，故除廣布諮詢對象外，與偵查主體檢察官、友軍、調查局處及廉政署等相互協助，善用檢舉情資以及檢警調聯席會議，整合貪瀆情資，共同打擊貪腐，瓦解個人及共犯結構姓的貪污，共創廉能政府。

（三）主計、督察、政風稽核單位，應強化實施走動式輔導與管理，發揮內部稽核能力，勿流於形式

　　從研究發現，員警貪污態樣前提動作為違反洩密、偽造文書、妨害風化、賭博及毒品危害防制條例等五種態樣為主，且以違反偽造文書及洩密罪，最為嚴重，故請主計、督察、政風稽核單位，強化稽核、督導申請流程與查察資料之正確性及正當性，以服務機關員工為目的，充當救生員角色，發覺異常抑或不合法定程序時，應立即制止，發揮職務專長予以指導，莫到發生弊端再予以舉發或強調檢討，皆為時已晚。

（四）強化行賄者責任與教育，科以行賄者重刑，以遏阻行賄弊端發生

　　研究發現，行收賄刑度比例有過於懸殊之現象，基於貪污犯罪都為對向犯，

無行賄者則無收賄者，阻斷收賄者貪污機會，依現行法令確實行賄者與收賄者之刑責，過於懸殊，極易造成行賄者牽動收賄者，而造成常習性之結構性貪污，一般貪污案件之行賄者爲求自保，基於刑度低，認罪後大多以可緩起訴抑或判處1年未滿之刑度，故需強化宣導民衆一切依法辦理之宣教，教導民衆不敢行賄、不能行賄、不必行賄，深植貪污零容忍之觀念。

（五）落實全員參與宣導課程，教育員警遭受賄賂之處置防貪作爲與抗壓、抗誘惑與正向之工作態度

　　研究發現，員警貪污收賄者，大多科以如前分析之重刑，其公職身分一定予以免職，此在貪污治罪條例第17條及公務員任用法第28條載有明文，而在執勤時涉貪之模式，已由共犯結構轉爲個人犯案主動索賄模式，故需強化員警正向抒壓能力，與抗拒誘惑之定力，製作相關遭受賄賂之處置防貪作爲之現行作業程序，並定期舉辦團康活動加單位凝聚依附力，建立正向團隊之工作態度。

摘要

警察人員貪污犯罪的態樣大多聚焦在其執行職務裁量上，故有多重因素且具有高犯罪黑數，又基於警察執法大多屬於干預之性質，以至於民眾對警察之廉潔性缺乏信心，本文目的在於瞭解基層員警觸犯貪污犯罪之決意歷程，採用運用官方次級資料分析、文獻探討及深度訪談為主要研究方法，並採以立意抽樣方式，選定臺北、臺中、臺南、高雄、高雄第二監獄及明德外役監獄等六個矯正機構，選取觸犯貪污治罪條例而被判3年以上有期徒刑定讞，在監執行之受刑人計七名為樣本進行研究。

本文發現，在案件特性上，具有一經實施即難以停止與自首之特殊性、判處徒刑重及訴訟期冗長之特性；與不法利得上，以具有實務專業之刑事警察及交通警察者，不法利得愈多等三個特性；收賄模式大多為被動收賄；在任警職後平均約13年涉及貪污，訴訟期間皆有6年之久，所被判徒刑約為11月5月有期徒刑；在犯罪結構上，區分個人收賄及共犯結構，大多具有共犯結構性，實施之貪污期間約有7.7個月，並以行政警察涉及貪污犯罪居多數。影響貪污犯罪決意因素，以誘因機會為主；在成本風險評估上首重貪污利益，並非刑罰之嚴屬性；且認為所涉貪污罪責過重，既已貪污難以收手及自首之概念而持續收賄。基於上述因素之考量，無機會即無貪污；在決意時間上，以具有偵查實務之刑事警察決意時間4至5個月，而行政警察決意時間較短，最快則當下立即決意等現象。

本文建議防制基層員警涉及貪污犯罪應以：強化行政倫理、道德及法紀教育；鼓勵全民參與並獎勵保護檢舉貪污瀆職行為；擬定揭弊者保護及私部門揭弊規範，強化監控者之監控，避免結構性貪污；修正貪污治罪條例部分條文，讓被動收賄者有回頭機會。

關鍵字：深度訪談法、基層員警、警察貪污犯罪、決意影響因素

---

* 本文曾發表於中央警察大學犯罪防治學報第25期（2017年6月）。

第一節　前言

本文主要目的在探究基層員警貪污犯罪決意之因素，先予說明研究問題背景及其重要性、研究動機、目的、名詞詮釋等依序論述，開啓本文之序端。

一、研究問題背景及其重要性

北部地區某警察局集體收賄18年貪污1億，警界蒙羞，該警局第一警分局涉集體包庇賭博電玩案弊情向上延燒，檢調昨發動第二波搜索，並同步約談督察組前組長侯○○等12名官警及白手套。據悉，2011年3月初被收押的警員與業者中，有人轉污點證人後揭發驚人內幕，爆料官警集體收賄已持續18年，貪污總額近1億元，歷年罕見[1]。

金牌警員收賄重判12年（不能認罪的原因：辜負、榮譽受損）北部地區某警察局計有三個警分局九名官警，收賄包庇「德州撲克」賭場案，板橋地院昨宣判，依貪污等罪重判其中七名敗壞警紀的涉案官警，包括曾獲警界最高榮譽「金吾獎」的警員許○○，不認貪污之考量：「是金吾獎得主，長官對我期望很深，代表警察的榮譽，不能也不認貪污」，收賄僅4萬元，還侵占經手的20萬元賄款，判處12年重判，其他六名警員，則各被判11年6月至3年不等徒刑，並追繳不法賄款共67萬餘元[2]。

中部7警包娼疑雲，記者涉當白手套收押，中部某警察局警察包庇業者經營的「一樓一鳳」、酒店脫衣陪酒等色情案，傳喚26人，其等假借搜索之名，到色情業者營業處搜索辦案，再以查無違法證據結案，並通報警察掃黃時間給業者，業者承認將賄款交給警察，每月數萬至10萬元，包括○警分局所長陳○○等7名員警，其中涉嫌扮演白手套的○○報記者鄧○○及涉嫌賄賂的吳姓色情業者夫婦被聲請羈押獲准[3]。

---

[1] 黃哲民、林益民（2011）。警局集體收賄18年 污1億 基隆警界蒙羞。蘋果日報，3月29日，http://www.appledaily.com.tw/appledaily/article/headline/20110329/33281718/（查詢日期：2016年10月3日）。

[2] 孫友廉、張芳榮（2011）。金牌警員收賄 重判12年 北市官警集體包庇賭場判刑。蘋果日報，9月1日，http://www.appledaily.com.tw/appledaily/article/headline/20110901/33638046/（查詢日期：2016年10月3日）。

[3] 張瑞楨、黃旭磊、張菁雅（2016）。中市7警包娼疑雲 台時記者涉當白手套收押。自由時

　　從上述媒體報導發現，警察人員收受賄賂大多以包庇賭博性電玩、色情行業為主，導致警察團隊中形成共犯結構之收賄次文化，但依據警察法第2條規定：警察任務為「依法」維持公共秩序、保護社會安全、防止一切危害、促進人民福利。其中有其積極及消極性作用，來達成警察任務，而「防止」一切危害，則屬積極性作用，則需運用警察的手段，才能達到目的，這最重要的手段有三：就是指導、服務及強制三種；指導其實就是對於人民不合法律規定或足以妨礙他人之行為，予以教導、糾正、制止、勸告或說服等，使他們合乎規定，不致妨礙到其他人。實質上，就是以干預的手段來促使人民合乎規範，所以，無論人民有無故意或過失，警察都有加以指導的責任。至於在公共秩序上的維護則具有相當的裁量空間，因此，指導手段上的運用，雖具有教育性意義，最足以增進政府與人民間情感（梅可望，2002：12-13），相反地，不當運用指導、干預的手段，極易造成民怨；然而，在眾多警察人員之中，並非所有警察運用指導手段的行為，都是合乎法令規定及符合道德規範與期望的行為，導致偏差行為，甚至觸犯法令，其中貪污瀆職便是一例（林鉤圭，2002），故警察在執行其職務有所偏頗時，極受民眾之微詞，更何況以其職務職權進行索賄或是成為違法者之幫手而收賄，更將影響公正執法之形象，也更讓整個警隊受辱，所以警察廉潔執法有其重要性。

二、研究動機與目的

　　警察貪污犯罪一向被視為「白領犯罪」的典型犯罪類型，窺其原因甚多，警察實施貪污犯罪之因素，大多聚焦在所運用的權勢與權威上，在有經濟上需求之際而滿足個人所需。也因為警察在執法上，具有教育性的干預手段，人民相對地對於警察有更高的道德標準，以至於當聽聞警察牽涉貪污犯罪之際，皆難以容忍。諸如，前述所舉之社會案例即為一例，甚至直接聯想到1995年臺北地區爆發的「周人蔘案」[4]電玩弊案及2001年南部地區的「儂儂案」[5]取締色情業弊案，其中不乏警界明日之星及著有功績之傑出人才，影響警察形象長達20、30年之久，更重挫警察士氣

報，2月26日，http://news.ltn.com.tw/news/society/paper/971552（查詢日期：2016年10月3日）。

[4] 孫曜樟（2013）。纏訟18年 電玩大亨周人蔘行賄檢警案 塵埃落定。ETtoday新聞雲，8月29日，https://www.ettoday.net/news/20130829/263360.htm（查詢日期：2016年10月3日）。

[5] 鮑建信（2001）。自由時報電子報，8月23日，http://old.ltn.com.tw/2001/new/aug/23/today-c6.htm（查詢日期：2016年10月3日）。

及破壞與悖離其職務之崇高性與廉潔不可收買性，而在執法上，大多為基層員警，在眾多勤務中，其等何以甘冒重罪處刑之險，從事貪污瀆職之犯行，就有何因素？遂觸動本文之動機。

又基於社會環境轉型、變遷快速等諸多因素，甚少有實證研究對於國家政策與警察實施貪污犯罪之決意因素，深入探討其內心想法等，故本文藉由犯罪學理論及相關文獻的發現，實施質性深度訪談期能對基層員警實施貪污犯罪決意影響因素，有全面性的瞭解，進而擬定防治措施，促使公務員在職位上能廉、能兼具，因此，本文之目的包括有四：

（一）瞭解警察人員涉貪之案件屬性。
（二）探討警察人員之貪污風險因素（需求、壓力、誘因、機會、監控因素）。
（三）分析警察人員貪污之決意因素。
（四）根據上述研究發現，提出建議及可行作法。

三、名詞詮釋

（一）基層警察[6]

中文警察一詞出現於1900年前，在清光緒20年（1894年）10月後。有可能是當朝重臣劉坤一和張之洞借用日本明治維新時採用的漢字警察一詞；然而警察一詞，最早出於唐代玄奘法師「大唐西域記·藍摩國」：「野象群行，採花以散，冥力警察，初無間替。」「新五代史·史弘肇傳」：「弘肇出兵警察，務行殺戮，罪無大無小皆死。」及宋代陸游「南唐書·盧郢傳」：「後主命韓德霸為都城烽火使，警察非常。」當時警察並非名詞，實乃警戒監察之意。警察主管機關是內政部警政署，各縣市設有警察局，人口較多的鄉鎮市區設有警察分局，分局之下又設有派出所、分駐所。依警察勤務條例第3條規定，警察勤務之實施，應晝夜執行，普及轄區，並以行政警察為中心，其他各種警察配合之。另外設有各類專業警察（刑事警察、交通警察、鐵路警察、航空警察、外事警察、保安警察等），就現行制度而言除專業警察外，其餘皆為行政警察；本文所指基層警察係指經由警察特考及格，正式派任之警正四階以下之警察人員。

---

[6] 維基百科，https://zh.wikipedia.org/wiki/%E8%AD%A6%E5%AF%9F#.C2.A0.E4.B8.AD.E8.8F.AF.E6.B0.91.E5.9C.8B（查詢日期：2016年10月3日）。

（二）貪污犯罪

　　依據貪污治罪條例區分行爲態樣有三（張平吾等，2012：313），係指觸犯貪污治罪條例第4、5、6條規定之行爲，綜上，貪污犯罪事實上具有圖利自己或第三人之意，亦即，公務人員爲謀取不當利益而要求、期約或收受賄賂，從中謀取自己或第三人之不法利益者之行爲，惟在龐大行政體系下區分各種職務類別，其行爲有違上述三種行爲態樣者，即爲本文所稱之貪污犯罪行爲（陳永鎭，2015）。

第二節　文獻探討

一、警察涉貪決意影響因素

　　犯罪乃是個人特徵與外在環境或是場景互動的結果，而缺少外在環境機會，僅有犯罪動機的人，犯罪仍是難以發生，故無論一個人的犯罪傾向或動機爲何，克服外在環境上的障礙及犯罪機會亦與個人因素同等重要，並爲犯罪一個重要的根本因素（許春金，2014；陳永鎭，2015）。故綜合犯罪學理論與實證研究，本文歸納警察人員執勤涉貪決意之影響因素見表3-1（許福生等，2017）。

表3-1　警察廉政風險因素歸納表

廉政風險因素	概念內涵
個人因素	個人經濟、家庭、社會等具特殊問題之背景因素，或個人心理、價值觀等造成之低自我控制內在因素，如衝動性、行爲簡易性、冒險性、不穩定的婚姻、漠視性、非言語協調性、短視性、追求非犯罪行爲的立即快樂等。
犯罪結構	如果行爲人因不同接觸所連結到的法律觀念是負面取向，那麼他就較易於從事犯罪行爲。警察因執行職務之必要，經常與社會不法分子有所接觸，若其所服務之地區有著較多幫派及色情、賭博電玩等聲色場所，必定需與該等場所之人士長期大量接觸，進而成爲其親密團體。倘若該等業者人士向員警誘以財物或不正利益或要求其協助，則廉能廉政案件之發生非不可預期。如同儕、主管部屬、社區違法分子之正共犯結構。

表3-1 警察廉政風險因素歸納表（續）

廉政風險因素	概念内涵
決意因素	犯罪當下之風險及內在認知觀念。一般以風險顧慮爲重，利益及刑罰後果較少優先考慮，自視其所爲係非貪污行爲或無視監控機制的存在而忽略，自認遭查獲及曝光機率低，故風險考量爲其決意的重要因素。且發現犯罪前大多未經過理性思考，在情境的誘因下，經過審慎評估考量，抱持不會被抓的僥倖心態，並未思考刑罰及後果，只關心被逮捕或被發現之風險，且因食髓知味而增強其持續犯行。

資料來源：本文自行整理。

二、公務員涉貪之性格特質

從公務員涉貪者之性格特質[7]，針對研究個案之抗壓性、情緒商數、坦率性（誠實性）、耐煩性等特質，進行分析如下（陳永鎭，2017）：

（一）抗壓性分析

公務員涉貪者之抗壓性測驗分數介於29分至53分之間，所施測結果分數皆未超過53分（表3-2）。個案施測結果僅分布於差、劣等2級，且劣級有21名，占研究個案之75%，差級有7名，占研究個案之25%，足見本文之個案其抗壓性皆屬於劣、差級，尤其有75%屬劣級（表3-3、圖3-1）。

表3-2 個案抗壓性分析表

得分	次數（N=28）	百分比（%）	得分	次數（N=28）	百分比（%）
29.00	1	3.6	44.00	4	14.3
36.00	1	3.6	45.00	2	7.1
37.00	2	7.1	46.00	4	14.3
39.00	3	10.7	48.00	2	7.1
40.00	2	7.1	49.00	1	3.6
41.00	1	3.6	50.00	2	7.1
42.00	1	3.6	53.00	2	7.1

資料來源：本文整理。

---

[7] 係指貪污犯罪者個案之性別、涉案時年齡、教育程度、婚姻狀況及涉案時職等狀況等五項個人特性及貪污犯罪者本人之抗壓性、情緒管理、坦率性（誠實性）、耐煩性等性格特質。

表3-3　抗壓性分析表

抗壓性分五組	次數	百分比（%）
劣	21	75
差	7	25
中	0	0
良	0	0
優	0	0
總和	28	100.0

資料來源：本文整理。

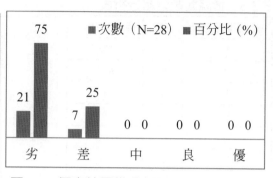

圖3-1　個案抗壓性分析圖
資料來源：本文整理。

（二）研究個案情緒商數分析

個案之情緒商數測驗分數介於68分至101分之間（表3-4），個案施測結果僅分布於差、劣等2級有22名，占個案之78.6%，其中差級有17名，占個案之60.7%，中級有4名，占個案之14.3%，優級有2名，占個案之7.1%，足見個案其情緒商數亦呈現於劣、差級占研究個案之78.6%、連同中級則占92.9%，惟多數呈現在差級有17名，60.7%（表3-5、圖3-2）。

表3-4　個案情緒商數分析表

得分	次數（N=28）	百分比（%）	得分	次數（N=28）	百分比（%）
68.00	1	3.6	77.00	3	10.7
70.00	1	3.6	78.00	6	21.4
71.00	2	7.1	79.00	1	3.6
72.00	1	3.6	80.00	1	3.6
73.00	2	7.1	83.00	2	7.1
74.00	2	7.1	85.00	1	3.6
75.00	2	7.1	101.00	2	7.1
76.00	1	3.6	總和	28	100.0

資料來源：本文整理。

表3-5　情緒商數分組分析表

情緒商數分五組	次數	百分比（%）
劣	5	17.9
差	17	60.7
中	4	14.3
良	0	0
優	2	7.1
總和	28	100.0

資料來源：本文整理。

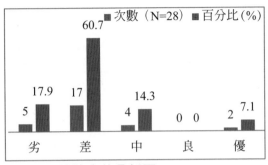

圖3-2　情緒商數分析圖

資料來源：本文整理。

（三）研究個案坦率性（誠實性）分析

　　個案之坦率性（誠實性）測驗分數介於38分至64分之間（表3-6），個案施測結果分布於差、劣、中、良、優等5級，其中劣、差級有16名，占研究個案之57.2%，中級有4名，占研究個案之14.3%，良級有6名，占研究個案之21.4%，優級有2名，占研究個案之7.1%，足見本文之個案其坦率性（誠實性）亦呈現於劣、差、中級占研究個案之71.5%，惟多數呈現在差級有16名，57.2%（表3-7、圖3-3）。

表3-6　個案坦率性（誠實性）分析表

得分	次數（N=28）	百分比（%）	得分	次數（N=28）	百分比（%）
38.00	2	7.1	47.00	1	3.6
39.00	2	7.1	48.00	1	3.6
40.00	1	3.6	51.00	2	7.1
41.00	6	21.4	52.00	2	7.1
42.00	1	3.6	53.00	1	3.6
43.00	1	3.6	54.00	1	3.6
44.00	1	3.6	62.00	1	3.6
45.00	2	7.1	64.00	1	3.6
46.00	2	7.1	總和	28	100.0

資料來源：本文整理。

表3-7　坦率性分析表

坦率性分五組	次數	百分比（%）
劣	2	7.1
差	14	50.1
中	4	14.3
良	6	21.4
優	2	7.1
總和	28	100.0

資料來源：本文整理。

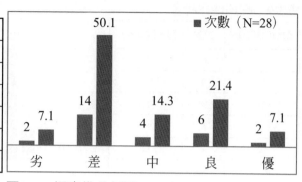

圖3-3　坦率性分析圖

資料來源：本文整理。

（四）研究個案耐煩性分析

個案之耐煩性測驗分數介於46分至63分之間（表3-8），個案施測結果分布於差、中、良、優等4級，其中差級及中級共有19名，占個案之67.8%，中級有10名，占研究個案之35.7%，良級有8名，占個案之28.6%，優級有1名，占個案之3.6%，足見個案其耐煩性亦呈現於差、中級占研究個案之67.8（表3-9、圖3-4）。

表3-8　耐煩性分析表

得分	次數（N=28）	百分比（%）	得分	次數（N=28）	百分比（%）
46.00	1	3.6	54.00	4	14.3
47.00	1	3.6	55.00	1	3.6
48.00	3	10.7	56.00	4	14.3
49.00	2	7.1	57.00	1	3.6
50.00	2	7.1	58.00	2	7.1
52.00	1	3.6	63.00	1	3.6
53.00	5	17.9	總和	28	100.0

資料來源：本文整理。

表3-9　耐煩性分析表

耐煩性分五組	次數	百分比（%）
劣	0	0
差	9	32.1
中	10	35.7
良	8	28.6
優	1	3.6
總和	28	100.0

資料來源：本文整理。

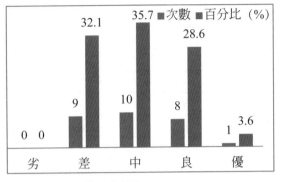

圖3-4　耐煩性分析圖

資料來源：本文整理。

　　根據研究公務員涉貪者之性格特質，結果足見個案之抗壓性明顯傾向劣等、情緒商數及坦率性（誠實性）傾向於差等，耐煩性則傾向於中、差級等，所以，貪污犯罪行為者之性格特質，皆傾向於抗壓性、情緒商數及坦率性（誠實性）等於差劣等級。

第三節　研究設計與實施

　　依據統計國內警察貪污犯罪時有所聞，本文為達到研究目的，加以運用質性研究之深度訪談法、文獻探討法及官方文件次級資料分析等三種研究方法進行研究。

一、研究設計步驟流程

　　本文探索鮮為人知的貪污犯罪之現象，確認、發掘各種意義，形成假設，屬應用性研究，以供未來之研究（Mashall & Rossman, 1995；李政賢譯，2007：43），本文在於瞭解基層員警實施貪污犯罪係如何決意，針對員警貪污犯罪直接之經驗、現象等進行深入訪談。為求順利進行訪談，遂採研究設計步驟的規劃，包含有研究問題界定、研究樣本與場域選擇、進入研究場域與建立關係、發展研究架構及訪談問題編製、進行訪談及資料蒐集、分析，最後撰寫研究結果等步驟進行研究（如圖3-5）。

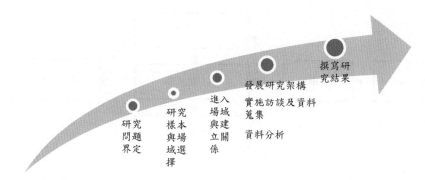

圖3-5　研究設計步驟流程圖
資料來源：本文繪製。

二、研究場域與樣本

本文選定臺北監獄、臺中監獄、臺南監獄、高雄監獄、高雄第二監獄及明德外役監獄等六個矯正機關為研究場域，進行訪談。研究樣本，以基層員警觸犯貪污治罪條例第4、5、6條，且受徒刑3年以上判決之受刑人為研究樣本。屬性分別為行政警察五人、刑事警察一人、交通警察一人，共計七人（代號C01～C07）。在訪談個案條件上具有代表性與實際訪談結果已趨於相近，達到飽和程度才結束訪談。

三、發展研究架構及訪談問題

從文獻探討、理論與實證研究，釐清研究架構與半開放式的訪談大綱，茲分述如下：

（一）發展研究架構

本文係運用質性研究方法之深度訪談方式，與研究樣本進行面對面訪談方式，所以，必須有半結構式的大綱，方能聚焦，所以，分析上述相關理論及文獻與實證研究，根據發現，建構本文架構區分為基層員警個人特性、案件屬性、需求動機、壓力與誘因、監控與機會等因素，形成貪污犯罪決意等（如圖3-6）。

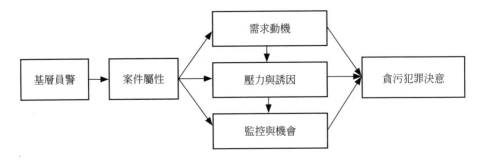

圖3-6　本文之研究架構

資料來源：本文繪製。

（二）發展訪談問題

　　本文參考文獻與實證研究後，加以微調修正訪談架構，並經由此架構發展出正式半結構式之訪談大綱，並隨個案陳述之內容，續以內容衍生，作為個案微調進行深談（如表3-10）。

表3-10　本文之訪談大綱

訪談項次	訪談內容
貪污犯罪 決意因素	1. 瞭解警察執勤涉貪案件之屬性。
	2. 探討警察執勤涉貪之需求動機？
	3. 釐清警察執勤涉貪之壓力與誘因？
	4. 分析警察執勤涉貪之監控與機會？
	5. 歸納出其決意類型模式，提出可行建議措施，供實務參考。

資料來源：本文整理。

四、研究實施過程

　　本文進行訪談之步驟，主要從同意接受訪談的樣本中選取出與本文目的相關及具體有效的樣本七名，進行逐字稿之撰寫與編碼分析。研究進行中重要的是在確認訪談對象之同意，親自簽署同意書後，方進行研究。

五、可信賴性檢驗與研究倫理

質性研究長久以來，信、效度問題一直備受爭議與質疑，所以本文採此種方式，對訪談所得之資料，進行檢核，以求其客觀及公正。研究倫理影響研究者、被研究者、贊助者及社會大眾等四個族群，但本文係研究者之自費獨立研究，並無贊助者顧慮問題，故去除贊助者族群；但在研究者、被研究者及社會大眾等，仍須兼顧（一）情緒反應議題，研究者對受訪談者身分之保密措施，且與矯正機關簽署保密協定書，與研究樣本簽署訪談同意書之知會同意；（二）研究中可能遭遇之倫理議題，隱私維護（均以代號CO1～CO7取代）及研究者對於訪談錄音、逐字稿之處理與保存等倫理議題亦需一併兼顧。

第四節　警察執勤涉貪之案件屬性分析

本文個案之案件屬性，依研究個案案件期程、犯罪結構態樣、職權獲利特性及實施貪污犯罪行為態樣等，加以分析其案件之訴訟期間、判決刑期、涉案罪數、涉案期間、犯罪結構、職務類型、權限類型及不法獲利情形等加以分析個案之案件屬性，茲分析如下：

一、個案訴訟期間分析

員警觸犯貪污治罪條例，其等自涉案開始至案件定讞為止，所經歷之訴訟期間，相當冗長，訴訟期間為3年至13年之間，平均在6年間，箇中所承受之家庭、社會壓力可想而知。

二、個案職務、權限類型與不法獲利分析

職務類型區分有行政警察五名、交通警察一名、刑事警察一名，有三個主動、四個被動收賄，警察職務類型與不法獲利上分析，發現警察中具有偵查法律專業者不法獲利愈多，以刑事主動索賄具有裁罰權限者不法獲利135萬元最多，其次交通警察40萬元，行政警察僅10萬至25萬元；亦即，職務愈具專業者其不法獲利愈高。

本文個案中發現不法獲利最多者為刑事身分，其不法獲利高於交通警察，其次為行政警察。而主動索賄之不法獲利高於被動收賄型態（表3-11）。

表3-11　個案職務獲利特性分析表

職務類型	基層警察		
	行政	交通	刑事
人數	5	1	1
收賄屬性	2主動／3被動	被動	主動
權限類型	裁罰	裁罰	裁罰
貪污不法利得（新臺幣）	10萬至25萬元	40萬元	135萬元

資料來源：本文整理。

第五節　警察執勤涉貪風險因素分析

　　警察執行危害防止任務涉貪之風險因素，包含有需求動機、壓力、誘因與監控、機會等因素，加以分析如下：

一、警察貪污犯罪之需求動機分析

　　本文個案之內在需求，大多基於有形與無形之需求動機，起因於「貪」，區分成抽象需求因素之職場避免遭同事排擠與對於升遷的迷失而追求績效等情境因素。具體需求上以貪圖金錢（主要需求因素），亦有部分貪污並非缺錢，而是在錯誤價值觀的概念下而貪污收賄；而影響因素甚多，本文個案中，則有貪污訊息來源的獲得、經由不良友儕慫恿及收賄次文化與錯誤認知影響及研究個案自制與抗拒誘惑力不足等，直接影響個案之貪污犯罪需求動機（表3-12）。

表3-12　基層員警貪污犯罪行為需求動機及影響因素表

項目		關鍵影響因素	決定因素
需求動機	抽象需求動機	避免被同事排擠C03、C04、C05、C06、C07	避免被同事排擠
		升遷迷失C01、C05	
		為求工作地點穩定且可獲利C05、C07	
		追求工作績效C01、C03	
	具體需求動機	財慾C01、C03、C04、C05、C06	財慾為主
影響需求動機因素	貪污訊息來源	職權裁量機會取得訊息C01、C02、C03、C05	業主或透過同儕主動接觸散發
		業主或透過同儕主動接觸散發C01、C03、C04、C06、C07	
		經由不良友儕慫恿及收賄次文化與錯誤認知影響C03、C05、C06	
		自制與抗拒誘惑力不足C05	
基層員警貪污犯罪選擇索賄模式	主動索賄	覬覦非法業者之利潤C03、C04、C05、C07	覬覦非法業者之利潤
		透過人脈（白手套）取得賄賂標的C03、C05、C06	
	被動收賄	非法業者主動積極籠絡或對員警施壓、主動行賄下或員警基於信賴業者而決意收賄、單位績效管理產生之迷失等C02、C04、C05、C07	非法業者積極籠絡主動行賄、員警基於信賴業者而決意

資料來源：本文整理。

二、基層員警貪污犯罪行為壓力與誘因因素影響之分析

　　基於員警個人貪污犯罪需求動機的不同，研究個案中產生不同程度的壓力，相對的形成不同程度的偏差與違法行為，茲將相關之壓力與誘因分析如下：

（一）警察貪污犯罪行為之壓力影響因素分析

　　研究發現，引發警察貪污犯罪行為之壓力，區分為來自於內在無形的私慾，所形成之壓力，其來自於員警心理內在無形的壓力、親朋間關說的人情壓力、家庭經濟缺口造成的經濟壓力等三種壓力，其中以親朋間關說的人情壓力為主要之決定因素；另一壓力因素，係來自於外在環境具體因素所造成的壓力，有來自於同儕間關說的壓力、工作（績效）的壓力、上級長官給予之壓力等，但綜觀外在壓力其實僅為長官壓力，促使形成決定之因素，形成在執行職務時無法依法行事，導致形成貪污犯罪共犯（表3-13、圖3-7）。

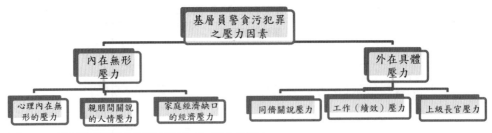

圖3-7　基層員警貪污犯罪行為之壓力因素

資料來源：本文整理。

（二）警察貪污犯罪行為誘因影響因素分析

　　本文發現警察貪污犯罪之誘因主要在於非法業者透過各種管道藉故接觸後，員警基於無法拒絕業者所提供之誘因，致使萌生配合非法業者之要求而實施貪污犯罪（表3-13）。

表3-13　基層員警貪污犯罪行為之壓力與誘因因素分析表

項目	關鍵影響因素	決定因素
基層員警貪污犯罪行為內在壓力因素	心理內在無形的壓力C01、C02、C07	親朋間關說的人情壓力為主要因素
	親朋間關說的人情壓力C01、C03、C04、C05	
	家庭、經濟因素缺口，所引發的經濟壓力C01、C04、C06	
基層員警貪污犯罪行為外在壓力因素	同儕間關說壓力C03、C04、C06、C07	上級長官壓力
	工作（績效）壓力C01、C03、C04、C07	
	上級長官壓力C01、C03、C04、C07	
基層員警貪污犯罪行為之誘因	非法業者藉故接觸C03、C04、C05	非法業者業者藉故接觸
	慾望誘因難以抗拒C04、C06、C07	

資料來源：本文整理。

三、影響員警貪污犯罪行為之機會與監控因素之分析

　　警察貪污犯罪的機會與監控因素，實際上呈現負相關的關係，加以分析如下：

（一）基層員警貪污犯罪行為之機會因素分析

　　本文發現警察貪污行為不一定要有需求，但一定要有機會，亦即無機會即無

貪污，非法業者製造收賄機會或是公務員利用職權，自行創造索賄機會，大多數屬於非法業者製造機會，及結合友儕關係拉近員警關係而製造機會、設好飯局讓公務員無法拒絕在進行商談賄賂事宜，亦即非法業者主動提出行賄模式，並按月或三節實施行賄，相對的也是非法業者，利用非法途徑創造機會為基層員警索賄（表3-14、圖3-8）。

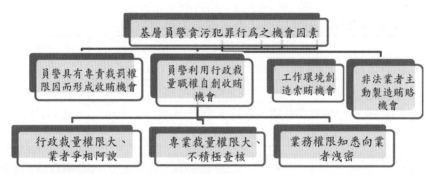

圖3-8　基層員警貪污犯罪行為之機會因素

資料來源：本文整理。

1. 警察具有專責裁罰權限，因而形成收賄機會

　　研究個案對於本身具有之專責裁罰權限，對於業者為謀取較大經濟利益時，具有重大決定性的關係，進而採取行賄模式，間接引發貪污收賄之機會。

2. 利用行政裁量職權自創收賄機會

　　研究個案基於行政裁量權限大，充分利用自身職權，導致非法業者為免於被取締裁罰而爭相阿諛、承辦人員為迎合長官而附和，再則因取締裁量權限大、並採以通風報信之洩密方式，不積極查核模式，讓違法業者有行賄之機會。

3. 基層員警工作環境創造索賄機會

　　研究發現，主要考量仍在於工作環境機會的呈現，機關內集體共犯之次文化及在地化等組織誘因，其所接觸業務中無投機或違規、違法行業之業者，即無從創造收受賄賂之機會，業者亦無從實施行賄或請民代、上級長官施壓的機會。

4. 非法業者主動製造基層員警賄賂機會

　　本文發現，業者爲確保賭博電玩、色情之龐大非法利益，往往會透過與具有裁罰權限者熟識或隸屬關係者，建立良好關係，創造與其接觸之機會，透過年節、假日、甚至按月進行餽贈、飲宴，以主動模式接觸，建立熟識情誼，再以正常社交禮節名義麻痺個案，使之習以爲常而接受，進而利用此種模式主動創造行賄機會。

表3-14　基層員警貪污犯罪行爲之機會因素影響分析表

項目	關鍵影響因素			決定因素
貪污犯罪行爲之機會因素	專責裁罰權限引發機會C01、C02、C03、C04、C05、C06、C07			1. 專責裁罰權限引發機會 2. 利用職權自創機會貪污之因素 3. 工作環境創造機會 4. 業者主動製造機會
	利用職權自創機會貪污之因素	行政裁量權限大、業者爭相阿諛C01、C03、C05、C07		
		專業裁量權限大、不積極查核C05、C07		
		業務權限知悉而向業者洩密C03、C06、C07		
	工作環境創造機會C02、C03、C04、C05、C06、C07			
	業者主動製造機會C04、C05、C07			

資料來源：本文整理。

（二）警察執勤涉貪之監控因素分析

　　研究發現，監控機制，基本區分爲警察機關內在監控機制之政風室（督察室）系統之監控機制及外在檢舉監控機制等兩種，且具有顯著之效能，惟大多視監控機制爲無物，漠視監控機制的存在，認爲督察系統亦已淪陷，無法監控監控者而淪爲形式、認爲監控機制難以發揮效能而不具信心；導致案例宣導教育無法到位，約制不到爲機關爭取績效者，起因於警察機關長官，過度倚重績效所致，宣教僅爲簽到，導致未能發揮宣教之效能（圖3-9）。

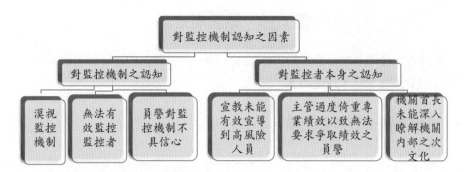

圖3-9　研究個案貪污監控機制認知因素

資料來源：本文整理。

四、基層員警貪污犯罪決意分析

本文個案基層員警依其職權皆為具有裁罰權限，平均在任公職13年後，涉及到貪污犯罪，最短決意時間為當日即決意，最長期間為4至5月。但其特點係觸犯貪污犯罪者，無論其犯罪結構為共犯結構犯罪或是單獨犯罪，一經著手實施貪污犯罪，皆會持續犯罪至被發現逮捕為止，顯難能自首及中止，故實施持續貪污期間最長為持續14個月，最短為1個月，平均約持續實施7.7個月之時間，且所犯案數最少為一案及被查獲，最多持續觸犯17案，平均約持續實施近六案，所受徒刑平均11年5月，訴訟期平均約6年（表3-15）。

表3-15　基層員警貪污犯罪決意時間分析件特性分析表

類別	任公職後	職權	決意時間	持續時間	涉案數	徒刑	訴訟期
平均	約13年	裁罰	約38日	約7.7月	6案	約11年5月	6年
最高	19年	裁罰	4-5月	14月	17案	20年	13年
最低	10年	裁罰	1日	1月	1案	3年	3年

資料來源：本文整理。

第六節　結論與建議

依據本文發現基層員警貪污犯罪類型，區分為主動索賄及被動收賄兩種，其決意考量因素各有不同，分述如下：

一、主動索賄決意考量因素

警察於執行危害防止任務時，其需求動機之發動，考量因素皆以獲得之利益多寡為主，進而在監控薄弱下，伺機創造機會，而進行索賄，以滿足其需求，倘若未被發現或舉發時，則需求存在又有機會則持續進行貪污犯罪，若遭檢舉時，則立即進行串供、滅證，於遭傳喚偵訊時，初期進行採否認及抗辯之態度，俟被查緝證據充足或被搜獲證據時，則改採自白，以爭取減刑及不受羈押，以力保工作與減刑機會，倘採堅不吐實之態度，在被羈押後，亦尋求進行自白，爭取減刑或緩刑機會，形成決意模型（圖3-10）。

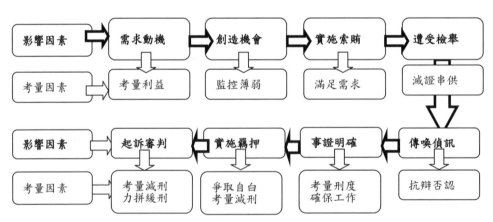

圖3-10　警察主動索賄模式決意考量因素圖
資料來源：本文整理。

二、被動收賄決意考量因素

警察於執行危害防止任務時，出現非法業者行賄機會，其需求動機係考量壓力因素，在無法去除壓力時，決意考量因素，則為尋求機會，而檢視執勤之監控薄

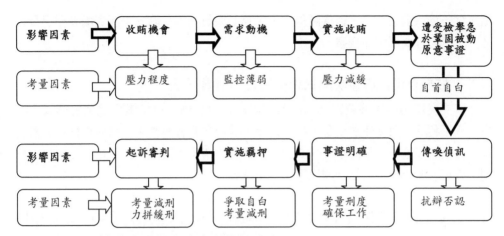

圖3-11　警察被動收賄模式決意考量因素表
資料來源：本文整理。

弱之際，進行收賄，以達到壓力解除之需求，倘若未被發現或舉發時，則其壓力仍然持續存在而被迫持續進行收賄；倘被發現或舉發時，則採取之對策，係急於鞏固原先被動收賄之事證，考量自首或自白，以爭取自新機會；如遭傳喚偵訊時，初期仍進行否認及抗辯或進行解釋辯解，僅認輕罪，俟被查緝證據充足或被搜獲證據時，則進行自白，以爭取不被羈押力保工作及減刑機會，起訴及審判期間力拼緩刑（圖3-11）。

三、建議

依據本文發現在決意實施貪污犯罪行為時影響其心證，惟仍以機會、壓力及監控影響甚鉅，為促使公務員在職位上兼具有廉更有能，逐據以提出防制策略建議如下：

（一）強化機關全員到場實施在職行政倫理、道德及法紀教育

依據本文發現基層員警實施貪污犯罪，潛藏其內心決意之動機，大多為貪小便宜心態作祟；在刑罰之評估上，首要考量利益未加思考刑罰之嚴重性，大多於被捕後才再檢視風險性及刑責輕重，故需強化基層員警之防貪概念及法紀教育，制定遇有施壓關說之處理流程，避免非自願性之貪污犯罪發生，降低其涉貪之風險而持

續落實監控約制之功能，在機關員工上，務必全員到場實施，未能到場者需另行宣教，不可因各種事由而規避。

（二）鼓勵全民參與並獎勵保護檢舉貪污瀆職行為

　　本文發現誘因與機會因素乃因警察具有裁量實權，自創機會索賄，抑或業者主動爭相利誘，致使無法推辭下隨波逐流，導致向業者洩密、不積極查核，故需藉由外部之監控機制，鼓勵全民參與並獎勵保護檢舉貪污瀆職行為，藉外部力量之約制，導正基層員警能自制勿觸法網，以正官箴。

（三）擬定揭弊者保護及私部門揭弊規範，強化監控者之監控，避免結構性貪污

　　本文發現監控機制薄弱以致無法有效監控監控者而淪為形式，抑或主官因過於倚重專業績效，導致宣導教育、監控機制對具犯罪偵查專業及爭取績效者，未能發揮宣教及監控效能，故加以結合內部揭弊及外部監控與全民參與揭弊，以強化監控者之監控機能。另為期能保障合法業者及警察不可侵犯、收買之廉潔性，亦有私部門揭弊規範訂定之必要性，促使全民舉發貪瀆，使貪瀆行為消弭於無形，創造貪污零容忍之清流政府部門。

（四）修正貪污治罪條例，逐步再回歸刑法之規範

　　本文發現貪污犯罪者，無論基層員警犯罪結構為共犯結構犯罪或是單獨犯罪，惟有一特殊現象，亦即，一經著手實施貪污犯罪，顯難能自首及中止，歸咎其因，在於貪污治罪條例第17條規定，犯本條例之罪，宣告有期徒刑以上之刑者，「並」宣告褫奪公權，致使被動收賄之員警，難有回頭之路，無法確保工作，故在法制上建議，近程以修正貪污治罪條例第17條，於宣告有期徒刑以上刑者，「得」宣告褫奪公權以鼓勵自首，揭發共犯結構；遠程回歸刑法規範，以遏阻貪污次文化之渲染。

摘要

　　本文主要運用文獻探討、次級資料分析及量化分析，觀察2012至2017年警察機關處理違序案件，發現：以社會秩序維護法分則各章中，僅處理妨害善良風俗案件呈現下降趨勢外，其餘妨害安寧秩序、妨害公務、妨害他人身體財產等案件，均呈現上升趨勢，尤其以處理妨害他人身體財產案件呈現驟升現象，而其中妨害善良風俗案件下降及妨害安寧秩序、妨害公務、妨害他人身體財產等案件上升，而集中在北部地區及直轄市之現象，建議對於地方法院簡易庭所在區域、違序時間（月、週、時）等，進行更深入之探討，以分析其間之關聯性，作為違序行為防範之參考。

關鍵字：妨害安寧秩序、妨害善良風俗、妨害公務、妨害他人身體財產、違序行為

* 本文部分內容曾發表於應急管理學報第3卷第2期（2019年4月）。

第一節　前言

民眾違序行為，大多以社會秩序維護法加以約制，所以制定社會秩序維護法之目的，為維護公共秩序，確保社會安寧而制定社會秩序維護法（下稱本法），故在本法規定違反社會秩序行為的法律要件、效果與處罰程序的法律，所規定處罰程序之調查、裁處、執行、救濟，除部分由司法機關裁定外，其餘都是由警察機關為之，所以歸類為行政特別法範疇，用以約束人民違反社會秩序維護法行為，處罰之依據，猶如日本的輕犯罪法、德國的秩序違反法以及新加坡的刑法第八章違反公共秩序安寧罪。本節主要敘述約制人民違序之要件與程序、警察國時代違警罰法以不符現今法治國憲法保障人民自由之需求，茲將其分述如下：

一、用以約束人民違反社會秩序行為之要件與程序

社會秩序維護法與前揭各國輕犯罪法相較，尚具有下列特點：

（一）簡化處罰種類，區分拘留、勒令歇業、停止營業、罰鍰、沒入、申誡。
（二）訂定轉嫁程序，使疏於管教、監護之法定代理人、監護人無從免責。
（三）採用兩罰制度，杜絕不法特種工商業的氾濫，強化營業負責人責任。
（四）裁處拘留、勒令歇業案件，歸由法院裁定，以符憲法精神。
（五）現役軍人違反社會秩序維護法案件，歸由警察、司法機關裁處，以符法律公平性。
（六）健全案件裁處之救濟程序。
（七）採行刑事案件先理原則，防止藉輕刑罰規避裁處，設有但書規範。

二、違警罰法不符憲法保障人身自由

「違警罰法」係仿日本明治時期舊刑法第四篇之違警罪，而訂定我國違警罪章，作為警察機關維持社會秩序與善良風俗的依據，於民國32年10月1日立法通過施行違警罰法，但其精神過度重視警察行政權力的展現，而過於疏忽民眾之自由與人權的保障，期間歷經多次修正，惟對於違警罰法主罰中之拘留、罰役等未經法院裁定，逕由警察機關處分，是否有違憲法保障人身自由之疑義。監察院遂於民國50年6月聲請司法院大法官會議解釋，遂作成釋字第166號解釋，謂為「違警罰法規

定，由警察官署裁決之拘留、罰役，係關係於人民身體自由所為之處罰，應改由法院依法定程序為之，以符憲法第8條第1項之本旨」，正式宣告違警罰法部分條文不符憲法精神，於是行政院遂於該解釋公布後，函示[1]：「警察機關在社會安寧秩序維護法未頒行前，仍可依本法規定處理違警事件，惟罰役應避免選處，如有裁決拘留之必要者，亦應審慎為之」，作為因應。因時代變遷歷經多次專家學者多次審慎研究，宜另制定新法取代，於民國75年3月定案以「社會安寧秩序維護法」，呈報行政院，再邀司法院秘書長等高階人員參與審查，於民國76年2月20日函送立法院審議[2]。

民國79年1月19日司法院公布大法官釋字第251號解釋，謂為「違警罰法規定由警察官署裁決之拘留、罰役，係關於人民身體自由所為之處罰，應迅改由法院依法定程序為之，以符憲法第8條第1項之本旨，業經本院於中華民國69年11月7日作成釋字第166號解釋在案。依違警罰法第28條規定所為『送交相當處所，施以矯正或令其學習生活技能』之處分，同屬限制人民之身體自由，其裁決由警察官署為之，亦與憲法第8條第1項之本旨不符，應與拘留、罰役之裁決程序，一併改由法院依法定程序為之。前述解釋之拘留、罰役及本件解釋之處分裁決程序規定，至遲應於中華民國80年7月1日起失其效力，並由於此期限期修訂相關法律。本院釋字第166號解釋應予補充」。在司法院陸續公布釋字第166號及第251號解釋後，立法院為配合大法官時限之要求，加速審查「社會安寧秩序維護法草案」，終至民國80年6月29日三讀通過完成立法程序，定名為「社會秩序維護法」，並經總統於同日命令公布，自80年7月1日起正式施行，而「違警罰法」亦於同日總統令廢止。

違反社會秩序行為之行為態樣、責任、認定、處罰、時效、管轄、調查、裁處、執行、救濟等依據本法加以約制，為能確實維護人身自由、營業自由等，需有相關之細項規範，諸如，依據本法訂定之違反社會秩序維護法處理辦法、拘留所設置管理辦法、沒入物品管理規則、警察機關辦理社會秩序維護法案件應注意事項、法院辦理社會秩序維護法案件應行注意事項、地方法院與警察機關處理違反社會秩序維護法案件聯繫辦法等，形成嚴密之體系架構。

---

[1] 行政院70年1月20日台內字第0685號函。
[2] 76年2月5日行政院第2017次會議決議通過修正草案。

第二節　社會秩序維護法相關釋字解釋

　　社會秩序維護法的制頒，係替代違警罰法而制定，主要原因為警罪章程創自滿清末葉，迄至民國32年訂頒「違警罰法」條文，基於時空環境背景因素，已不符目前社會需要，而且部分條文牽涉「人身自由」之約制與憲法規範之精神不符，致使司法院大法官會議以釋字第166號及第251號解釋，基於「憲法保留」原則，宣示違警罰法部分條文，至遲應於民國80年7月1日起失其效力，以至於訂定符合現今社會環境因素及憲法人身、營業自由等規範之社會秩序維護法；又因大法官釋字第503號解釋，關於一事不二罰之原則，亦在本法中加以規範，另臺灣宜蘭地方法院宜蘭簡易庭法官林俊廷為審理臺灣宜蘭地方法院98年度宜秩字第32、33、36、47、49、50及53號簡易庭裁定，認所應適用之社會秩序維護法第80條第1項第1款規定，有牴觸憲法第23條及第7條之疑義，聲請解釋案，司法院大法官於民國98年11月6日舉行之第1346次會議，作出釋字第666號解釋，社會秩序維護法第80條第1項第1款就意圖得利與人姦、宿者，處3日以下拘留或新臺幣3萬元以下罰鍰之規定與憲法第7條「平等原則」有違，應自本解釋公布之日起至遲逾2年屆滿時，失其效力；茲將上述相關解釋之釋字第166號、251號、503號及666號解釋，分述如下：

一、釋字第166號解釋（民國69年11月7日）

（一）解釋爭點：違警罰法之拘留、罰役，由何機關裁決？

（二）解釋文

　　違警罰法規定，由警察官署裁決之拘留、罰役，係關於人民身體自由所為之處罰，應迅改由法院依法定程序為之，以符憲法第8條第1項之本旨。

（三）理由書內容

　　按人民身體之自由，應予保障，除現行犯之逮捕由法律另定外，非經司法或警察機關依法定程序不得逮捕拘禁，非由法院依法定程序不得審問處罰，憲法第8條第1項定有明文。是警察機關對於人民僅得依法定程序逮捕或拘禁，至有關人民身體自由之處罰，則屬於司法權，違警罰法所定由警察官署裁決之拘留、罰役，既係關於「人民身體自由」之處罰，即屬法院職權之範圍，自應由法院依法定程序為之，惟違警行為原非不應處罰，而違警罰法係在行憲前公布施行，行憲後為維護社

會安全及防止危害，主管機關乃未即修改，迄今行憲30餘年，情勢已有變更，為加強人民身體自由之保障，違警罰法有關拘留、罰役由警察官署裁決之規定，應迅改由法院依法定程序為之，以符憲法第8條第1項之本旨。

二、釋字第251號解釋（民國79年1月19日）

（一）解釋爭點：違警罰法為由警察限制人身自由處分之規定違憲？

（二）解釋文

違警罰法規定由警察官署裁決之拘留、罰役，係關於人民身體自由所為之處罰，應迅改由法院依法定程序為之，以符憲法第8條第1項之本旨，業經本院於中華民國69年11月7日作成釋字第166號解釋在案。

依違警罰法第28條規定所為「送交相當處所，施以矯正或令其學習生活技能」之處分，同屬限制人民之身體自由，其裁決由警察官署為之，亦與憲法第8條第1項之本旨不符，應與拘留、罰役之裁決程序，一併改由法院依法定程序為之。前述解釋之拘留、罰役及本件解釋之處分裁決程序規定，至遲應於中華民國80年7月1日起失其效力，並應於此期限前修訂相關法律。本院釋字第166號解釋應予補充。

（三）理由書內容

按人民身體之自由，應予保障，除現行犯之逮捕由法律另定外，非經司法或警察機關依法定程序不得逮捕拘禁，非由法院依法定程序不得審問處罰，憲法第8條第1項定有明文。違警罰法所定之違警罰中，由警察官署裁決之拘留、罰役，係關於人民身體自由所為之處罰，應迅改由法院依法定程序為之，以符上開憲法規定之本旨，前經本院於中華民國69年11月7日作成釋字第166號解釋公布在案。

違警罰法第28條規定：「因遊蕩或懶惰而有違警行為之習慣者，得加重處罰。並得於執行完畢後，送交相當處所，施以矯正或令其學習生活技能」。其所謂送交相當處所，施以矯正或令其學習生活技能，係附隨於違警罰之一種處分，同屬限制人民之身體自由。此種處分由警察官署逕為裁決，依前述解釋之同一理由，亦不符憲法第8條第1項之本旨，應與拘留、罰役之裁決程序，一併改由法院依法定程序為之。前述解釋之拘留、罰役及本件解釋之處分裁決程序規定，至遲應於中華民

國80年7月1日起失其效力，並應於此期限前修訂相關法律。本院釋字第166號解釋應予補充。

三、釋字第503號解釋（民國89年4月20日）

（一）解釋爭點：行為併符行為罰及漏稅罰要件時得重複處罰？
（二）解釋文（一事不二罰原則）

　　納稅義務人違反作為義務而被處行為罰，僅須其有違反作為義務之行為即應受處罰；而逃漏稅捐之被處漏稅罰者，則須具有處罰法定要件之漏稅事實方得為之。二者處罰目的及處罰要件雖不相同，惟其行為如同時符合行為罰及漏稅罰之處罰要件時，除處罰之性質與種類不同，必須採用不同之處罰方法或手段，以達行政目的所必要者外，不得重複處罰，乃現代民主法治國家之基本原則。是違反作為義務之行為，同時構成漏稅行為之一部或係漏稅行為之方法而處罰種類相同者，如從其一重處罰已足達成行政目的時，即不得再就其他行為併予處罰，始符憲法保障人民權利之意旨。本院釋字第356號解釋，應予補充。

（三）理由書內容

　　按當事人對於確定終局裁判所適用之本院解釋，發生疑義，聲請補充解釋，經核確有正當理由者，應予受理。本件聲請人因營業稅事件，經行政法院確定終局判決引用本院釋字第356號解釋作為判決之依據，惟該號解釋對納稅義務人違反作為義務被處行為罰與因逃漏稅捐而被處漏稅罰，究應併合處罰或從一重處斷，並未明示，其聲請補充解釋，即有正當理由，合先敘明。

　　違反租稅義務之行為，涉及數處罰規定時可否併合處罰，因行為之態樣、處罰之種類及處罰之目的不同而有異，如係實質上之數行為違反數法條而處罰結果不一者，其得併合處罰，固不待言。惟納稅義務人對於同一違反租稅義務之行為，同時符合行為罰及漏稅罰之處罰要件者，例如營利事業依法律規定應給與他人憑證而未給與，致短報或漏報銷售額者，就納稅義務人違反作為義務而被處行為罰與因逃漏稅捐而被處漏稅罰而言，其處罰目的及處罰要件，雖有不同，前者係以有違反作為義務之行為即應受處罰，後者則須有處罰法定要件之漏稅事實始屬相當，除二者處罰之性質與種類不同，例如一為罰鍰、一為沒入，或一為罰鍰、一為停止營業處分

等情形，必須採用不同方法而為併合處罰，以達行政目的所必要者外，不得重複處罰，乃現代民主法治國家之基本原則。從而，違反作為義務之行為，如同時構成漏稅行為之一部或係漏稅行為之方法而處罰種類相同者，則從其一重處罰已足達成行政目的時，即不得再就其他行為併予處罰，始符憲法保障人民權利之意旨。本院釋字第356號解釋雖認營業人違反作為義務所為之制裁，其性質為行為罰，此與逃漏稅捐之漏稅罰乃屬兩事，但此僅係就二者之性質加以區別，非謂營業人違反作為義務之行為罰與逃漏稅捐之漏稅罰，均應併合處罰。在具體個案，仍應本於上述解釋意旨予以適用。本院前開解釋，應予補充。

四、釋字第666號解釋（民國98年11月6日）

（一）解釋爭點：社會秩序維護法第80條第1項第1款意圖得利與人姦宿處罰鍰規定違憲？

（二）解釋文（罰娼不罰嫖違反平等原則）

社會秩序維護法第80條第1項第1款就意圖得利與人姦、宿者，處3日以下拘留或新臺幣3萬元以下罰鍰之規定，與憲法第7條之平等原則有違，應自本解釋公布之日起至遲於2年屆滿時，失其效力。

（三）理由書內容

憲法第7條所揭示之平等原則非指絕對、機械之形式上平等，而係保障人民在法律上地位之實質平等，要求本質上相同之事物應為相同之處理，不得恣意為無正當理由之差別待遇。法律為貫徹立法目的，而設行政罰之規定時，如因處罰對象之取捨，而形成差別待遇者，須與立法目的間具有實質關聯，始與平等原則無違。

社會秩序維護法第80條第1項第1款規定（下稱系爭規定），意圖得利與人姦、宿者，處3日以下拘留或新臺幣3萬元以下罰鍰，其立法目的，旨在維護國民健康與善良風俗（立法院公報第80卷第22期第107頁參照）。依其規定，對於從事性交易之行為人，僅以意圖得利之一方為處罰對象，而不處罰支付對價之相對人。

按性交易行為如何管制及應否處罰，固屬立法裁量之範圍，社會秩序維護法係以處行政罰之方式為管制手段，而系爭規定明文禁止性交易行為，則其對於從事性交易之行為人，僅處罰意圖得利之一方，而不處罰支付對價之相對人，並以主觀上

有無意圖得利作為是否處罰之標準，法律上已形成差別待遇，系爭規定之立法目的既在維護國民健康與善良風俗，且性交易乃由意圖得利之一方與支付對價之相對人共同完成，雖意圖得利而為性交易之一方可能連續為之，致其性行為對象與範圍廣泛且不確定，固與支付對價之相對人有別，然此等事實及經驗上之差異並不影響其共同完成性交易行為之本質，自不足以作為是否處罰之差別待遇之正當理由，其雙方在法律上之評價應屬一致。再者，系爭規定既不認性交易中支付對價之一方有可非難，卻處罰性交易圖利之一方，鑑諸性交易圖利之一方多為女性之現況，此無異幾僅針對參與性交易之女性而為管制處罰，尤以部分迫於社會經濟弱勢而從事性交易之女性，往往因系爭規定受處罰，致其業已窘困之處境更為不利。系爭規定以主觀上有無意圖得利，作為是否處罰之差別待遇標準，與上述立法目的間顯然欠缺實質關聯，自與憲法第7條之平等原則有違。

　　為貫徹維護國民健康與善良風俗之立法目的，行政機關可依法對意圖得利而為性交易之人實施各種健康檢查或宣導安全性行為等管理或輔導措施；亦可採取職業訓練、輔導就業或其他教育方式，以提升其工作能力及經濟狀況，使無須再以性交易為謀生手段；或採行其他有效管理措施。而國家除對社會經濟弱勢之人民，盡可能予以保護扶助外，為防止性交易活動影響第三人之權益，或避免性交易活動侵害其他重要公益，而有限制性交易行為之必要時，得以法律或授權訂定法規命令，為合理明確之管制或處罰規定。凡此尚須相當時間審慎規劃，系爭規定應自本解釋公布之日起至遲於2年屆滿時，失其效力。

五、釋字第689號解釋（民國100年7月29日）

（一）解釋爭點：社會秩序維護法第89條第2款規定，使新聞採訪者之跟追行為受到限制，違憲？

（二）解釋文

　　社會秩序維護法第89條第2款規定，旨在保護個人之行動自由、免於身心傷害之身體權、及於公共場域中得合理期待不受侵擾之自由與個人資料自主權，而處罰無正當理由，且經勸阻後仍繼續跟追之行為，與法律明確性原則尚無牴觸。新聞採訪者於有事實足認特定事件屬大眾所關切並具一定公益性之事務，而具有新聞價值，如須以跟追方式進行採訪，其跟追倘依社會通念認非不能容忍者，即具正當理

由，而不在首開規定處罰之列。於此範圍內，首開規定縱有限制新聞採訪行為，其限制並未過當而符合比例原則，與憲法第11條保障新聞採訪自由及第15條保障人民工作權之意旨尚無牴觸。又系爭規定以警察機關為裁罰機關，亦難謂與正當法律程序原則有違。

（三）理由書內容

基於人性尊嚴之理念，個人主體性及人格之自由發展，應受憲法保障（本院釋字第603號解釋參照）。為維護個人主體性及人格自由發展，除憲法已保障之各項自由外，於不妨害社會秩序公共利益之前提下，人民依其意志作為或不作為之一般行為自由，亦受憲法第22條所保障。人民隨時任意前往他方或停留一定處所之行動自由（本院釋字第535號解釋參照），自在一般行為自由保障範圍之內。惟此一行動自由之保障並非絕對，如為防止妨礙他人自由，維護社會秩序所必要，尚非不得以法律或法律明確授權之命令予以適當之限制。而為確保新聞媒體能提供具新聞價值之多元資訊，促進資訊充分流通，滿足人民知的權利，形成公共意見與達成公共監督，以維持民主多元社會正常發展，新聞自由乃不可或缺之機制，應受憲法第11條所保障。新聞採訪行為則為提供新聞報導內容所不可或缺之資訊蒐集、查證行為，自應為新聞自由所保障之範疇。又新聞自由所保障之新聞採訪自由並非僅保障隸屬於新聞機構之新聞記者之採訪行為，亦保障一般人為提供具新聞價值之資訊於眾，或為促進公共事務討論以監督政府，而從事之新聞採訪行為。惟新聞採訪自由亦非絕對，國家於不違反憲法第23條之範圍內，自得以法律或法律明確授權之命令予以適當之限制。

社會秩序維護法第89條第2款規定，無正當理由，跟追他人，經勸阻不聽者，處新臺幣3,000元以下罰鍰或申誡（即系爭規定）。依系爭規定之文字及立法過程，可知其係參考違警罰法第77條第1款規定（32年9月3日國民政府公布，同年10月1日施行，80年6月29日廢止）而制定，旨在禁止跟追他人之後，或盯梢婦女等行為，以保護個人之行動自由。此外，系爭規定亦寓有保護個人身心安全、個人資料自主及於公共場域中不受侵擾之自由。

系爭規定所保護者，為人民免於身心傷害之身體權、行動自由、生活私密領域不受侵擾之自由、個人資料之自主權。其中生活私密領域不受侵擾之自由及個人資料之自主權，屬憲法所保障之權利，迭經本院解釋在案（本院釋字第585號、第603

號解釋參照）；免於身心傷害之身體權亦與上開闡釋之一般行為自由相同，雖非憲法明文列舉之自由權利，惟基於人性尊嚴理念，維護個人主體性及人格自由發展，亦屬憲法第22條所保障之基本權利。對個人前述自由權利之保護，並不因其身處公共場域，而失其必要性。在公共場域中，人人皆有受憲法保障之行動自由。惟在參與社會生活時，個人之行動自由，難免受他人行動自由之干擾，於合理範圍內，須相互容忍，乃屬當然。如行使行動自由，逾越合理範圍侵擾他人行動自由時，自得依法予以限制。在身體權或行動自由受到侵害之情形，該侵害行為固應受限制，即他人之私密領域及個人資料自主，在公共場域亦有可能受到干擾，而超出可容忍之範圍，該干擾行為亦有加以限制之必要。蓋個人之私人生活及社會活動，隨時受他人持續注視、監看、監聽或公開揭露，其言行舉止及人際互動即難自由從事，致影響其人格之自由發展。尤以現今資訊科技高度發展及相關設備之方便取得，個人之私人活動受注視、監看、監聽或公開揭露等侵擾之可能大為增加，個人之私人活動及隱私受保護之需要，亦隨之提升。是個人縱於公共場域中，亦應享有依社會通念得不受他人持續注視、監看、監聽、接近等侵擾之私人活動領域及個人資料自主，而受法律所保護。惟在公共場域中個人所得主張不受此等侵擾之自由，以得合理期待於他人者為限，亦即不僅其不受侵擾之期待已表現於外，且該期待須依社會通念認為合理者。系爭規定符合憲法課予國家對上開自由權利應予保護之要求。

系爭規定所稱跟追，係指以尾隨、盯梢、守候或其他類似方式，持續接近他人或即時知悉他人行蹤，足以對他人身體、行動、私密領域或個人資料自主構成侵擾之行為。至跟追行為是否無正當理由，須視跟追者有無合理化跟追行為之事由而定，亦即綜合考量跟追之目的，行為當時之人、時、地、物等相關情況，及對被跟追人干擾之程度等因素，合理判斷跟追行為所構成之侵擾，是否逾越社會通念所能容忍之界限。至勸阻不聽之要件，具有確認被跟追人表示不受跟追之意願或警示之功能，若經警察或被跟追人勸阻後行為人仍繼續跟追，始構成經勸阻不聽之不法行為。如欠缺正當理由且經勸阻後仍繼續為跟追行為者，即應受系爭規定處罰。是系爭規定之意義及適用範圍，依據一般人民日常生活與語言經驗，均非受規範者所難以理解，亦得經司法審查予以確認，尚與法律明確性原則無違。

又系爭規定雖限制跟追人之行動自由，惟其係為保障被跟追者憲法上之重要自由權利，而所限制者為依社會通念不能容忍之跟追行為，對該行為之限制與上開目的之達成有合理關聯，且該限制經利益衡量後尚屬輕微，難謂過當。況依系爭規

定，須先經勸阻，而行為人仍繼續跟追，始予處罰，已使行為人得適時終止跟追行為而避免受處罰。是系爭規定核與憲法第23條比例原則尚無牴觸。至系爭規定對於跟追行為之限制，如影響跟追人行使其他憲法所保障之權利，其限制是否合憲，自應為進一步之審查。

　　考徵系爭規定之制定，原非針對新聞採訪行為所為之限制，其對新聞採訪行為所造成之限制，如係追求重要公益，且所採手段與目的之達成間具有實質關聯，即與比例原則無違。新聞採訪者縱為採訪新聞而為跟追，如其跟追已達緊迫程度，而可能危及被跟追人身心安全之身體權或行動自由時，即非足以合理化之正當理由，系爭規定授權警察及時介入、制止，要不能謂與憲法第11條保障新聞採訪自由之意旨有違。新聞採訪者之跟追行為，如侵擾個人於公共場域中得合理期待其私密領域不受他人干擾之自由或個人資料自主，其行為是否受系爭規定所限制，則須衡量採訪內容是否具一定公益性與私人活動領域受干擾之程度，而為合理判斷，如依社會通念所認非屬不能容忍者，其跟追行為即非在系爭規定處罰之列。是新聞採訪者於有事實足認特定事件之報導具一定之公益性，而屬大眾所關切並具有新聞價值者（例如犯罪或重大不當行為之揭發、公共衛生或設施安全之維護、政府施政之妥當性、公職人員之執行職務與適任性、政治人物言行之可信任性、公眾人物影響社會風氣之言行等），如須以跟追方式進行採訪，且其跟追行為依社會通念所認非屬不能容忍，該跟追行為即具正當理由而不在系爭規定處罰之列。依此解釋意旨，系爭規定縱有限制新聞採訪行為，其限制係經衡酌而並未過當，尚符合比例原則，與憲法第11條保障新聞採訪自由之意旨並無牴觸。又系爭規定所欲維護者屬重要之利益，而限制經勸阻不聽且無正當理由，並依社會通念認屬不能容忍之侵擾行為，並未逾越比例原則，已如上述，是系爭規定縱對以跟追行為作為執行職業方法之執行職業自由有所限制，仍難謂有違憲法第15條保障人民工作權之意旨。

　　憲法上正當法律程序原則之內涵，除要求人民權利受侵害或限制時，應有使其獲得救濟之機會與制度，亦要求立法者依據所涉基本權之種類、限制之強度及範圍、所欲追求之公共利益、決定機關之功能合適性、有無替代程序或各項可能程序成本等因素綜合考量，制定相應之法定程序。按個人之身體、行動、私密領域或個人資料自主遭受侵擾，依其情形或得依據民法、電腦處理個人資料保護法（99年5月26日修正公布為個人資料保護法，尚未施行）等有關人格權保護及侵害身體、健康或隱私之侵權行為規定，向法院請求排除侵害或損害賠償之救濟（民法第18條、

第195條、電腦處理個人資料保護法第28條規定參照），自不待言。立法者復制定系爭規定以保護個人之身體、行動、私密領域或個人資料自主，其功能在使被跟追人得請求警察機關及時介入，制止或排除因跟追行為對個人所生之危害或侵擾，並由警察機關採取必要措施（例如身分查證及資料蒐集、記錄事實等解決紛爭所必要之調查）。依系爭規定，警察機關就無正當理由之跟追行為，經勸阻而不聽者得予以裁罰，立法者雖未採取直接由法官裁罰之方式，然受裁罰處分者如有不服，尚得依社會秩序維護法第55條規定，於5日內經原處分之警察機關向該管法院簡易庭聲明異議以為救濟，就此而言，系爭規定尚難謂與正當法律程序原則有違。惟就新聞採訪者之跟追行為而論，是否符合上述處罰條件，除前述跟追方式已有侵擾被跟追人之身體安全、行動自由之虞之情形外，就其跟追僅涉侵擾私密領域或個人資料自主之情形，應須就是否侵害被跟追人於公共場域中得合理期待不受侵擾之私人活動領域、跟追行為是否逾越依社會通念所認不能容忍之界限、所採訪之事件是否具一定之公益性等法律問題判斷，並應權衡新聞採訪自由與個人不受侵擾自由之具體內涵，始能決定。鑑於其所涉判斷與權衡之複雜性，並斟酌法院與警察機關職掌、專業、功能等之不同，為使國家機關發揮最有效之功能，並確保新聞採訪之自由及維護個人之私密領域及個人資料自主，是否宜由法院直接作裁罰之決定，相關機關應予檢討修法，或另定專法以為周全規定，併此敘明。

六、釋字第808號解釋（民國110年9月10日）

（一）解釋爭點：同一行為受刑事處罰後，依社會秩序維護法第38條但書另處罰鍰部分之規定，是否違反法治國一罪不二罰原則？

（二）解釋文

　　社會秩序維護法第38條規定：「違反本法之行為，涉嫌違反刑事法律……者，應移送檢察官……依刑事法律……規定辦理。但其行為應處……罰鍰……之部分，仍依本法規定處罰。」其但書關於處罰鍰部分之規定，於行為人之同一行為已受刑事法律追訴並經有罪判決確定者，構成重複處罰，違反法治國一罪不二罰原則，於此範圍內，應自本解釋公布之日起，失其效力。

（三）理由書內容

　　聲請人臺灣桃園地方法院桃園簡易庭孝股法官因審理該院108年度桃秩字第197號及第260號違反社會秩序維護法（下稱社維法）案件，認應適用之社維法第38條規定：「違反本法之行為，涉嫌違反刑事法律……者，應移送檢察官……依刑事法律……規定辦理。但其行為應處……罰鍰……之部分，仍依本法規定處罰。」其但書關於應處罰鍰之部分（下稱系爭規定），使行為人同一行為同時違反社維法及涉嫌違反刑事法律者，除應移送檢察官依刑事法律規定辦理外，仍得依社維法處以罰鍰，違反一行為不二罰原則，而有違憲疑義，經裁定停止訴訟後，向本院聲請解釋。

　　核其聲請，與本院釋字第371號、第572號及第590號解釋所示法官聲請釋憲之要件相符，爰予受理，作成本解釋，理由如下：

　　法治國一罪不二罰原則，禁止國家就人民之同一犯罪行為，重複予以追究及處罰，此乃法治國法安定性、信賴保護原則及比例原則之具體展現。上述重複追究及處罰，原則上固係指刑事追訴程序及科處刑罰而言，但其他法律所規定之行政裁罰，如綜觀其性質、目的及效果，等同或類似刑罰，亦有一罪不二罰原則之適用。

　　系爭規定就違反社維法並涉嫌違反刑事法律之行為，除明定應移送檢察官依刑事法律規定辦理外，其行為應處罰鍰部分，仍依社維法相關規定處罰。查系爭規定之立法理由係在於為防止違反社維法行為人故藉較輕刑罰，以逃避該法有關停止營業、勒令歇業及罰鍰等之處罰，乃設但書規定，有關停止營業、勒令歇業及罰鍰等處分，仍依該法規定處罰（立法院公報第80卷第22期院會紀錄第71頁參照）。惟社維法第三編分則所規範之各種違法行為，原即包含具與刑罰相若之「輕罪」行為（立法院公報第78卷第20期委員會紀錄第166頁；第78卷第51期委員會紀錄第184頁、第186頁；第80卷第22期院會紀錄第126頁；第80卷第45期院會紀錄第27頁；社維法第63條、第67條、第70條、第74條、第77條、第83條、第85條、第87條及第90條立法理由：立法院公報第80卷第22期院會紀錄第83頁至第86頁、第91頁至第92頁、第94頁、第97頁至第98頁、第100頁至第101頁及第111頁至第117頁等參照），第28條所定之量罰審酌事項，亦與刑法第57條所定科刑審酌事項相同；另依第92條規定，法院受理違反該法案件，除該法有規定者外，準用刑事訴訟法之規定。綜上，可知此等社維法第三編分則所規範之違法行為及其法益侵害，與同一行為事實

之犯罪行為及其法益侵害間，應僅係量之差異，非本質之根本不同。是就行為人之同一行為已受刑事法律追訴並經有罪判決確定者，如得再依系爭規定處以罰鍰，即與前揭一罪不二罰原則有違。準此，系爭規定於行為人之同一行為已受刑事法律追訴並經有罪判決確定之情形，構成重複處罰，違反法治國一罪不二罰原則，於此範圍內，應自本解釋公布之日起，失其效力。

至無罪判決確定後得否依系爭規定處以罰鍰部分，因與原因案件事實無涉，不在本件解釋範圍；另社維法第38條但書關於處停止營業、勒令歇業及沒入之部分，因該等處分實質目的在排除已發生之危害，或防止危害發生或擴大，與法治國一罪不二罰原則尚無違背，均併此敘明。

第三節　社會秩序維護法與各法之適用

行為人違反社會秩序之行為，將視其行為態樣、行為違序輕重，牽涉不同體系之裁罰，單純違序未達刑事構成要件之違序行為，屬行政制裁範圍，而行為以達刑事構成要件，則屬刑事制裁範圍，惟行為人之行為可能同時牽涉違序及違法之行政及刑事裁罰要件，則需加以審慎處理，無論屬於行政制裁或是刑事制裁，雖其處罰性質、種類皆有不同，惟皆屬對人民不利之裁罰。

關於行政制裁，需以達成行政目的所必要外，不得重複處罰，爰依大法官釋字第503號解釋之一事不二罰原則，加以處罰，故法律裁罰之目的並不是為處罰而處罰而定，基此，行為人因其行為產生法律競合之際，抑或其行為方法、結果觸犯不同法律，倘若，不同法律對該行為人之同一行為之處罰目的與手段相同，則選處以較重之處罰，即以達行政目的時，則不得再予以重複處罰，諸如：酒後不能安全駕駛，酒測值達刑事裁罰標準，同時也違反道路交通管理處罰條例，則依據本法第38條規定，採以刑事先行原則辦理，以符釋字第503號解釋一事不二罰原則；茲將同時違反本法及刑事法、違反本法及其他行政法等適用，加以說明如下：

一、本法與刑法之區別

社會秩序維護法與刑法主要之區別在於行政違序與刑事違法，兩者之要件及裁

罰均有所不同，惟在實務上，經常有行爲舉止輕重之分，而違反秩序罰或刑罰之區別，茲將其性質、侵害法益、行爲動機、行爲完成階段以及對他人行爲負責等方面加以敘述如表4-1。

表4-1　社會秩序維護法與刑法區分表

類別區分	社會秩序維護法	刑法
性質	屬行政法範疇，規範違反社會秩序（罰）之法律。	屬刑事罰司法範疇，規範犯罪與刑罰之法律。
侵害法益	屬危險法，對社會危害可能，不問法益是否發生實害，均需處罰。	屬實害法，注重處罰實害法益之行爲。
行爲動機	主、客觀均需兼顧，惟較偏重客觀行爲。	主、客觀均需兼顧，惟較偏重主觀犯意。
既遂、未遂之制裁	僅處罰既遂犯，著手實施完成之行爲。	處罰既遂犯，但未遂及預備犯設有特別規定。
對他人行爲責任	設有對他人行爲負責，所以行爲人與受罰人可能非同一人（經營特種工商業之代表、受僱人或其從業人員，關於業務上違反本法之行爲，併罰營業負責人）。	並未設有對他人行爲負責的規定，強調行爲人及受罰人需同一人。

資料來源：曾英哲（2017）；作者整理。

二、本法罰鍰與行政執行法怠金之區別

社會秩序維護法所科處之罰鍰，其性質係對行爲人之違序行爲所實施的處罰，針對行爲人違序行爲之事後追究，所科處之處罰，屬裁罰性不利之處分，爲行政制裁；行政執行法所科以之怠金，係屬非裁罰性不利之處分，其目的在於達成警察所要求之狀態，也就是以實力加諸在義務人之自由、財產，以實現與已履行義務同一狀態，所以，兩者截然不同，茲將其分述如下（曾英哲，2017）。

（一）性質種類

1. 社會秩序維護法所科處之罰鍰：對於違反社會秩序維護法者所科處之處罰或是制裁，屬行政制裁（行政罰），與有無警察義務與不履行無關。
2. 行政執行法所科以之怠金：對於特定義務人所科以之處罰，非屬行政制裁，常以義務之成立與不履行爲前提，有關於警察義務與不履行。

（二）要件模式

1. 社會秩序維護法所科處之罰鍰：係屬行為人違序後之事後追究之制裁，除有特別規定外（以不聽禁止為構成要件）。
2. 行政執行法所科以之怠金：需對義務人預為告誡，且可連續科處怠金，直至義務人履行義務為止，但於科處之前仍須踐行告誡之程序，方可科處。

（三）執行方法與原則

1. 社會秩序維護法所科處之罰鍰：採行「一事不二罰」原則，對警察機關通知單送達或逕行通知前違反同條款之數行為，以一行為論，不得為兩次以上之違序制裁。
2. 行政執行法所科以之怠金：以達到強制執行為目的，必須使義務人履行其義務，屬於間接強制之方法，所以在義務人為完全履行義務前，可繼續處分。

三、本法與刑事、少年事件處理法競合之適用

　　當行為人一行為同時違反本法及觸犯刑事法或少年事件處理法案件之際，爰依據刑事先行原則辦理移送、處罰，惟刑事制裁與行政制裁之處罰種類均有不同，故對於刑罰種類（死刑、無期徒刑、有期徒刑、拘役、罰金）所無之制裁，諸如：針對營業之制裁的勒令歇業、停止營業、抑或寓有教育、預防性質之管教、收容、監護、治療等保安處置（均非裁罰之種類）等，則可一併加以科處；亦即，本法與刑事法或少年事件處理法相較之下，本法在此屬於補充法性質。爰依本法第38條規定：違反本法之行為，涉嫌違反刑事法律或少年事件處理法者，應移送檢察官或少年法庭依刑事法律或少年事件處理法規定辦理。但其行為應處停止營業、勒令歇業、罰鍰或沒入之部分，仍依本法規定處罰（曾英哲，2017）。

四、本法與其他行政法競合之適用

　　有關本法係屬特別行政法範圍，故與其他行政法競合時，有其優先適用之原則，均以法律規範為圭臬，茲將較常與本法有所競合之行政執行法、行政程序法及行政罰法等，發生競合之適用原則，分述如下（曾英哲，2017）。

（一）本法與行政執行法競合之適用

行政執行，依行政執行法之規定；未規定者，適用其他法律之規定。此為行政執行法第1條所規範，故行政執行法係屬於基本法性質，在各種行政法中為基本規定，反觀，社會秩序維護法則成為補充法性質，兩者在行政執行規定競合時，均以行政執行法適用為主。

義務人依法令或本於法令之行政處分或法院之裁定，負有公法上金錢給付義務，逾期不履行，經主管機關移送者，由行政執行分署就義務人之財產執行之，此為行政執行法第11條第1項所明文規定，為罰鍰逾期不繳納之執行方式。但依據社會秩序維護法第20條第3項規定，罰鍰逾期不完納者，並非如行政執行法規範執行，而係警察機關得聲請易以拘留；同條第4項也定有，在罰鍰應完納期限，被處罰人亦得請求易以拘留。所以，關於罰鍰逾期仍不繳納者，不論由警察機關聲請易以拘留，或被處罰人請求易以拘留，其性質均屬罰鍰處罰的轉換，經裁處確定後，屬行政制裁，當不發生負有公法上金錢給付義務而不履行之問題。惟依據法務部民國89年11月16日(89)法律字第041724號函示，警察機關聲請易以拘留經法院駁回，被處罰人亦不請求易以拘留者，其應繳納之罰鍰，方屬公法上金錢給付義務，逾期不履行，自得依法移送行政執行分署強制執行。

（二）本法與行政程序法競合之適用

行政機關為行政行為時，除法律另有規定外，應依行政程序法規定為之，此為行政程序法第3條第1項所明定，由此可知，相對於社會秩序維護法，行政程序法係各種行政法中有關行政程序之一般總則性規定，屬於普通法性質，所以，兩者在行政程序管轄、行政處分、送達等如有競合時，基於，依據特別法優先於普通法原則實施，而社會秩序維護法屬特別規定，則應優先適用社會秩序維護法，警察機關對於違序案件，自應適用社會秩序維護法，作成違反社會秩序罰，所依循之處罰程序，倘若，社會秩序維護法未規定者，則再依行政程序法之相關規定補充適用之。諸如：優先適用社會秩序維護法者，比如第40條對證據之保管、第42條對身分不明之現行違序人得逕行通知到場、第44條違序案件得不經調查逕行處分等，屬於社會秩序維護法之特別程序部分。

例如行政程序法第4條規定：行政行為應遵守法律及一般法律原則、第5條明確原則、第6條平等原則、第7條比例原則、第8條誠實信用原則、第9條注意當事人有

利及不利原則、第10條行使裁量權原則、第32條之公務員自行迴避、第33條之申請公務員迴避、第36條之依職權調查、第37條之申請調查事實及證據、第38條之製作調查書面紀錄、第40條之要求當事人或第3人提出證據資料、第41條之鑑定、第42條之勘驗、第43條之採證法則、第46條、第47條之資訊公開規定、及第67條以下之送達規定等屬於一般程序部分，則適用行政程序法者。

（三）本法與行政罰法競合之適用

違反行政法上義務而受罰鍰、沒入或其他種類行政罰之處罰時，適用行政罰法。但其他法律有特別規定者，從其規定，此爲行政罰法第1條定有明文。而從後段但書之規定可知，相對於社會秩序維護法，行政罰法係各種行政法中有關行政罰之一般總則性規定，屬於普通法性質，所以，兩者就行政罰之責任要件、裁處程序和其他適用法則等如有競合時，因社會秩序維護法屬特別規定，應優先適用社會秩序維護法，警察機關適用社會秩序維護法作成違反社會秩序罰之處分時，若社會秩序維護法未規定者，再依行政罰法之相關規定補充適用之。

諸如：社會秩序維護法第7條之過失得減輕規定、第9條限制責任能力人、第10條轉嫁罰規定、第18條兩罰規定、第23條得單獨宣告沒人物、第24條連續違序得加重處罰、25條數裁處之合併執行、第26條累次違序得加重處罰、第31條追究權時效爲2個月、第38條刑事案件與違序案件競合時罰鍰得採併罰制、第44條違序案件得不經調查逕行處分等與行政罰法不同部分。

而行政罰法第7條法人責任之推定、第8條欠缺違法認識之免罰、第18條以下裁處之擴張、第24條違序案件與其他行政案件競合時之從一重處罰原則、第27條時效之起算時點、第36條以下對違法證據之扣留與救濟等部分，社會秩序維護法並未規定則適用行政罰法。

第四節　違序行爲種類之現況

2017年員警處理違反社會秩序維護案件計4,919件，較2016年4,841件增加78件，上升1.61%；其中以妨害善良風俗3,186件占64.77%居首，妨害安寧秩序959件占19.50%次之，妨害他人身體財產715件及妨害公務59件則分別占14.54%及

1.20%。以妨害善良風俗之違序行爲查獲最多，妨害公務案件最少；另再統計自2012至2017年違反社會秩序維護法之妨害安寧秩序從2012年的3,798件至2017年的959件，呈現下降之趨勢；妨害善良風俗於上述期間仍維持在3,186件至4,119件之間，亦即取締狀況甚多；妨害公務則呈現較少之狀況，惟近年於2015及2017年有上升趨勢；妨害他人身體財產則呈現上升趨勢，亦即增加約7倍（表4-2）。

員警處理違序案件中，在社會秩序維護法分則各章，從2012至2017年間查違序案件之趨勢而言，各分則之趨勢皆呈現下降趨勢，唯有妨害他人身體財產則呈現上升約7倍之趨勢，爲一較爲奇特之處（圖4-1）。

表4-2　2012至2017年警察機關處理違反社會秩序維護法案件概況

年別／件	總計	妨害安寧秩序	妨害善良風俗	妨害公務	妨害他人身體財產
2012	7,476	3,798	3,532	30	116
2013	7,329	3,085	4,119	24	101
2014	6,324	2,591	3,581	20	132
2015	5,237	1,155	3,861	54	167
2016	4,841	926	3,440	40	435
2017	4,919	959	3,186	59	715

資料來源：內政部警政署警政統計年報（2018）。

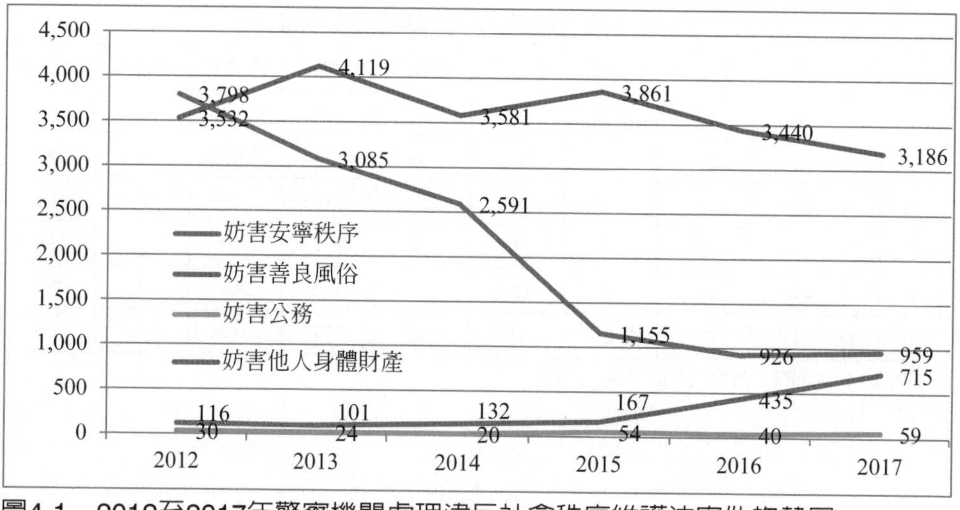

圖4-1　2012至2017年警察機關處理違反社會秩序維護法案件趨勢圖
資料來源：內政部警政署警政統計年報（2018）。

第五節　違序行為之分布狀況

　　爲深入瞭解各地區違序行爲之分布情形，爰依據警政署所發布之違序資料中，針對社會秩序維護法分則之妨害安寧秩序、妨害善良風俗、妨害公務及妨害他人身體財產等違序行爲，區分新北市、臺北市、桃園市、臺中市、臺南市、高雄市等六都及臺灣省、福建省與署所屬機關處理之情形，以瞭解分布情況，茲將其分述如下：

一、妨害安寧秩序案件概況

　　觀察2012至2017年警察機關處理妨害安寧秩序案件概況，全般趨勢以新北市、臺北市及署所屬機關，呈現上升趨勢外，其餘桃園市、臺中市、臺南市、高雄市、臺灣省與福建省等，大多呈現爲下降之趨勢。但整體而言，大多呈現下降之趨勢，另以2017年而言，六都中高雄市處理之妨害安寧秩序違序案件177件爲最多，其次爲新北市及臺北市；臺南市50件最少，其次爲臺中市70件，再與2016年比較而言，新北市及臺北市、桃園市、高雄市、福建省及署所屬機關等呈現上升趨勢，以臺北市增加48件、署所屬機關40件最多；臺中市、臺南市及臺灣省呈現下降趨勢，其中臺中市處理此類案件減少56件最少（表4-3、圖4-2）。

表4-3　2012至2017年警察機關處理妨害安寧秩序案件概況

年別／件	新北市	臺北市	桃園市	臺中市	臺南市	高雄市	臺灣省	福建省	署所屬
2012年	101	57	465	405	372	599	2,254	0	10
2013年	80	50	274	263	346	513	1,819	6	8
2014年	214	73	218	267	238	415	1,366	3	15
2015年	116	109	80	136	64	231	400	6	13
2016年	138	80	67	126	69	150	265	5	26
2017年	142	128	82	70	50	177	240	4	66

資料來源：內政部警政署警政統計年報（2018）。

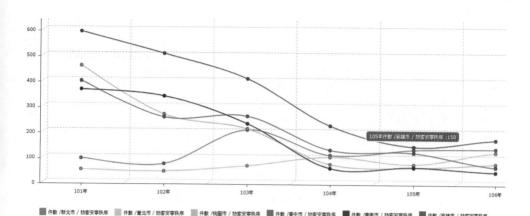

圖4-2　2012至2017年警察機關處理妨害安寧秩序案件趨勢圖
資料來源：內政部警政署警政統計年報（2018）。

二、妨害善良風俗案件概況

　　觀察2012至2017年警察機關處理妨害善良風俗案件概況，全般趨勢均為下降，尤以高雄市下降之幅度最多，惟以2017年而言，以臺灣省處理案件815件最多，其次為新北市處理案件593件、臺北市522件、臺中市425件、高雄市389件；而與2016年比較而言，新北市、桃園市、高雄市、臺灣省及署所屬機關等呈現上升趨勢，以新北市增加51件最多；臺中市、臺南市及福建省呈現下降趨勢，其中臺南市處理此類案件減少49件最少（表4-4、圖4-3）。

表4-4　2012至2017年警察機關處理妨害善良風俗案件概況

年別／件	新北市	臺北市	桃園市	臺中市	臺南市	高雄市	臺灣省	福建省	署所屬
2012年	509	494	391	367	182	795	1,173	9	3
2013年	673	495	377	479	106	961	1,402	2	1
2014年	454	504	384	592	134	636	1,243	16	2
2015年	506	654	338	746	151	521	941	3	1
2016年	542	570	293	736	125	352	787	35	0
2017年	593	522	352	425	76	389	815	13	1

資料來源：內政部警政署警政統計年報（2018）。

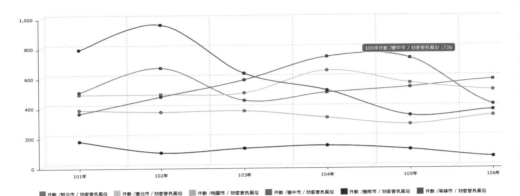

圖4-3　2012至2017年警察機關處理妨害善良風俗案件趨勢圖

資料來源：內政部警政署警政統計年報（2018）。

三、妨害公務案件概況

　　觀察2012至2017年警察機關處理妨害公務案件概況，處理之案件數，整體而言不多，但依趨勢而言，全般仍呈現上升趨勢；惟以2017年而言，以臺灣省處理案件24件最多，其次為新北市處理案件11件、高雄市9件；而與2016年比較而言，新北市增加7件、臺灣省增加14件，桃園市增加1件，呈現上升趨勢；臺南市減少1件、高雄市減少3件及署所屬機關減少2件，呈現下降趨勢（表4-5、圖4-4）。

表4-5　2012至2017年警察機關處理妨害公務案件概況

年別／件	新北市	臺北市	桃園市	臺中市	臺南市	高雄市	臺灣省	福建省	署所屬
2012年	1	2	0	1	0	3	22	0	1
2013年	6	4	2	2	2	1	8	0	1
2014年	3	5	2	1	1	4	6	0	0
2015年	9	24	0	3	4	2	11	0	1
2016年	4	3	2	3	4	12	10	0	2
2017年	11	6	3	3	3	9	24	0	0

資料來源：內政部警政署警政統計年報（2018）。

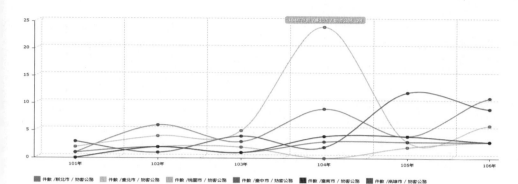

圖4-4　2012至2017年警察機關處理妨害公務案件趨勢圖

資料來源：內政部警政署警政統計年報（2018）。

四、妨害他人身體財產案件概況

　　觀察2012至2017年警察機關處理妨害他人身體財產案件概況，全般趨勢呈現驟升現象，尤以臺北市驟升24倍最多，其次為臺中市、高雄市、臺灣省等；惟以2017年而言，仍以臺北市處理案件165件最多，其次為臺中市157件、新北市123件、臺灣省117件；而與2016年比較而言，僅新北市及署所屬機關、福建省等呈現下降趨勢，其餘均為上升趨勢，尤以臺北市增加84件最多，其次為高雄市增加47件；新北市僅下降4件（表4-6、圖4-5）。

表4-6　2012至2017年警察機關處理妨害他人身體財產案件概況

年別／件	新北市	臺北市	桃園市	臺中市	臺南市	高雄市	臺灣省	福建省	署所屬
2012年	7	7	2	28	3	9	60	2	0
2013年	9	12	4	29	2	6	42	1	0
2014年	16	16	3	22	4	8	63	1	2
2015年	48	47	8	16	5	6	35	0	2
2016年	127	81	17	63	23	34	87	2	1
2017年	123	165	31	157	39	81	117	0	2

資料來源：內政部警政署警政統計年報（2018）。

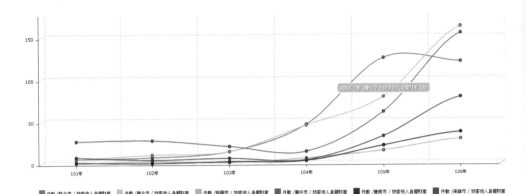

圖4-5　2012至2017年警察機關處理妨害他人身體財產案件趨勢圖

資料來源：內政部警政署警政統計年報（2018）。

第六節　結論

　　觀察2012至2017年警察機關處理違序案件，以社會秩序維護法分則各章中，僅處理妨害善良風俗案件呈現下降趨勢外，其餘妨害安寧秩序、妨害公務、妨害他人身體財產等案件，均呈現上升趨勢，尤其以處理妨害他人身體財產案件呈現驟升現象，而其中妨害善良風俗案件下降及妨害安寧秩序、妨害公務、妨害他人身體財產等案件上升，與地方法院簡易庭所在地之區域、違序之時間（月、週、時）等其間之關聯性為何？又究為何種違序行為較為嚴重，實有進行探討分析之必要，遂於本書第五章予以分析。

摘要

　　本文運用文獻探討、官方次級資料及內容分析法，針對員警執勤處理違序案件，應移送簡易庭裁定之案件，進行分析，選定司法院網站「法學資料檢索系統」裁判書查詢系統，選擇簡易案件查詢，在判決案由輸入社會秩序維護法，判決日期輸入2012年1月1日至2017年12月31日，依據各簡易庭裁定案件計有2012年912件、2013年857件、2014年909件、2015年1,333件、2016年1,721件，2017年2,325件，共計有8,057件裁判書為本文之樣本，進行分析。

　　研究發現：在地方法院簡易庭轄區以員林、臺東、花蓮、玉里及連江簡易庭等五個簡易庭，2012至2017年均無任何違序裁定案件。亦即臺灣東部員警執勤處理違序案件，並無涉及社會秩序維護法第45條之案件。在整體違序案件以臺北、板橋、臺中、高雄、三重、桃園簡易庭裁定量較多，並依發現作出對實務單位及教學上共五點建議，以作為員警執勤安全之參考。

關鍵字：執勤員警、違序行為、社會秩序維護法、簡易庭、裁定

---

* 本文曾發表於應急管理學報第3卷第2期（2019年4月）。

第一節　前言

　　警察人員執行勤務主要依據警察法第9條警察職權而實施，並結合警察法施行細則第10條而各有其作用法之依據，及警察職權行使法第2條，均明定警察職權；爰依據大法官釋字第570號解釋，人民自由及權利之限制，依憲法第23條規定，應以法律定之。其得由法律授權以命令為補充規定者，則授權之目的、內容及範圍應具體明確，始得據以發布命令。內政部為中央警察主管機關，依警察法第2條及第9條第1款規定，固得依法行使職權發布警察命令。然警察命令內容涉及人民自由權利者，亦應受前開法律保留原則之拘束。警察法第2條規定，警察任務為依法維持公共秩序，保護社會安全，防止一切危害，促進人民福利；同法第9條第1款規定，警察有依法發布警察命令之職權，僅具組織法之劃定職權與管轄事務之性質，欠缺行為法之功能，不足以作為發布限制人民自由及權利之警察命令之授權依據。故警察人員執行勤務仍以危害防止之行政作用為主，倘發現犯罪或犯罪嫌疑之際，方轉換身分為犯行追緝之輔助刑事司法作用，而警察人員實施危害防止之作為，則以警察職權行使法及社會秩序維護法為具體法律依據，本文逐以實施危害防止之社會秩序維護法為出發，加以探討。

一、研究背景

　　警察人員依據警察勤務條例，實施五大共同勤務及一個個別勤務，均以執行危害防止之作為，藉以維護公共秩序，確保社會安寧為目的，施以警察職權行使法及社會秩序維護法互為補充之下，對於違反社會秩序之民眾，予以約制，進而達成所賦予之警察任務，而為符合憲法第8條保障人民身體自由的精神，在社會秩序維護法中亦將其行為態樣，區分警察機關之處分與地方法院簡易庭之裁定；對於違序民眾之行為，警察機關辦理依法應處拘留、罰鍰易以拘留、停止營業、勒令歇業等涉及人身自由與營業自由之行為，調查後，應即移送或送交該轄區地方法院簡易庭裁定，至於罰鍰、申誡、沒入等。則由警察機關依職權予以處分，此乃依新加坡刑法第八章違反公共安寧罪、德國之秩序違反法、奧地利之行政罰法、日本之輕犯罪法而來，當然也是承襲戒嚴時期所發布之違警罰法而來，爰依法治國理念，依據憲法第八條保障人民身體自由之精神及參酌上述新加坡、德國、奧地利及日本等國之違序法令，制定社會秩序維護法；為使警察人員在執行勤務，處理違序案件時，對

於人民之權利及自由，有更嚴謹之處置，惟社會秩序維護法業已施行28年，其中於2009年11月6日大法官會議針對80條第1項第1款性交易行為罰娼不罰嫖之規定，於釋字第666號作出違反平等原則之解釋，應至解釋公布之日起至遲逾2年屆滿，失其效力；爰依行政院會於2011年7月14日通過社會秩序維護法部分條文修正草案，將函請立法院審議[1]，內政部為因應司法院釋字第666號解釋，宣告「社會秩序維護法」第80條第1項第1款意圖得利與人姦宿處罰鍰規定，有違憲法第7條平等原則，將於該解釋公布之日起至遲於2年屆滿時（即2011年11月6日）失其效力；另同法第47條規定，違反本法案件情節重大，有繼續調查必要，得留置嫌疑人24小時，未符「公民與政治權利國際公約」第9條規定，因此刪除留置相關規定，修正第47條、第53條及第93條條文，並將第80條修正為從事性交易或在公共場所意圖性交易而拉客者，交易雙方均予處罰；但符合第91條之1第1項至第3項之自治條例規定者，不適用之，故再修正條文第81條，有關媒合性交易，處3日以下拘留或新臺幣3萬元以下罰鍰；但媒合符合前條第1款但書規定之性交易者，不適用之。至於，直轄市、縣（市）政府得因地制宜，制定自治條例，規劃得從事性交易之區域及其管理；另修正條文第91條之1，於修正條文施行前已依自治條例管理之性交易場所，得於原地址，依原自治條例繼續營運。故本文遂針對牽涉社會秩序維護法分則各章之行為，加以研究分析，從中釐清區域、罰則與各分則間之關聯性，以利警察人員執勤時有精準之參考。

二、研究動機與目的

（一）研究動機

　　警察執行勤務處理違序案件，隨時代變遷及社會多元化與治安日趨複雜之環境，行政警察以危害防止之勤務作為，常遇有各項未達刑事司法犯行追緝之挑釁與不當行為，故警察遂依據警察職權行使法及社會秩序維護法行使職權，實施命令或強制等干預手段予以取締，將違序行為人移送地方法院簡易庭裁處之案件，時有所聞，諸如：臺北市士林地區，執勤員警實施路檢勤務時，發現民眾駕駛座旁置放一

---

[1] 行政院院會通過「社會秩序維護法」部分條文修正草案。行政院網站，2011年7月14日，https://www.ey.gov.tw/Page/9277F759E41CCD91/c3bbf1fe-f112-4fe0-bffa-8c48c1248e01（查詢日期：2018年10月16日）。

把開山刀,隨即要求該民衆配合交出,但遭該民衆反嗆員警「爲什麼要讓你看?憑什麼讓你看?中華民國有哪條法律有規定?你褲子脫下來讓我看。」隨後遭警帶回偵辦並移送法院裁罰。該民衆辯稱因爲臺灣治安不好,才隨身攜帶開山刀。法官認爲,該民衆攜帶的開山刀質地堅硬、刀鋒尖銳,具有高度殺傷力,有危害一般社會安全之虞,以無正當理由攜帶具有殺傷力器械,處罰鍰新臺幣6,000元。此外,法官認爲,該民衆在員警執行勤務時,以顯然不當言詞、行動相加,但未達強暴脅迫或侮辱程度,依社維法裁罰2,000元,全案可提救濟實施抗告[2];爲深入瞭解現行違序之態樣及處理違序之案類,該民衆之言行、所持有之刀械、所抗辯之詞等,究係違反社會秩序及妨害公務抑或刑事法令,在執行上確實衍生多種態樣及問題,於警察人員執行勤務時,以何時?何行爲?與執勤時息息相關,針對地方法院簡易庭之裁定,在行爲態樣、違序時間及罰則上是否有地區性之差異,故萌生員警執勤處理違序案件研究之動機。

(二)研究目的

　　本文藉由相關文獻及地方法院簡易庭之裁定資料加以分析,探討員警執行勤務時,對於民衆違序行爲,牽涉社會秩序維護法規範之人身自由、營業自由等在分則各章行爲,由簡易庭裁定之案件,加以分析,以期給予員警執勤時之參考,因此,本文之目的包括有三:

1. 瞭解現行員警執勤處理違序案件,簡易庭裁定之現況態樣。
2. 探討員警執勤處理簡易庭裁定違序案件,行爲態樣及地區性差異等相關因素之關聯性。
3. 歸納分析研究結果及建議可行措施,供實務機關與學校教育上之參考。

三、解釋名詞

(一)員警

　　警察其意爲「都市之統治方法與都市行政」,係依法以維持公共秩序,保護社會安全,防止一切危害,促進人民福利爲目的,並施以指導、服務、強制爲手段的

---

[2] 蕭博文(2018)。男遭查獲攜帶開山刀還嗆警 法院裁罰8000元。奇摩新聞網,12月1日,https://ynews.page.link/MrMp(查詢日期:2018年12月1日)。

行政作用。由此概念限於組織法及作用法上之警察職權行使法第2條所示，均爲警察機關或警察人員的總稱，因而又稱爲「狹義、法定、實定法、組織法或形式上的警察」（梅可望等，2010）。而本文所稱員警，係指依據警察人員人事條例任官、授階，經銓敘部銓敘合格實授，執行警察任務之人員（陳永鎮，2018），及暫支警佐待遇警察人員之總稱。

（二）執行勤務

警察勤務係依據警察勤務條例第11條規定，警察勤務區分爲個別勤務之勤區查察，共同勤務之巡邏、臨檢、守望、值班、備勤或臨時勤務之派遣。而本文所稱執行勤務，係指警察人員執行警察勤務條例之共同勤務而言（陳永鎮，2018a）。

（三）違序案件

本文所稱違序案件係指違反社會秩序維護法分則中各章之妨害安寧秩序、妨害善良風俗、妨害公務及妨害他人身體財產等分則各章之行爲的案件。

四、研究限制

（一）時間因素及裁定書類內容之限制

本文礙於時間因素及裁定書類內容之記載，無法粹取年籍資料、性別、家庭背景等社會經濟地位之分析，僅能依裁定書內容進行分析。

（二）研究範圍之限制

本文主要以社會秩序維護法第45條移送簡易庭案件爲主，爲涉及到警察機關之處分案件，礙於資料查詢汲取的限制，無法進行社會秩序維護法第423條有關警察機關處分之案件，僅能依據內政部警政署發布之統計資料，進行全般違序行爲之分析，列爲文獻探討之現況分析。

第二節　違序之實證探討

社會秩序維護法係經由大法官釋字第166、251號解釋，宣布違警罰法違憲

後，應予廢止。遂於1991年6月29日予以制定，用以取代威權時代之違警罰法。內容區分為總則、處罰程序、分則、附則等四編，並輔以違反社會秩序維護法案件處理辦法、警察機關辦理違反社會秩序維護法案件應注意事項、沒入物品處分規則、拘留所設置管理辦法、地方法院與警察機關處理違反社會秩序維護法案件聯繫辦法、特種工商業範圍，以及大法官釋字第666、689號解釋，惟員警於執勤之際，經常性以危害防止的階段，處理相當多之違序案件，而其中究有何趨勢？抑或地區、時間等相關因素與分則間之關聯性為何？區分違序行為區域轉移現象及違序行為與時間關聯性，加以探討如下：

一、違序行為區域轉移現象之探討

　　Weisburd等人（2006），在美國紐澤西州市（Jersey City）進行向轉移和擴散的控制實驗，挑選兩個實際存在街頭失序犯罪狀況的目標區，在實驗期間進行犯罪預防干預措施（諸如：淨化環境、掃蕩常習犯罪勤務等）；另兩個鄰近之地區被挑選為流竄地區，目的在於鄰近地區空間轉移獲利亦擴散現象的檢測，由警方對目標區實施密集的干預措施，在目標區及流竄區進行6,000次的社會觀察，每次均已20分鐘為單位；並以訪談法及田野觀察作為補充調查。發現，至少「毒品犯罪」及「娼妓問題」，並無完全轉移的現象。事實上，該研究指出，地區性的犯罪預防措施，最有可能帶來的是「利益擴散」，也就是鄰近地區治安的改善。

二、違序行為與時間關聯性之探討

　　季節與犯罪之關聯上：德國學者Aschaffenbury、Exner等人研究結果一致發現，季節變動與犯罪有密切之關係，他們發現性犯罪與暴力犯罪在夏季最多，而財產犯罪卻在每年1月、2月間達到頂點。時間與犯罪之關聯上：在1日之內各個不同時段，易犯之罪行亦有所不同。例如戶內強盜、竊盜，以深夜0時至3時內發生為最多；謀殺及傷害罪以發生在夜間8時至凌晨2時為最多。歐美與日本學者研究發現：因酗酒而犯之罪行，與發薪日期有密切之關聯（馬傳鎮，2008）。亦即在違序行為上，值得注意的是，依據各章之狀況夏季7月至9月對於妨害善良風俗之第80～83條及妨害他人身體財產之第87條等，時間上在夜間8時至凌晨2時，需予以防範。

第三節　研究設計

　　爲求能順利達到研究目的，本文之研究方法採用文獻探討法、官方文件次級資料分析、內容分析法等三種研究方法，進行研究，分述如下：

一、研究方法

　　本文爲符合研究目的，主要採取下列三種研究法進行研究：

（一）文獻探討

　　本文針對違序行爲種類之現況、違序行爲之分析及相關實證研究與違序之關聯性加以探討，相關員警執勤處理違序案件之統計資料，並蒐集針對區域性及時間之相關文獻等資料，加以參考歸納分析。

（二）官方次級資料分析

　　本文採用官方各種統計指標等作爲研究問題背景、研究動機之基本資料，並針對違序行爲種類之現況、違序行爲之分析及相關實證研究與違序行爲之關聯性加以探討。

（三）內容分析法

　　內容分析法係爲將定性的資料轉化爲定量資料，再予以分析的研究方法。先以質化書面資料轉化爲量化之數據，再以量來推質，可謂之爲「質」與「量」並重的研究方法。本文採用地方法院簡易庭裁定書類，進行編碼、記錄、分析，並由兩位學者進行資料檢核及校正後，再針對判決書資料編碼後進行分析。

二、研究樣本

（一）研究樣本數

　　本文從司法院網站「法學資料檢索系統」內所載裁判書爲資料分析對象，選擇簡易案件查詢，在判決案由輸入社會秩序維護法，判決日期輸入2012年1月1日至2017年12月31日，依據各簡易庭裁定案件計有2012年912件、2013年857件、2014

年909件、2015年1,333件、2016年1,721件，2017年2,325件，共計有8,057件，近年來違反社會秩序維護法簡易庭裁定案件上升2.7倍（表5-1、圖5-1）。

表5-1　2012至2017年違反社會秩序維護法簡易庭裁定趨勢

年別	次數分配表	百分比	有效百分比	累積百分比
2012年	912	11.3	11.3	100.0
2013年	857	10.6	10.6	10.6
2014年	909	11.3	11.3	21.9
2015年	1333	16.5	16.5	38.5
2016年	1721	21.4	21.4	59.8
2017年	2325	28.9	28.9	88.7
總計	8057	100.0	100.0	

資料來源：本文整理。

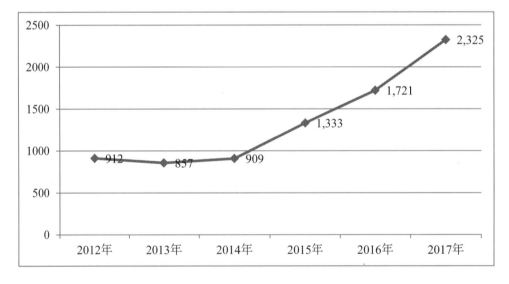

圖5-1　2012至2017年違反社會秩序維護法簡易庭裁定趨勢圖
資料來源：本文繪製。

（二）研究概念變項

本文以社會秩序維護法條文內容予以區分，爰依社會秩序維護法案件事物管轄區分表，依社維法第45條第1項規定應移送簡易庭裁定之案件劃分（表5-2），爲概念變項區分，妨害安寧秩序，各條款區分36項計4,186件；妨害善良風俗，各條款區分5項計114件；妨害公務各條款區分爲4項計291件；妨害他人身體財產區分爲3項計1,241件。依此爲本文分析之樣本（表5-3）。

表5-2　社會秩序維護法案件事務管轄區分表

管轄	分則	案件	編碼
第45條第1項應移送簡易庭裁定之案件	妨害安寧秩序	第63條第1項、第2項	1-9
		第64條	10-14
		第65條	15-18
		第66條	19-20
		第67條第1項	21-26
		第68條	27-29
		第69條	30-31
第45條第1項應移送簡易庭裁定之案件	妨害安寧秩序	第70條	32-34
		第76條第2項	35
		第77條後段	36
	妨害善良風俗	第81條	1-2
		第82條第1項、第2項	3-5
	妨害公務	第85條	1-4
	妨害他人身體財產	第87條	1-3

資料來源：司法院（2012：165）；本文整理。

表5-3　2012至2017年社會秩序維護法分則四章有效樣本數（件）

年別	妨害安寧秩序	妨害善良風俗	妨害公務	妨害他人身體財產
2012年	513	17	23	41
2013年	483	13	31	43
2014年	748	9	28	68

表5-3　2012至2017年社會秩序維護法分則四章有效樣本數（件）（續）

年別	妨害安寧秩序	妨害善良風俗	妨害公務	妨害他人身體財產
2015年	872	17	50	150
2016年	1,013	7	49	408
2017年	513	51	110	531
合計	4,186	114	291	1,241

資料來源：本文整理。

　　另以簡易庭所在地區計有44個簡易庭[3]（表5-4），予以區分為臺北市、新北市、桃園市、臺中市、臺南市、高雄市[4]及臺灣省北、中、南、東部與離外島地區[5]；違序時間（月、星期、時）、責任（未滿14歲、心神喪失、14歲以上未滿18歲、精神耗弱、轉嫁罰、兩罰制度）、處罰種類（裁定拘留、聲請／請求易以拘留、勒令歇業、停止營業、裁定罰緩、申誡、沒入）、不罰、不受理、撤銷、駁回、救濟、違序人數等。

表5-4　全國簡易庭分布編碼表

裁定簡易庭	編碼	裁定簡易庭	編碼	裁定簡易庭	編碼	裁定簡易庭	編碼
臺北簡易庭	1	竹北簡易庭	12	北港簡易庭	23	屏東簡易庭	34
新店簡易庭	2	苗栗簡易庭	13	斗六簡易庭	24	潮州簡易庭	35
士林簡易庭	3	臺中簡易庭	14	嘉義簡易庭	25	臺東簡易庭	36
內湖簡易庭	4	豐原簡易庭	15	朴子簡易庭	26	花蓮簡易庭	37
板橋簡易庭	5	沙鹿簡易庭	16	臺南簡易庭	27	玉里簡易庭	38
三重簡易庭	6	南投簡易庭	17	新市簡易庭	28	宜蘭簡易庭	39

---

[3]　依據司法院2011年1月4日院台廳司一字第1000000242號司法院公告，予以區分為43個簡易庭，2016年9月1日新增橋頭簡易庭，共計44個簡易庭。

[4]　依直轄市行政區予以區分如下：臺北市轄區整合臺北、士林、內湖簡易庭；新北市整合新店、板橋及三重簡易庭；桃園市整合桃園及中壢簡易庭；臺中市整合臺中、豐原及沙鹿簡易庭；臺南市整合臺南、新市、柳營簡易庭；高雄市整合高雄、鳳山、岡山、旗山、橋頭簡易庭。

[5]　依縣市行政區語意區分如下：臺灣省北部整合基隆、新竹、竹東、竹北、苗栗、宜蘭及羅東簡易庭；臺灣省中部整合南投、埔里、彰化、員林、北斗、虎尾、北港及斗六簡易庭；臺灣省南部整合嘉義、朴子、屏東及潮州簡易庭；臺灣省東部整合臺東、花蓮及玉里簡易庭與離外島地區整合馬公、金城與連江簡易庭。

表5-4　全國簡易庭分布編碼表（續）

裁定簡易庭	編碼	裁定簡易庭	編碼	裁定簡易庭	編碼	裁定簡易庭	編碼
基隆簡易庭	7	埔里簡易庭	18	柳營簡易庭	29	羅東簡易庭	40
桃園簡易庭	8	彰化簡易庭	19	高雄簡易庭	30	馬公簡易庭	41
中壢簡易庭	9	員林簡易庭	20	鳳山簡易庭	31	金城簡易庭	42
新竹簡易庭	10	北斗簡易庭	21	岡山簡易庭	32	連江簡易庭	43
竹東簡易庭	11	虎尾簡易庭	22	旗山簡易庭	33	橋頭簡易庭	44

資料來源：司法院（2011）；本文整理。

三、研究論理

　　資料來源必須符合研究倫理之要求，因此，研究者對於資料處理、分析必須是客觀且真實（何畫瑰譯，2003；陳碧祥，2011）。所以，在司法院裁判書查詢網站上之裁判裁定資料，下載編碼須翔實的編碼，故本文事先對實施編碼員進行講習及實作以達資料之完整與正確，再由二位學者進行檢核與校對，力求本文之編碼完整與正確。

第四節　簡易庭裁定之現況態樣

一、整體違序案件以臺北、板橋、臺中、高雄、三重、桃園簡易庭裁定量較多

　　本文發現：在地方法院簡易庭轄區以員林、臺東、花蓮、玉里及連江簡易庭等五個簡易庭，2012至2017年均無任何違序裁定案件。亦即臺灣東部員警執勤處理違序案件並無涉及到社會秩序維護法第45條案件，故以下的分類區域將無臺灣東部之資料。

　　以次數分配統計2012至2017年各簡易庭裁定違序行為，總數樣本有8,057件，分析發現：臺北簡易庭941件，占11.7%裁定量最多，其次為板橋簡易庭867件，占10.8%，第三為臺中簡易庭750件，占9.3%，第四為高雄簡易庭592件，占7.3%，第五為三重簡易庭552件，占6.9%，第六為桃園簡易庭422件，餘詳如表5-5。

表5-5　2012至2017年各簡易庭裁定社會秩序維護法案件況表

簡易庭	次數分配表	百分比	簡易庭	次數分配表	百分比
臺北簡易庭	941	11.7	虎尾簡易庭	53	0.7
新店簡易庭	230	2.9	北港簡易庭	21	0.3
士林簡易庭	225	2.8	斗六簡易庭	52	0.6
內湖簡易庭	231	2.9	嘉義簡易庭	147	1.8
板橋簡易庭	867	10.8	朴子簡易庭	7	0.1
三重簡易庭	552	6.9	臺南簡易庭	287	3.6
基隆簡易庭	283	3.5	新市簡易庭	202	2.5
桃園簡易庭	422	5.2	柳營簡易庭	104	1.3
中壢簡易庭	261	3.2	高雄簡易庭	592	7.3
新竹簡易庭	160	2.0	鳳山簡易庭	288	3.6
竹東簡易庭	2	0.0	岡山簡易庭	69	0.9
竹北簡易庭	51	0.6	旗山簡易庭	18	0.2
苗栗簡易庭	74	0.9	屏東簡易庭	97	1.2
臺中簡易庭	750	9.3	潮州簡易庭	177	2.2
豐原簡易庭	148	1.8	宜蘭簡易庭	35	0.4
沙鹿簡易庭	149	1.8	羅東簡易庭	30	0.4
南投簡易庭	187	2.3	馬公簡易庭	77	1.0
埔里簡易庭	6	0.1	金城簡易庭	28	0.3
彰化簡易庭	143	1.8	橋頭簡易庭	88	1.1
北斗簡易庭	3	0.0	總計	8,057	100.0
虎尾簡易庭	53	0.7			

資料來源：本文整理。

二、違序行為以妨害安寧秩序案件較多，並有二成七係以無正當理由攜帶具有殺傷力之器械、化學製劑或其他危險物品者較為嚴重，二成二為吸食或施打煙毒或麻醉藥品以外之迷幻物品者

爰依社會秩序維護法分則第一章妨害安寧秩序案件，應移送簡易庭裁定之案件，依條款計有10條36款，研究發現，其中有7條11款呈現較為嚴重之趨勢，分別

為第63條、第64條、第65條、66條、第67條、第68條、第77條後段等（表5-6）。

表5-6　2012至2017年違序行為妨害安寧秩序案件現況表

妨害安寧秩序法條案類法條	次數	百分比	妨害安寧秩序法條案類法條	次數	百分比
63-1-1　無正當理由攜帶具有殺傷力之器械、化學製劑或其他危險物品者	1,159	14.4	66-1-1　吸食或施打煙毒或麻醉藥品以外之迷幻物品者	935	11.6
63-1-2　無正當理由鳴槍者	20	0.2	66-1-2　冒用他人身分或能力之證明文件者	65	0.8
63-1-3　無正當理由，攜帶用於開啓或破壞門、窗、鎖或其他安全設備之工具者	18	0.2	67-1-1　禁止特定人涉足之場所之負責人或管理人，明知其身分不加勸阻而不報告警察機關者	16	0.2
63-1-4　放置、投擲或發射有殺傷力之物品而有危害他人身體或財物之虞者	70	0.9	67-1-2　於警察人員依法調查或查察時，就其姓名、住所或居所爲不實之陳述或拒絕陳述者	31	0.4
63-1-5　散佈謠言，足以影響公共之安寧者	35	0.4	67-1-3　意圖他人受本法處罰而向警察機關誣告者	8	0.1
63-1-6　蒙面僞裝或以其他方法驚嚇他人有危害安全之虞者	12	0.1	67-1-4　關於他人違反本法，向警察機關爲虛僞之證言或通譯者	2	0.0
63-1-7　關於製造、運輸、販賣、貯存易燃、易爆或其他危險物品之營業，未經主管機關許可；或其營業設備及方法，違反法令規定者	42	0.5	68-1-1　無正當理由，於公共場所、房屋近旁焚火而有危害安全之虞者	25	0.3
63-1-8　製造、運輸、販賣、攜帶或公然陳列經主管機關公告查禁之器械者	531	6.6	68-1-2　藉端滋擾住戶、工廠、公司行號、公共場所或公眾得出入之場所者	278	3.5
64-1-1　意圖滋事，於公園、車站、輪埠、航空站或其他公共場所，任意聚眾，有妨害公共秩序之虞，已受該管公務員解散命令，而不解散者	8	0.1	68-1-3　強買、強賣物品或強索財務者	40	0.5
64-1-2　非供自用，購買運輸、遊樂票券而轉售圖利者	70	0.9	69-1-2　無票或不依定價擅自搭乘公共交通工具或進入遊樂場所，不聽勸阻或不照章補票或補價者	2	0.0
64-1-3　車、船、旅店服務人員或搬運工人或其他接待人員，糾纏旅客或強行攬載者	1	0.0	70-1-1　畜養危險動物，影響鄰居安全者	3	0.0

表5-6　2012至2017年違序行為妨害安寧秩序案件現況表（續）

妨害安寧秩序法條案類法條	次數	百分比	妨害安寧秩序法條案類法條	次數	百分比
64-1-4　交通運輸從業人員，於約定報酬後，強索增加，或中途刁難或雖未約定，事後故意訛索，超出慣例者	1	0.0	70-1-2　畜養之危險動物，出入有人所在之道路、建築物或其他場所者	2	0.0
64-1-5　主持、操縱或參加不良組織有危害社會秩序者	1	0.0	70-1-3　驅使或縱容動物嚇人者	11	0.1
65-1-1　船隻當狂風之際或黑夜航行有危險之虞，而不聽禁止者	3	0.0	77-後　公共遊戲場所之負責人或管理人，縱容少年於深夜聚集其內，而不及時報告警察者，其情節重大或再次違反者，處或併處停止營業或勒令歇業	140	1.7
65-1-3　無正當理由，攜帶類似真槍之玩具槍，而有危害安全之虞者	653	8.1	總和	8,057	100.0
65-1-4　不注意燃料物品之堆置使用，或在燃料物品之附近攜用或放置易起火警之物，不聽禁止者	1	0.0			

資料來源：本文整理。

從樣本分析發現：第63條第1項第1款計有1,159件，最為嚴重；第二為第66條第1項第1款，計有935件；第三為第65條第1項第3款，計有653件；第四為第63條第1項第8款，計有531件；第五為第68條第1項第2款，計有531件；第六為第77條後段（表5-7）。

表5-7　2012至2017年違序行為妨害安寧秩序案件現況表

妨害安寧秩序法條案類法條	次數	百分比
63-1-1　無正當理由攜帶具有殺傷力之器械、化學製劑或其他危險物品者	1,159	14.4
66-1-1　吸食或施打煙毒或麻醉藥品以外之迷幻物品者	935	11.6
65-1-3　無正當理由，攜帶類似真槍之玩具槍，而有危害安全之虞者	653	8.1
63-1-8　製造、運輸、販賣、攜帶或公然陳列經主管機關公告查禁之器械者	531	6.6
68-1-2　藉端滋擾住戶、工廠、公司行號、公共場所或公眾得出入之場所者	278	3.5
77-後　公共遊戲場所之負責人或管理人，縱容少年於深夜聚集其內，而不及時報告警察者，其情節重大或再次違反者，處或併處停止營業或勒令歇業	140	1.7

資料來源：本文整理。

三、妨害善良風俗裁定量雖少，但仍有四成六係以媒合性交易案件為主要態樣

　　本文發現，依社會秩序維護法分則第二章妨害善良風俗案件，應移送簡易庭裁定之案件，在2012至2017年間僅為114件，又以第81條第1項第1款計53件最多；其次為第82條第1項第1款，計有26件；再者為第81條第1項第2款，計有24件（表5-8）。

表5-8　2012至2017年違序行為妨害善良風俗案件現況表

妨害善良風俗案類法條	次數	百分比
無或其他違序案類	7,943	98.6
81-1-1　媒合性交易。但媒合符合前條第1款但書規定之性交易者，不適用之	53	0.7
81-1-2　在公共場所或公眾得出入之場所，意圖媒合性交易而拉客	24	0.3
82-1-1　於公共場所或公眾得出入之場所，乞討叫化不聽勸阻者	26	0.3
82-1-2　於公共場所或公眾得出入之場所唱演或播放淫詞、穢劇或其他妨害善良風俗之技藝者	7	0.1
82-2　前項第2款唱演或播放之處所，為戲院、書場、夜總會、舞廳或同類場所，其情節重大或再次違反者，得處或併處停止營業或勒令歇業	4	0.0
總和	8,057	100.0

資料來源：本文整理。

四、妨害公務違序行為案件，近八成為以顯然不當之言詞或行動相加，尚未達強暴脅迫或侮辱之程度者較多

　　本文發現，依社會秩序維護法分則第三章妨害公務案件，應移送簡易庭裁定之案件，在2012至2017年間僅為291件，又以第85條第1項第1款計229件最多；其次為第85條第1項第3款，計有30件；再者為第85條第1項第4款，計有25件（表5-9）。

表5-9　2012至2017年違序行為妨害公務案件現況表

妨害公務案類法條	次數	百分比
無或其他違序案類	7,766	96.4
85-1-1　於公務員依法執行職務時，以顯然不當之言詞或行動相加，尚未達強暴脅迫或侮辱之程度者	229	2.8
85-1-2　於公務員依法執行職務時，聚眾喧嘩，致礙公務進行者	7	0.1
85-1-3　故意向該公務員謊報災害者	30	0.4
85-1-4　無故撥打警察機關報案專線，經勸阻不聽者	25	0.3
總和	8,057	100

資料來源：本文整理。

五、近八成七為互相鬥毆與加暴行於人之違序行為案件，呈現裁定量多之現象

　　本文發現，依社會秩序維護法分則第四章妨害他人身體財產案件，應移送簡易庭裁定之案件，在2012至2017年間，計有1,241件，又以第87條第1項第2款計656件最多；其次為第87條第1項第1款，計有425件；再者為第87條第1項第3款，計有160件（表5-10）。可見互相鬥毆之違序行為，值得關注。

表5-10　2012至2017年違序行為妨害他人身體財產案件現況表

妨害他人身體財產案類法條	次數	百分比
無或其他違序案類	6,816	84.6
87-1-1　加暴行於人者	425	5.3
87-1-2　互相鬥毆者	656	8.1
87-1-3　意圖鬥毆而聚眾者	160	2
總和	8,057	100

資料來源：本文整理。

第五節　違序案件行為態樣與地區之關聯性

一、各簡易庭轄區與違序案件行為態樣之關聯性

　　本文之地區性係將各簡易庭裁定違序案件及將各簡易庭依據直轄市及臺灣省予以區分為裁定違序案件，作一交叉比較之關聯性，茲將其分述如下：

（一）各簡易庭與妨害安寧秩序案件行為之關聯性

　　研究發現，妨害安寧秩序案件，依條款計有10條36款，其中第63條、第64條、第65條、第66條、第67條、第68條、第77條後段等7個法條11款，呈現較為嚴重之趨勢，茲將以此分述如下：

1. 板橋、臺北、三重等簡易庭，裁定第63條第1項第1款者較多。依區域分析，以板橋簡易庭裁定202件最多，其次為臺北簡易庭117件，再次為三重簡易庭113件，第四為基隆簡易庭90件，第五為士林簡易庭57件，第六為臺中簡易庭56件（表5-11）。

表5-11　63-1-1無正當理由攜帶具有殺傷力之器械庭裁定狀況表

簡易庭名稱	件數	簡易庭名稱	件數
板橋簡易庭	202	基隆簡易庭	90
臺北簡易庭	117	士林簡易庭	57
三重簡易庭	113	臺中簡易庭	56

資料來源：本文整理。

2. 臺中、桃園、臺北等簡易庭，裁定第66條第1項第1款者較多。依區域分析，以臺中簡易庭裁定110件最多，其次為桃園簡易庭，再次為臺北簡易庭67件，第四為板橋簡易庭63件，第五為中壢簡易庭55件，第六為嘉義簡易庭51件（表5-12）。

表5-12　66-1-1吸食或施打煙毒或麻醉藥品以外之迷幻物品裁定狀況表

簡易庭名稱	件數	簡易庭名稱	件數
臺中簡易庭	110	板橋簡易庭	63
桃園簡易庭	86	中壢簡易庭	55
臺北簡易庭	67	嘉義簡易庭	51

資料來源：本文整理。

3. 臺中、板橋、高雄及三重等簡易庭，裁定第65條第1項第3款者較多。依區域分析，以臺中簡易庭61件最多，其次為板橋簡易庭46件，再次為高雄及三重簡易庭45件，第四為桃園簡易庭42件，第五為臺南簡易庭40件，第六為新市簡易庭38件（表5-13）。

表5-13　65-1-3無正當理由，攜帶類似真槍之玩具槍裁定狀況表

簡易庭名稱	件數	簡易庭名稱	件數
臺中簡易庭	61	桃園簡易庭	42
板橋簡易庭	46	臺南簡易庭	40
高雄簡易庭	45	新市簡易庭	38
三重簡易庭	45		

資料來源：本文整理。

4. 桃園、基隆及臺中等簡易庭，裁定第63條第1項第8款者較多。依區域分析，以桃園簡易庭111件最多，其次為基隆及臺中簡易庭均為52件，再次為三重簡易庭49件，第四為板橋簡易庭44件，第五為臺北簡易庭36件（表5-14）。

表5-14　63-1-8公然陳列經主管機關公告查禁之器械者裁定狀況表

簡易庭名稱	件數	簡易庭名稱	件數
桃園簡易庭	111	三重簡易庭	49
基隆簡易庭	52	板橋簡易庭	44
臺中簡易庭	52	臺北簡易庭	36

資料來源：本文整理。

5. 臺北、臺中、板橋等簡易庭，裁定第68條第1項第2款者較多。依區域分析，臺北簡易庭45件最多，其次為臺中簡易庭27件，再次為板橋簡易庭19件，第四為鳳山簡易庭13件，第五為苗栗簡易庭12件，第六為中壢及高雄簡易庭均為11件（表5-15）。

表5-15　68-1-2藉端滋擾住戶、工廠、公司行號、公共場所裁定狀況表

簡易庭名稱	件數	簡易庭名稱	件數
臺北簡易庭	45	苗栗簡易庭	12
臺中簡易庭	27	中壢簡易庭	11
板橋簡易庭	19	高雄簡易庭	11
鳳山簡易庭	13		

資料來源：本文整理。

6. 新市、柳營簡易庭，裁定第77條後段較多。依區域分析，以新市簡易庭51件為最多，其次為柳營簡易庭28件，再次為南投簡易庭24件，第四為基隆簡易庭10件（表5-16）。

表5-16　77後情節重大或再次違反者裁定狀況表

簡易庭名稱	件數	簡易庭名稱	件數
新市簡易庭	51	南投簡易庭	24
柳營簡易庭	28	基隆簡易庭	10

資料來源：本文整理。

7. 綜上所述：各簡易庭與妨害安寧秩序案件行為之關聯性，以常見裁定之條款，計有63-1-1、66-1-1、65-1-3、63-1-8、68-1-2、77後等六個條款加以分析與簡易庭之關聯性，發現：除77後情節重大或再次違反者集中在臺南地區之新市、柳營簡易庭及南投與基隆簡易庭外，其餘大多集中在都會區，有以新北地區之板橋及三重簡易庭轄區，臺北地區之臺北簡易庭，臺中地區之臺中簡易庭與桃園地區之桃園簡易庭。以Pearson卡方檢定數值為6158.087，自由度1140，顯著度達.000，足見各簡易庭裁定與妨害安寧秩序具有顯著之影響（表5-17）。

表5-17　常見妨害安寧秩序案件與簡易庭裁定關聯表（件）

區域／項目	63-1-1無正當理由攜帶具有殺傷力之器械	66-1-1吸食或施打煙毒或麻醉藥品以外之迷幻物品	65-1-3無正當理由，攜帶類似真槍之玩具槍	63-1-8公然陳列經主管機關公告查禁之器械者	68-1-2藉端滋擾住戶、工廠、公司行號、公共場所	77後情節重大或再次違反者
臺北簡易庭	117	67		36	45	
板橋簡易庭	202	63	46	44	19	
士林簡易庭	57					
三重簡易庭	113		45	49		
基隆簡易庭	90			52		10
桃園簡易庭		86	42	111		
中壢簡易庭		55			11	
臺中簡易庭	56	110	61	52	27	
苗栗簡易庭					12	
南投簡易庭						24
嘉義簡易庭		51				
臺南簡易庭			40			
新市簡易庭			38			51
柳營簡易庭						28
高雄簡易庭			45		11	
鳳山簡易庭					13	

卡方檢定

	數值	自由度	漸近顯著性（雙尾）
Pearson卡方	6158.087[a]	1140	.000
概似比	3171.973	1140	.000
線性對線性的關聯	16.106	1	.000
有效觀察值的個數	8057		

a. 1023格（84.6%）的預期個數少於5。最小的預期個數為.00。

資料來源：本文整理。

（二）各簡易庭與妨害善良風俗案件行為之關聯性

　　本文依據現況，雖然自2012至2017年間僅為114件，為釐清區域性之影響，故粹取以第81條第1項第1款、第82條第1項第1款及第81條第1項第2款，加以檢視分析與區域間之關聯性，發現如下（表5-18）：

1. 第81條第1項第1款計53件。依區域分析，以虎尾簡易庭15件、基隆簡易庭13件為多，臺北及中壢簡易庭各5件。
2. 第81條第1項第2款計24件。依區域分析，均分布在桃園及中壢簡易庭轄區，分別為10件及4件。
3. 第82條第1項第1款計26件。依區域分析，以臺北簡易庭10件最多，其餘依序為板橋及中壢簡易庭分別為5件及4件。
4. 綜上所述：有關妨害善良風俗違序行為在簡易庭轄區以中壢簡易庭裁定較多，另有關媒合性交易地區仍以虎尾及基隆簡易庭裁定較多。以Pearson卡方檢定數值為1061.525，自由度190，顯著度達.000，足見各簡易庭裁定與妨害善良風俗具有顯著之影響。

表5-18　各簡易庭與妨害善良風俗案件行為之關聯性

區域／項目	81-1-1媒合性交易。但媒合符合前條第1款但書規定之性交易者，不適用之	81-1-2在公共場所或公眾得出入之場所，意圖媒合性交易而拉客	82-1-1於公共場所或公眾得出入之場所，乞討叫化不聽勸阻者
虎尾簡易庭	15		
基隆簡易庭	13		
臺北簡易庭	5		10
中壢簡易庭	5	4	4
桃園簡易庭		10	
板橋簡易庭			5

卡方檢定

	數值	自由度	漸近顯著性（雙尾）
Pearson卡方	1061.525[a]	190	.000
概似比	360.330	190	.000
線性對線性的關聯	.271	1	.603
有效觀察值的個數	8057		

a. 195格（83.3%）的預期個數少於5。最小的預期個數為.00。

資料來源：本文整理。

（三）各簡易庭與妨害公務案件行為之關聯性

　　本文依據現況，雖然自2012至2017年間僅為291件，為釐清區域性之影響，故粹取以第85條第1項第1款、第85條第1項第3款、第85條第1項第4款，加以檢視分析與區域間之關聯性，發現如下（表5-19）：

1. 第85條第1項第1款計229件。依區域分析，以臺北、板橋、基隆簡易庭較多，臺中及三重簡易庭次之。
2. 第85條第1項第3款：依區域分析，以鳳山簡易庭較多，其次為臺北、彰化及馬公簡易庭。
3. 第85條第1項第4款：依區域分析，臺北簡易庭較多，其次為板橋及苗栗簡易庭轄區。
4. 綜上所述：有關妨害公務違序行為，在簡易庭轄區以臺北簡易庭裁定較多，另仍以第85條第1項第1款：於公務員依法執行職務時，以顯然不當之言詞或行動相加，尚未達強暴脅迫或侮辱之程度者為主，臺北、板橋、基隆簡易庭較多。以Pearson卡方檢定數值為309.822，自由度152，顯著度達.000。足見各簡易庭裁定與妨害公務具有顯著之影響。

表5-19　各簡易庭與妨害公務案件行為之關聯性

區域／項目	85-1-1於公務員依法執行職務時，以顯然不當之言詞或行動相加，尚未達強暴脅迫或侮辱之程度者	85-1-3故意向該公務員謊報災害者	85-1-4無故撥打警察機關報案專線，經勸阻不聽者
臺北簡易庭	52	3	5
板橋簡易庭	25		3
基隆簡易庭	23		
臺中簡易庭	16		
三重簡易庭	15		
彰化簡易庭		3	
鳳山簡易庭		6	
馬公簡易庭		3	
苗栗簡易庭			3

表5-19 各簡易庭與妨害公務案件行為之關聯性（續）

卡方檢定

	數值	自由度	漸近顯著性（雙尾）
Pearson卡方	309.822[a]	152	.000
概似比	235.282	152	.000
線性對線性的關聯	2.304	1	.129
有效觀察值的個數	8057		

a. 142格（72.8%）的預期個數少於5。最小的預期個數為.00。

資料來源：本文整理。

（四）各簡易庭與妨害他人身體財產案件行為之關聯性

本文依據現況，雖然自2012至2017年間僅為291件，為釐清區域性之影，故粹取以第87條第1項第1款、第87第1項第2款，加以檢視分析與區域間之關聯性，發現如下（表5-20）：

1. 第87條第1項第2款計656件。依區域分析，以臺北、臺中及板橋、三重簡易庭較多。

2. 第87條第1項第1款計425件。依區域分析，以臺中及板橋簡易庭較多，其次為臺北、三重簡易庭。

3. 第87條第1項第3款計160件。依區域分析，以板橋簡易庭36件及臺中簡易庭18件較多，其次為臺北、三重簡易庭分別為17件及15件。

4. 綜上所述：有關妨害他人身體財產案件違序行為，在簡易庭轄區以臺北、板橋及臺中簡易庭裁定較多。以Pearson卡方檢定數值為429.107，自由度114，顯著度達.000。足見各簡易庭裁定與妨害他人身體財產案件具有顯著之影響。

表5-20 各簡易庭與妨害他人身體財產案件行為之關聯性

區域／項目	87-1-1加暴行於人者	87-1-2互相鬥毆者	87-1-3意圖鬥毆而聚眾者
臺北簡易庭	51	116	17
板橋簡易庭	63	86	36
三重簡易庭	44	61	15
臺中簡易庭	63	102	18

表5-20 各簡易庭與妨害他人身體財產案件行為之關聯性（續）

區域／項目	87-1-1加暴行於人者	87-1-2互相鬥毆者	87-1-3意圖鬥毆而聚眾者
內湖簡易庭	13	40	9
中壢簡易庭	15	30	9
高雄簡易庭	25	27	8
馬公簡易庭	17	8	1

卡方檢定

	數值	自由度	漸近顯著性（雙尾）
Pearson卡方	429.107[a]	114	.000
概似比	469.948	114	.000
線性對線性的關聯	66.023	1	.000
有效觀察值的個數	8057		

a. 59格（37.8%）的預期個數少於5。最小的預期個數為.04。

資料來源：本文整理。

二、六都與臺灣省各區與違序行為之關聯性

（一）六都與臺灣省各區與妨害安寧秩序案件行為之關聯性

　　本文發現，自2012至2017年妨害安寧秩序共計4,183件，以地區性區分則以新北市815件較多，其次為臺北市658件，第三為臺中市532件，第四為桃園市467件，臺灣北部地區428件第五。再依違序法條區分，分別敘述如下（表5-21）：

1. 第63條第1項第1款：以新北市361件較多，臺北市211件及臺灣北部地區136件、高雄市121件次之，臺中市89第五。

2. 第66條第1項第1款：以臺中市168件較多，新北市144件、桃園市141件次之，臺北市130件及臺灣北部地區89件第五。

3. 第65條第1項第3款：以新北市、臺中市各97件較多，臺南市96件、高雄市83件次之，桃園市76件第五。

4. 第63條第1項第8款：以桃園市122件、新北市104件較多，臺中市70件及臺灣北部地區67件次之、臺北市62件第五。

5. 第68條第1項第2款：臺北市72件較多，臺中市39件、臺灣北部地區35件、新北

市32件次之、高雄市31件第五。

6. 第77條後段：以臺南市80件較多，其餘爲臺灣北部地區、中部27件及24件次之。

7. 卡方檢定：以Pearson卡方檢定數值爲1968.169，自由度261，顯著度達.000。足見妨害安寧秩序案件與區域具有顯著之關係。

表5-21　六都與臺灣省各區與妨害安寧秩序案件行為分析表

區域／項目	違序案類─妨害安寧秩序						總計
	63-1-1無正當理由攜帶具有殺傷力之器械、化學製劑或其他危險物品者	63-1-8製造、運輸、販賣、攜帶或公然陳列經主管機關公告查禁之器械者	65-1-3無正當理由，攜帶類似真槍之玩具槍，而有危害安全之虞者	66-1-1吸食或施打煙毒或麻醉藥品以外之迷幻物品者	68-1-2藉端滋擾住戶、工廠、公司行號、公共場所或公眾得出入之場所者	77-後其情節重大或再次違反者，處或併處停止營業或勒令歇業	
臺北	211	62	56	130	72	4	658
	32.1%	9.4%	8.5%	19.8%	10.9%	.6%	100.0%
新北	361	104	97	144	32	0	815
	44.3%	12.8%	11.9%	17.7%	3.9%	0.0%	100.0%
桃園	71	122	76	141	16	3	467
	15.2%	26.1%	16.3%	30.2%	3.4%	.6%	100.0%
臺中	89	70	97	168	39	0	532
	16.7%	13.2%	18.2%	31.6%	7.3%	0.0%	100.0%
臺南	68	21	96	32	17	80	344
	19.8%	6.1%	27.9%	9.3%	4.9%	23.3%	100.0%
高雄	121	41	83	61	31	2	373
	32.4%	11.0%	22.3%	16.4%	8.3%	.5%	100.0%
北部	136	67	41	89	35	27	428
	31.8%	15.7%	9.6%	20.8%	8.2%	6.3%	100.0%
中部	40	35	43	79	18	24	259
	15.4%	13.5%	16.6%	30.5%	6.9%	9.3%	100.0%
南部	49	8	61	82	14	0	266
	18.4%	3.0%	22.9%	30.8%	5.3%	0.0%	100.0%

表5-21　六都與臺灣省各區與妨害安寧秩序案件行為分析表（續）

區域／項目	違序案類—妨害安寧秩序						總計
	63-1-1無正當理由攜帶具有殺傷力之器械、化學製劑或其他危險物品者	63-1-8製造、運輸、販賣、攜帶或公然陳列經主管機關公告查禁之器械者	65-1-3無正當理由，攜帶類似真槍之玩具槍，而有危害安全之虞者	66-1-1吸食或施打煙毒或麻醉藥品以外之迷幻物品者	68-1-2藉端滋擾住戶、工廠、公司行號、公共場所或公眾得出入之場所者	77-後其情節重大或再次違反者，處或併處停止營業或勒令歇業	
外離島	13	1	3	9	4	0	41
	31.7%	2.4%	7.3%	22.0%	9.8%	0.0%	100.0%
合計	1,159	531	653	935	278	140	4,183
	27.7%	12.7%	15.6%	22.4%	6.6%	3.3%	100.0%

卡方檢定

	數值	自由度	漸近顯著性（雙尾）
Pearson卡方	1968.169[a]	261	.000
概似比	1486.540	261	.000
線性對線性的關聯	50.875	1	.000
有效觀察值的個數	4183		

資料來源：本文整理。

（二）六都與臺灣省各區與妨害善良風俗案件行為之關聯性

　　本文發現，妨害善良風俗案件僅為114件，以地區性區分則以桃園市27件較多，其次為臺灣中部21件，第三為臺北市17件。再依違序法條區分，予以敘述如下（表5-22）：

1. 第81條第1項第1款：以臺灣中部17件較多，其次為臺灣北部13件、第三為桃園市8件。
2. 第82條第1項第1款：以臺北市11件較多、其次為新北市5件及桃園市4件。
3. 第81條第1項第2款：以桃園市14件較多，其次為臺灣南部3件及臺灣中部2件。
4. 卡方檢定：以Pearson卡方檢定數值為109.095，自由度36，顯著度達.000。足見妨害善良風俗案件與區域具有顯著之關係。

表5-22　六都與臺灣省各區與妨害善良風俗案件行為分析表

區域／項目	違序案類─妨害善良風俗			總計
	81-1-1媒合性交易。但媒合符合前條第1款但書規定之性交易者，不適用之	81-1-2在公共場所或公眾得出入之場所，意圖媒合性交易而拉客	82-1-1於公共場所或公眾得出入之場所，乞討叫化不聽勸阻者	
臺北	5	1	11	17
	29.4%	5.9%	64.7%	100.0%
新北	0	1	5	7
	0.0%	14.3%	71.4%	100.0%
桃園	8	14	4	27
	29.6%	51.9%	14.8%	100.0%
臺中	3	1	1	6
	50.0%	16.7%	16.7%	100.0%
臺南	2	1	2	6
	33.3%	16.7%	33.3%	100.0%
高雄	4	1	2	8
	50.0%	12.5%	25.0%	100.0%
北部	13	0	0	14
	92.9%	0.0%	0.0%	100.0%
中部	17	2	1	21
	81.0%	9.5%	4.8%	100.0%
南部	1	3	0	7
	14.3%	42.9%	0.0%	100.0%
外離島	0	0	0	1
	0.0%	0.0%	0.0%	100.0%
合計	53	24	26	114
	46.5%	21.1%	22.8%	100.0%

卡方檢定

	數值	自由度	漸近顯著性（雙尾）
Pearson卡方	109.095[a]	36	.000
概似比	96.227	36	.000
線性對線性的關聯	4.078	1	.043
有效觀察值的個數	114		

資料來源：本文整理。

（三）六都與臺灣省各區與妨害公務案件行為之關聯性

本文發現，妨害公務案件僅為291件，以地區性區分則以臺北市72件較多，其次為新北市56件，第三為臺灣北部38件。再依違序法條區分，予以敘述如下（表5-23）：

1. 第85條第1項第1款：以臺北市58件較多，其次為新北市46件，第三為臺灣北部29件。
2. 第85第1項第3款：以高雄市9件、臺北市6件及新北市、臺南市及外離島各3件。
3. 第85條第1項第4款：以臺北市、新北市各6件較多，第三為臺灣北部5件。
4. 卡方檢定：以Pearson卡方檢定數值為53.681，自由度27，顯著度達.000。足見妨害公務案件與區域具有顯著之關係。

表5-23　六都與臺灣省各區與妨害公務案件行為分析表

區域／項目	違序案類—妨害公務			總計
	85-1-1於公務員依法執行職務時，以顯然不當之言詞或行動相加，尚未達強暴脅迫或侮辱之程度者	85-1-3故意向該公務員謊報災害者	85-1-4無故撥打警察機關報案專線，經勸阻不聽者	
臺北	58	6	6	72
	80.6%	8.3%	8.3%	100.0%
新北	46	3	6	56
	82.1%	5.4%	10.7%	100.0%
桃園	24	0	2	28
	85.7%	0.0%	7.1%	100.0%
臺中	20	1	2	23
	87.0%	4.3%	8.7%	100.0%
臺南	14	3	3	20
	70.0%	15.0%	15.0%	100.0%
高雄	10	9	0	19
	52.6%	47.4%	0.0%	100.0%

表5-23　六都與臺灣省各區與妨害公務案件行為分析表（續）

| 區域／項目 | 違序案類─妨害公務 | | | 總計 |
	85-1-1於公務員依法執行職務時，以顯然不當之言詞或行動相加，尚未達強暴脅迫或侮辱之程度者	85-1-3故意向該公務員謊報災害者	85-1-4無故撥打警察機關報案專線，經勸阻不聽者	
北部	29	2	5	38
	76.3%	5.3%	13.2%	100.0%
中部	9	3	0	12
	75.0%	25.0%	0.0%	100.0%
南部	11	0	1	12
	91.7%	0.0%	8.3%	100.0%
外離島	8	3	0	11
	72.7%	27.3%	0.0%	100.0%
合計	229	30	25	291
	78.7%	10.3%	8.6%	100.0%

卡方檢定

	數值	自由度	漸近顯著性（雙尾）
Pearson卡方	53.681[a]	27	.002
概似比	49.439	27	.005
線性對線性的關聯	.711	1	.399
有效觀察值的個數	291		

資料來源：本文整理。

（四）六都與臺灣省各區與妨害他人身體財產案件行為之關聯性

本文發現，妨害他人身體財產案件，計有1,241件，以地區性區分則以新北市345件較多，其次為臺北市280件，第三為臺中市203件、高雄市101件、桃園市75件，大多集中在北部地區。再依違序法條區分，予以敘述如下（表5-24）：

1. 第87條第1項第2款：以臺北市173件較多，新北市168件次之，第三為臺中市110件，高雄市45件第四，桃園市38件為第五。

2. 第87條第1項第1款：新北市121件較多、臺北市及臺中市各74件次之。第四為高雄市40件、臺灣北部26件為第五。

3. 第87條第1項第3款：新北市56件較多、臺北市33件次之及第三為臺中市19件，第四高雄市160件、桃園市13件為第五。

4. 卡方檢定：以Pearson卡方檢定數值為34.124，自由度18，顯著度達.000。足見妨害他人身體財產案件與區域具有顯著之關係。

表5-24　六都與臺灣省各區與妨害他人身體財產案件行為分析表

區域／項目	違序案類—妨害他人身體健康			總計
	87-1-1加暴行於人者	87-1-2互相鬥毆者	87-1-3意圖鬥毆而聚眾者	
臺北	74	173	33	280
	26.4%	61.8%	11.8%	100.0%
新北	121	168	56	345
	35.1%	48.7%	16.2%	100.0%
桃園	24	38	13	75
	32.0%	50.7%	17.3%	100.0%
臺中	74	110	19	203
	36.5%	54.2%	9.4%	100.0%
臺南	18	30	4	52
	34.6%	57.7%	7.7%	100.0%
高雄	40	45	16	101
	39.6%	44.6%	15.8%	100.0%
北部	26	33	4	63
	41.3%	52.4%	6.3%	100.0%
中部	17	23	8	48
	35.4%	47.9%	16.7%	100.0%
南部	13	24	6	43
	30.2%	55.8%	14.0%	100.0%
外離島	18	12	1	31
	58.1%	38.7%	3.2%	100.0%

表5-24 六都與臺灣省各區與妨害他人身體財產案件行為分析表（續）

區域／項目	違序案類—妨害他人身體健康			總計
	87-1-1加暴行於人者	87-1-2互相鬥毆者	87-1-3意圖鬥毆而聚眾者	
合計	425	656	160	1,241
	34.2%	52.9%	12.9%	100.0%

卡方檢定

	數值	自由度	漸近顯著性（雙尾）
Pearson卡方	34.124[a]	18	.012
概似比	35.005	18	.009
線性對線性的關聯	8.236	1	.004
有效觀察值的個數	1241		

資料來源：本文整理。

第六節　結論與建議

一、結論

在地方法院簡易庭轄區以員林、臺東、花蓮、玉里及連江簡易庭等五個簡易庭，2012至2017年均無任何違序裁定案件。亦即臺灣東部員警執勤處理違序案件並無涉及社會秩序維護法第45條之案件，故以下的分類區域將無臺灣東部之資料。整體違序案件以臺北、板橋、臺中、高雄、三重、桃園簡易庭裁定量較多，茲將違序行為涉及之案類，分述如下：

（一）違序行為以妨害安寧秩序案件較多，並有二成七係以無正當理由攜帶具有殺傷力之器械、化學製劑或其他危險物品者較為嚴重，二成二為吸食或施打煙毒或麻醉藥品以外之迷幻物品者；妨害善良風俗裁定量雖少，但仍有四成六係以媒合性交易案件為主要態樣；妨害公務違序行為案件，近八成為以顯然不當之言詞或行動相加，尚未達強暴脅迫或侮辱之程度者較多；至於有近八成七為互相鬥毆與加暴行於人之違序行為案件，呈現裁定量多之現象，為本文對於違序案類之發現。

（二）違序行為態樣及地區性差異之關聯性：從研究發現中分析，大多違序行為集

中在北部地區籍都會區，亦即六都處理違序行為案件量日益增加，茲將違序案類與簡易庭轄區之關聯性分述如下：

1. 妨害安寧秩序案件，違序行為之關聯性，除第77條後段情節重大或再次違反者集中在臺南地區之新市、柳營簡易庭及南投與基隆簡易庭外，其餘大多集中在都會區，新北地區之板橋及三重簡易庭轄區，臺北地區之臺北簡易庭，臺中地區之臺中簡易庭與桃園地區之桃園簡易庭。

2. 妨害善良風俗案件，違序行為在簡易庭轄區中以中壢簡易庭裁定較多，且媒合性交易地區仍以虎尾及基隆簡易庭裁定較多。

3. 妨害公務違序行為，簡易庭轄區以臺北簡易庭裁定較多，另仍以第85條第1項第1款：於公務員依法執行職務時，以顯然不當之言詞或行動相加，尚未達強暴脅迫或侮辱之程度者為主，臺北、板橋、基隆簡易庭較多。

4. 妨害他人身體財產案件違序行為，簡易庭轄區以臺北、板橋及臺中簡易庭裁定較多，上述分則所述之違序行為，均與管轄簡易庭具有顯著之影響。

5. 依地區性區分與案件之關聯性：

(1) 妨害安寧秩序案件，以地區性區分則以新北市較多，其次為臺北市，第三為臺中市，第四為桃園市，臺灣北部地區，均呈現在臺中以北之直轄市與北部地區。

(2) 妨害善良風俗案件，以臺灣中、北部地區及桃園市媒合性交易、於公共場所或公眾得出入之場所，乞討叫化不聽勸阻者違序行為之裁定較多，在公共場所或公眾得出入之場所，意圖媒合性交易而拉客，亦以桃園市較多，其次為臺灣南部及臺灣中部之違序行為較多。

(3) 妨害公務案件，以臺北市、新北市及臺灣北部，於公務員依法執行職務時，以顯然不當之言詞或行動相加，尚未達強暴脅迫或侮辱之程度者之違序行為較多，但罕見的故意向該公務員謊報災害者，除高雄市、臺北市及新北市、臺南市外，尚出現外離島名列在內。

(4) 妨害他人身體財產案件，以臺北市、新北市、臺中市、高雄市、桃園市及臺灣北部地區，互相鬥毆者及加暴行於人之違序行為較多。

二、建議

（一）對實務單位之建議

1. 強化勤區查察及監控轄區吸食毒品以外之迷幻物與妨害善良風俗之媒介性交易等違序行為，避免衍生成為隱性毒品人口

　　Weisburd等人（2006），在美國紐澤西州市（Jersey City）進行向轉移和擴散的控制實驗發現，至少「毒品犯罪」及「娼妓問題」，並無完全轉移的現象。

　　依據研究發現違序行為中之妨害安寧秩序中之吸食毒品以外之迷幻物與妨害善良風俗之媒介性交易等，與Weisburd等人之研究，在違序中，仍有四成六係以媒合性交易案件，仍須注意，該等違序行為者再犯，甚至向上發展為施用毒品之可能性。

2. 強化對互相鬥毆者及加暴行於人違序行為之處理與訓練

　　研究結果發現，有近八成七為互相鬥毆與加暴行於人之違序行為案件，呈現裁定量多之現象，以致員警執勤遇到此類違序行為，勢必增加，妨害公務違序行為案件，研究結果有近八成為以顯然不當之言詞或行動相加，尚未達強暴脅迫或侮辱之程度者較多；故需平時長年訓練強化，使用警械時機之研判與綜合逮捕術之訓練，以因應突發狀況，增加臨機應變能力。

3. 強化路檢安全措施，增進職權法令之實務運用訓練

　　研究發現，二成七為無正當理由攜帶具有殺傷力之器械、化學製劑或其他危險物品者較為嚴重，另有二成二為吸食或施打煙毒或麻醉藥品以外之迷幻物品者，故於實施路檢、臨檢勤務時，需保持高度警覺，嫻熟法令職權之運用與檢查程序，以利確保執勤安全。

（二）對學校法規及執勤安全教學上之建議

1. 強化執勤安全教育及警察職權行使法與警械使用條例運用之講授

　　研究發現，近八成七為互相鬥毆與加暴行於人之違序行為案件，員警執勤時，極易遇到此類行為，故需相當嫻熟職權之行使及警械之合法使用，避免在誤解法律

之下執勤，而影響自身及民眾權益。

2. 強化社會秩序維護法實務運用之教學

(1) 總則教學之運用

爰依上述研究發現，針對總則中第39條及第42條之運用，以利因應近八成七為互相鬥毆與加暴行於人之違序行為，現場處理能力，嫻熟第42條之步驟，與各項考量之因素。

(2) 分則各章條款教授之重點建議

爰依研究結果，發現分則各章經各地方法院簡易庭裁定量多之條款，均為執勤員警法規必備嫻熟之基本功，除需全面教授各條款外，更應置重點於警察機關處分之條款，及分則重點，茲分述如下：

第一章　妨害安寧秩序

第63條第1項第1款：無正當理由攜帶具有殺傷力之器械、化學製劑或其他危險物品者。

第66條第1項第1款：吸食或施打煙毒或麻醉藥品以外之迷幻物品者。

第65條第1項第3款：無正當理由，攜帶類似真槍之玩具槍，而有危害安全之虞者。

第63條第1項第8款：製造、運輸、販賣、攜帶或公然陳列經主管機關公告查禁之器械者。

第68條第1項第2款：藉端滋擾住戶、工廠、公司行號、公共場所或公眾得出入之場所者。

第77條後段：其情節重大或再次違反者，處或併處停止營業或勒令歇業。

第二章　妨害善良風俗案件

第81條第1項第1款：媒合性交易。

第82條第1項第1款：於公共場所或公眾得出入之場所，乞討叫化不聽勸阻者。

第81條第1項第2款：在公共場所或公眾得出入之場所，意圖媒合性交易而拉客。

第三章　妨害公務案件

第85條第1項第1款：於公務員依法執行職務時，以顯然不當之言詞或行動相加，尚未達強暴脅迫或侮辱之程度者。

第85條第1項第3款：故意向該公務員謊報災害者。

第85條第1項第4款：無故撥打警察機關報案專線，經勸阻不聽者。

第四章　妨害他人身體財產案件

第87條第1項第2款：互相鬥毆者。

第87條第1項第1款：加暴行於人者。

第87條第1項第3款：意圖鬥毆而聚眾者。

三、爾後研究建議

（一）針對違序行為之時間性因素加以進行後續研究，以利勤務規劃及警力配置。

（二）對於違序行為裁罰拘留、罰鍰等之相關性研究，運用威嚇理論之驗證。

（三）研究方法增加實務工作者（執勤人員、裁決處分人員、簡易庭裁定法官等）之訪談。

摘要

警察人員依據警械使用條例及警察人員使用槍械規範，而各機關對於警察人員使用槍械適法性之判斷基準，爰依規範，應以警察人員用槍當時之合理認知為主，事後調查或用槍結果為輔。亦即，用槍之際需先合法（先符合法定使用槍械之時機），再講究方法（使用槍械之限制），且在急迫需要為前提，不得逾必要之程度。故「正確、大膽使用警械」為使用警械之原則。基此，本文遂以文獻探討方式，加以瞭解臺、日、美、德、英等國執勤用槍枝規範，以利判斷員警執勤用槍時之情境狀況，是否合於「急迫需要」及「必要程度」，為行政調查及司法判決之參考。

關鍵字：警察人員、用槍適法性、急迫需要、比例原則、合理認知

---

* 本文曾發表於臺灣警察專科學校警專論壇第31期（2019年6月）；因警械使用條例修法，予以修正體系圖。

第一節　前言

　　警察使用警械係依據警察法第9條規定，明確賦予警察職權之第6款「使用警械」，而於警察法施行細則第10條第1項第5款更規範：使用警械依「警械使用條例」之規定行之，故警察人員使用警械係屬警察職權之一，且需依據警械使用條例實施；而該條例在所有警察法規中，條文最少，卻是警察人員執勤遭受危害之際，保護本身及他人之生命、身體、自由、裝備最為具體可循之法律，亦為警察人員不可忽略之警察作用法規；警察人員執行勤務，行使職權處理各項事件時，常以行政警察之危害防止階段，從而在執行職權時，極易因實施之服務、勸導、維護、管理、命令、強制與制裁等工作手段，而發現犯罪或犯罪嫌疑之際，身分隨即轉換為刑事司法警察之犯行追緝階段，無論執行行政警察抑或刑事司法警察身分時，難免在使用工作手段之干預行為，遭遇現行違序行為人及犯罪嫌疑人之抗拒與障礙，為保障民眾及執勤員警自身權益，故需有使用警械之權，以確保其本身之生命、身體及應勤裝備安全，於遭受危害或脅迫時，警察人員得以依情況裁量，合法使用警械，為公法上職務之裁量權。故警察人員因其任務之特殊或急迫需要，得以行使通常情形所不允許之強制力，對於特定人實現必要之狀態作用，稱此行使警械之職權為「警察急狀權」。而警察人員基於犯行追緝而實施逮捕脫逃人犯，遭受抗拒時使用適當警械的行為，其因使用程序進而發生具有法律效果之事實行為的強制措施，極有可能影響人民身體與生命安全，此種使用警械之行為係屬**事實行為的強制措施**。故需對警察人員使用警械，有嚴格之限制，防止警察人員濫用職權，以確保人權（陳立中、曾英哲，2017：251），為充分瞭解各國警察人員在執勤期間使用槍械的相關作為，以作為我國警察人員執勤使用槍械作為之參考，遂對於日本、美國、德國、英國等各國警察執勤用槍規範加以探討。

第二節　我國員警使用槍械規範訂定嚴謹

　　近年常有警察人員執勤時，使用槍械致人傷亡，引發使用警械時機之爭議，亦有員警因而被判業務過失致死之罪。為使員警在執勤時，能在各種狀況下，迅速排除對社會治安及人民之急迫危害，並保障警察人員執勤安全，使警察人員能在合理認知下，依執勤經驗及使用警械之相關法則規範，產生合法使用警械及符合比例原

則之心證下，能「正確、大膽使用警械」。內政部警政署遂於民國105年8月4日以警署刑司字第1050005258號訂定警察人員使用槍械規範[1]，供警察人員執勤使用槍械判斷時，有所遵循；故於民國91年6月26日將使用警械需事先警告之規定予以刪除，其意乃在於避免延誤使用警械之時機，使歹徒有機可乘，造成警察人員不必要之犧牲，且實質上，預先警告是僅針對「使用槍械」而言，使用其他警械則無庸受此限制，故予以刪除[2]，而警察人員在使用槍械常遇有各種狀況，均需依現場使用對象之情狀、參與人數多寡、人、車、建築物等密集情形及使用其他非致命性武器或攔截圍捕等替代方式之可行性，加以綜合判斷，選擇得持用槍械警戒、鳴槍制止及逕行射擊等行為之規範，明確提供警察人員依現場情形，以用槍當時之合理認知為主，作為判斷基準；警察人員熟悉條例及規範後，期能於執勤中有更完整之使用警械之體系架構，以利員警在第一線執勤時，能正確判斷使用警械之時機，以確保民眾及自身安全，充分保障人權。

一、警察人員執勤用槍均依警械使用條例為基準

警察人員執行職務時，遇有下列各款情形之一者，得使用警刀[3]、槍械：

（一）為避免非常變故，維持社會治安時。

（二）騷動行為足以擾亂社會治安時。

（三）依法應逮捕、拘禁之人拒捕、脫逃，或他人助其拒捕、脫逃時

（四）警察人員所防衛之土地、建築物、工作物、車、船、航空器或他人之生命、身體、自由、財產遭受危害或脅迫時。

（五）警察人員之生命、身體、自由、裝備遭受強暴或脅迫，或有事實足認為有受危害之虞時。

（六）持有兇器有滋事之虞者，已受警察人員告誡拋棄，仍不聽從時。

（七）有前條第1款、第2款之情形，非使用警刀、槍械不足以制止時。

---

[1] 警察人員使用槍械規範，其性質係由內政部警政署所頒布之行政規則。

[2] 立法院議案關係文書（院總第808號政府提案第8613號）行政院函請審議「警械使用條例修正草案」（行政院91年5月6日院台內字第0910016902號函）現行條文第5條，修正條文第6條之說明。

[3] 目前行政院僅定有警刀之種類，但未定有實際之規格，且內政部警政署亦未實際購配配發「警刀」予各警察機關使用，故警察人員執行職務時，均未見有使用警刀之情形，實有刪除或明定之必要。

前項情形於必要時，得併使用第1條第2項所定其他器械。

發生第1項第4款、第5款之情形，警察人員執行職務，無法有效使用警械時，得使用其他足以達成目的之物品，該物品於使用時視爲警械。

第1項情形，警察人員執行職務時，認犯罪嫌疑人或行爲人有下列各款情形之一，將危及警察人員或他人生命或身體時，得使用槍械逕行射擊：

（一）以致命性武器、危險物品或交通工具等攻擊、傷害、挾持、脅迫警察人員或他人時。

（二）有事實足認持有致命性武器或危險物品意圖攻擊警察人員或他人時。

（三）意圖奪取警察人員配槍或其他可能致人傷亡之裝備機具時。

（四）其他危害警察人員或他人生命或身體，情況急迫時。

二、訂定行政規則，協助警察人員使用槍械之判斷

警察人員使用警械之準據爲警械使用條例，惟該條例爲法律層級，條文用字用語較爲抽象，且屬原則性規範，於警察人員適用或實施常年訓練時，較難理解及具體判斷，內政部警政署爲使員警於執勤時更能精準掌握用槍時機，就用槍適法與否提供客觀合理之判斷基準，並就用槍現場應即時處置作爲、致人傷亡時所屬警察機關應辦理事項與蒐集案例及強化教育訓練，以增進正當、合理之用槍觀念及加強現場執勤時之快速反應能力，爰訂定警察人員使用槍械規範[4]。以因應詭譎多變的現場狀況，將使用槍械時機區分「持槍警戒」、「鳴槍制止」、「逕行射擊」等三種情形，供警察人員判斷使用，使員警面對各種狀況時，能更精確的判斷狀況，依法使用槍械，茲將此判斷標準分述如下：

（一）持槍警戒之情形

明定警察人員執行職務，得持槍警戒之時機，爰依警察人員使用槍械規範第4點規定：警察人員執行各項職務時，研判自身或他人可能遭受襲擊時，得持槍警戒。

---

[4] 參見警察人員使用槍械規範總説明。

（二）鳴槍制止之情形

明定警察人員執行職務，得鳴槍制止之時機，爰依警察人員使用槍械規範第5點規定：警察人員執行職務時，遇有下列各款情形之一者，得鳴槍制止：

1. 發生暴力犯罪且持續進行時。
2. 群眾聚集挑釁、叫囂、互毆或意圖包圍警察人員，情勢混亂時。
3. 犯罪嫌疑人意圖逼近、挾持、攻擊警察人員或他人，或有其他不當舉動時。
4. 犯罪嫌疑人意圖駕駛交通工具攻擊警察人員或他人，或駕駛行為將危及其他人、車時。
5. 犯罪嫌疑人持有兇器或其他危險物品，受警察人員告誡拋棄，仍不遵從時。
6. 警察人員防衛之重要設施有遭受危害之虞時。
7. 其他治安事件於警察人員或他人有遭受危害之虞時。

（三）逕行射擊之情形

爰依112年9月22日修正警察人員使用槍械規範第6點規定：警察人員執行職務時，認犯罪嫌疑人或行為人有下列各款情形之一，將危及警察人員或他人生命或身體時，得使用槍械逕行射擊：

1. 以致命性武器、危險物品或交通工具等攻擊、傷害、挾持、脅迫警察人員或他人時。
2. 有事實足認持有致命性武器或危險物品意圖攻擊警察人員或他人時。
3. 意圖奪取警察人員配槍或其他可能致人傷亡之裝備機具時。
4. 其他危害警察人員或他人生命或身體，情況急迫時。

三、建構警械使用條例體系

為使警察人員對於警械使用條例能更加瞭解，本文遂結合法規建構成體系圖（圖6-1），區分法源依據（中央標準法第5條、警察法第9條、施行細則第10條）、使用警械主體（第1、13條）、警械種類（第1條第3項）、警械使用時機（第2～5條及規範第4～6點）、警械使用程序（第1、6～10條及規範第2、3、7、8點）、法律效果及責任（第11、12條及警察人員使用警械致人傷亡財產損失醫療費慰撫金補償金喪葬費支給標準），以及警械之管理（警械許可訂製售賣持有管理辦

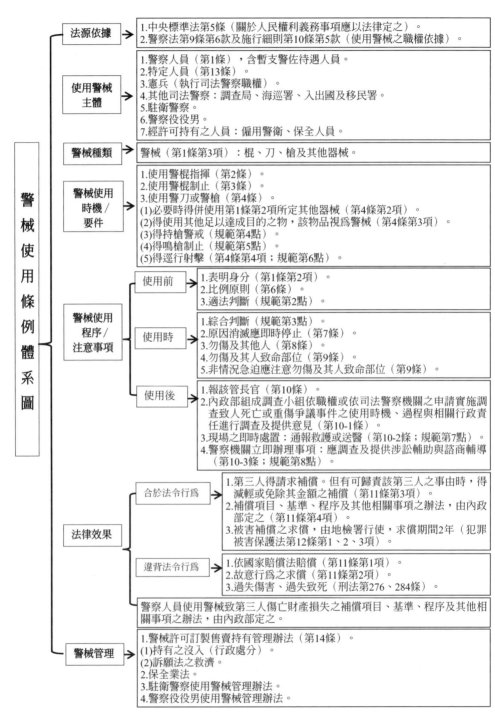

圖6-1　警械使用條例體系圖（2023年修正）
資料來源：陳永鎮（2018）。

法（第14條）、保全業法、駐衛警察使用警械管理辦法、警察役役男使用警械管理辦法）等加以說明。

第三節　各國員警用槍規範之作為

為充分瞭解各國警察人員在執勤期間使用槍械的相關作為，以作為我國警察人員執勤使用槍械之參考，茲將日本、美國、德國、英國等之狀況分述如下：

一、日本警察使用槍械之現行規範

日本警察法第67條規定，警察官為遂行職務得持用小型武器。依據警察官職務執行法第7條規定[5]：「警察官為逮捕犯人或防止其脫逃、防護自己或他人，或抑制對公務執行之抵抗，於有相當理由認為必要之情形下，得依其事態經合理判斷為必要限度內使用武器。但除該當於日本刑法第36條正當防衛或同法第37條緊急避難，或下列各款情形之一者外，不得對人造成危害：（一）有充分理由足以懷疑現正觸犯或業已觸犯該當於死刑、無期徒刑或長期三年以上懲役或禁錮之兇惡犯罪之人，於警察官對其為職務執行時抵抗或欲脫逃時，或第三人欲助其脫逃而抵抗警察官時，為防止或逮捕之，警察官有相當理由足以相信別無其他手段時。（二）執逮捕狀為逮捕時，或執行勾引狀[6]、勾留狀[7]時，其本人於警察官對其為職務執行時抵抗或欲脫逃時，或第三人欲助其脫逃而抵抗警察官時，為防止或逮捕之，警察官有相當理由足以相信別無其他手段時。」乃授權該國警察官於執行職務時所得使用武器之準據。

日本與臺灣一樣，都是世界上槍械嚴格管制的國家，如何在執勤中展現警槍正義，關鍵就在於「訂定詳實規定」與「員警用槍能力」。假如，靠不瞭解現場緊急狀況的檢、院法曹，以脫離現實的判例來捆綁員警執勤，不如先由警方組成調查委員會認定，強化心證的形成；與其任由不瞭解實務運作之專家學者，以抽象、空洞的比例原則，進行事後檢驗，不如由警察訂定具體清楚的用槍範例，以供員警事

5　日本警察官職務執行法第7條（譯文）。
6　勾引狀相當我國之拘票，實施拘提。
7　勾留狀相當我國之羈押票，實施羈押。

前依循（李暖源，2014）。但是，日本警視廳進行問卷調查，結果發現，基層員警不願或延遲開槍之四大理由，包括「強烈意識到用槍為最後執法手段、不易理解用槍要件、開槍後之報告過於繁瑣及太顧慮危及第三人周圍狀況」等。因此，員警過度克制用槍，無法及時鎮壓罪犯，才是造成執勤傷亡與危害擴大之主要原因（楊芳苓，2012）。

二、德國警察人員使用槍械之現行規範

德國與美國皆為聯邦，其對於警察人員執勤開槍射擊的條件，均有嚴格之限制，德國內政部表明，近年，每年因公殉職員警只有一名，此與德國員警訓練有素、注重警用實戰技能密不可分（洪國倫，2015）。此外，開槍前需恪遵以下規定：區分射擊前警告和鳴槍示警、開槍射擊（一般性前提說明，開槍是直接強制措施，只能作為最後手段，在其他直接強制手段皆已用盡之際，情非得已下，不能達到預期效果或其餘手段顯然不能適用。對人射擊：區分阻止侵害之射擊、阻止逃逸的射擊、特殊情況等）、當場擊斃（陳俊宏，2018）。開槍前必須表明身份；在拒捕或者員警受到生命威脅時才可以開槍，並只能射擊非致命部位；在對方沒有武器、已繳械投降，或者歹徒手裡有人質等情況下，員警皆不得開槍。員警一旦開槍，會有專門人員在對口頭警告情況、開槍理由、目標距離等認定與分析後，形成書面報告並據此處理（洪國倫，2015）。

一般射擊武器使用上，依性質視為在直接強制當中最為強烈的形式[8]（陳正根，2010）依據德國巴登騰堡邦警察法第52條第2項規定，倘若處於非常緊急之狀態，可以事先不須警告，而立即實施射擊，使用射擊武器主要是防止現存的、對於身體及生命所產生之危險[9]，但警告可能耽誤並影響警察直接強制措施的效果，我國亦採此作為，故於2002年將事先警告之規定予以刪除，但依據德國聯邦與各邦統一警察標準法草案[10]第39條第3項第2款比例原則之呈現，其法律原則在使用前應一再警告（陳正根，2010）。

---

[8] Vgl. Rachor, F. Polizeihandeln, Lisken/Denninger, Handbuch des Polizeirechts, S. 541 ff.
[9] 警察開槍射擊是為了挽救生命所採取不得已以及最後之手段。
[10] 德國為聯邦國家，屬於地方分權之體制，有關警察法規之制定皆為各邦地方事務，聯邦並無統一制定規範之權，但為各邦在制定上有所依循，故制定「德國聯邦與各邦統一警察法標準草案」，以作為其制定之參考。

　　實施射擊之對象亦區分為對人及對物，對人部分：德國巴登騰堡邦警察法第54條定有射擊要件，必須在有特別理由存在之情況下，才可使用射擊武器，對人射擊；而該法第53條第1項第2款規定，如果對物的射擊武器之使用，無法達成目的時，那針對人也僅需在合乎比例原則之下使用；所以針對射擊武器的使用有其運用範圍（表6-1）：（一）對人有明確傷害之情況時，允許警察使用槍枝射擊；（二）為阻止或損傷企圖逃亡而有危險之重大刑事犯罪者，亦即針對犯罪嫌疑人或逃獄者，亦可使用射擊武器；（三）在人群中使用射擊武器時，要有更多的限制[11]。

　　因此，警察在使用射擊武器會產生「致命射擊」與「射擊錯誤致死」，期間係有所區別，需加以釐清，所謂「射擊錯誤致死」，係指警察使用槍枝對人身體射擊，其瞄準後，確信該部位所受到之傷害不會致死，卻在射擊後導致相對人死亡；而「致命射擊」，僅在生命遭受直接威脅得危險情況下，為了挽救生命所採取不得已以及最後的手段，亦可稱之為「最終拯救射擊」（Finaler Rettungsschuss），係基於拯救生命，所展開的射擊行為，而此在德國法規定，係以警察法上所謂「緊急權」為依據，此種為了防止立即的生命危險或身體重要傷害所考量的最後手段，則目的性之射擊是被允許的（陳正根，2010）。在我國警械使用條例中，僅有相關之規範在警械使用條例第9條，警察人員使用警械時，非有情況急迫，應注意勿傷及其人致命部位，所以我國「致命射擊」僅能以第9條之反面解釋，倘若在情況急迫情形下，似可對人之致命部位射擊，但在實際實務判決上，卻仍須視其情況是否在合乎用槍射擊之要件時機，且有無符合比例原則之下，判斷是否為「依法令之行為」，而非正當防衛或為緊急避難。

表6-1　德國巴登騰堡邦警察法射擊要件及運用範圍

項次名稱	要件及範圍
射擊要件	1. 防止現存對於身體及生命所產生之危險
	2. 必須有特別理由存在情況，才可使用射擊武器，對人射擊
警察用槍範圍	1. 有明確傷害情況，允許警察使用槍枝射擊
	2. 為阻止或損傷企圖逃亡而有危險之重大刑犯，亦即針對犯罪嫌疑人或逃獄者，亦可使用射擊武器
	3. 人群中使用時，要有更多的限制

資料來源：陳正根（2010）；作者繪製。

---

[11] 參見最高法院104年度台上第266號刑事判決，頁113。

三、美國警察人員使用槍械之現行規範

　　據自由時報於2016年8月28日報導，以美國為例，近年來不斷發生警察向無辜民眾開槍的事件，引發美國國內強烈反彈聲浪。

（一）芝加哥警察服勤5至10年開槍頻率最高

　　據「芝加哥論壇報」報導[12]，芝加哥警察部門過去6年的員警開槍紀錄顯示，從2010至2015年之間，共發生435起警員開槍事件，共計發射2,623發子彈，造成92人死亡與170人受傷。換算下來平均每5天就有1名警察開槍，且中槍者絕大多數是非裔男性，每5個中槍的人就有約4人是非裔男性，比例高達80%，而拉丁美裔比例達14%，白人僅有14人中槍，比例不到6%。

　　報導也提到，開槍的員警並非大家刻板印象所想都是白人，其實約有一半是非裔或拉丁裔員警，統計也顯示，服勤5至10年的員警開槍頻率最高，其次是10至15年的員警，再者是1至5年。另外，開槍的芝加哥警察人數已慢慢遞減，從2011年超過100人中槍，降至去年只有44人。基此，中外警察人員執勤所遇之危險及使用槍械射擊之案件層出不窮，非臺灣所獨有之現象。

（二）美國警察人員使用槍械之現行規範

　　美國是一個聯邦國家，每個州都有自己的法律，因此各自皆可訂定不同的擁槍規定，依據其現行規範計有三種與警察用槍有直接關連的法律，第一是普通法（適用23個州）、第二是修正後的普通法（適用12個州）、第三為模範刑法（適用7個州），但都過於簡陋，所以在警察人員使用武器上有8個準則與槍械使用上有密切關係，訂定了「執法人員使用武器適用政策與程序」，讓執法人員在這8個狀況下有使用警用槍械之準則，其實與我國警械使用條例及警察人員使用槍械規範類似，都是在保護警察人員執勤上安全考量為出發點，針對阻止脫逃嫌犯正著手犯重罪時，有危及執法人員使用致命武力／器時[13]，才能使用致命武力；一切較重或可能

---

[12] 芝加哥警察6年開2600槍　中槍者8成是非裔男。自由時報，2016年8月28日，https://news.ltn.com.tw/news/world/breakingnews/1808574（查詢日期：2018年5月11日）。
[13] 致命武器係指執勤人員，依常理可暸解使用武力，將導致死亡或重大傷害之武器（李源瑞，2008）。

之方法均已用盡後，且明顯確知他人身體、財產，即將遭受危險時，無須猶豫可立即使用武力／器（陳仟萬，1996；李源瑞，2008）。

在美國紐約事實上，1960年以前並無任何法律規範執法人員使用槍械，大多為口頭律定，執法上針對非裔美國嫌疑犯射擊，造成傷亡之際，經常演變成種族糾紛而形成暴動，直至1972年，紐約州方在警察長官創設了警察人員「使用致命武器之政策規定」，包括：何時可以使用武器？限制警察裁量及以保護生命之規定，取代以往放任追捕重罪逃犯之規定[14]，另一個是禁止警察射擊當作達成特定目的，比如，警告射擊，對移動車輛射擊及在移動車輛上進行射擊，此對人民生命權更有保障[15]（Walker, 2005；李源瑞，2008）。以至於紐約市警察局於1972年8月就採行了使用槍械指導方針與審視查核程序，並公布T.O.P.237作業程序，限制執法人員射擊命令，比紐約法律更加嚴格，訂定五條用槍程序（陳百祿，2007）：1.達成任務，以使用最少武力為原則；2.禁止警告性射擊；3.除警察人員之生命遭受危害，否則禁止鳴槍示警，尋求救援；4.可能會傷及無辜民眾之際，不得開槍；5.禁止對行進中的車輛射擊錯警察在行進的車輛上進行射擊，除非該車有人持致命武器射擊警查獲其他人[16]；俄亥俄州修正法規701.02條規定：為回應民眾呼救，警察騎乘機動車輛，若傷及別人，仍非執勤警察人員之個人責任，猶如，救護車為救人身安全，可免除其違反交通法規之課責（Schultz & Gregory, 1981）。

1970年以前，美國警察並未規範警察人員用槍後之撰寫報告，即使有加以律定，但亦無嚴格實施，故警察人員使用槍械後，可謂之為未受到課責，於此之後，警察組織即透過警察人員用槍後撰寫報告之規定，監督警察人員用槍情形，使人民對警察執勤用槍行為信任（Walker, 2005；李源瑞，2008）；佛羅里達州塔拉哈西警察局，亦於1986年7月28日公布有關警察人員使用武力之一般命令中規範，警察人員依規定使用武力制服犯罪嫌疑人之抗拒時，應撰寫報告陳報直屬長官，並將副本循指揮體系陳請警察局長核閱，並由督察單位及偵查小組，進行調查（江慶興，1992；李源瑞，2008）。

---

[14] 保護生命係指為保護自己或他人生命時，警察被允許使用槍枝。
[15] 費城警察局在1998年亦有江寶章人類生命權之理念，加在使用槍械時應考慮之要件，路易斯安那州、肯塔基州警察局亦於2002年有明確對人民生命權之保障。
[16] 佛羅里達州塔拉哈西警察局、俄亥俄州，亦有此等之規範。

（三）美國警察用槍考量基準

美國員警在執法過程中必須時刻保持警惕，隨時準備依法開槍，但在開槍射擊前，仍須考量1.開槍合法性：亦即，員警開槍原因，係為了保護民眾或自己的生命安全權，或是為防止更大的犯罪發生。2.除開槍外，尚有無其他替代方案，可解除威脅？諸如：防狼噴霧器或其他替代性警械使用。而所謂依法，只是該國員警得開槍而不被懲治的前提。但由於美國槍支氾濫，法律禁止員警對空鳴槍先以警告（洪國倫，2015）；此與我國現行警械使用條例相互契合，惟我國並未針對行進中的車輛射擊及警察在行進的車輛上進行射擊，除非該車有人持致命武器射擊警察或其他人之用槍原則規定導致員警求好心切、錯估情勢，為逮捕通緝犯或現行犯，而朝其所駕車輛背後開槍射擊，若不幸將其擊斃，開槍員警則需面臨司法訴訟審判。

四、英國警察人員使用槍械之現行規範

英國警察執勤時是不配槍，通常只有外交安全警衛持有武器或特警單位在對付持械刑事犯時才可配槍，是與其他國家最大不同之所在（吳學燕，1997），所以英國警察人員並非每人自警校畢業後皆能取得用槍資格，而需經過自願、甄試、訓練合格，獲得使用槍械許可之程序（陳仟萬，1996），其必須先通過某些訓練與鑑定，於測驗合格後，才發予使用某些槍械之使用許可證件，所占比例約為各該警察局警察人員總數之15%至20%間，而具有使用槍械許可證的警察人員，大多是採自願性的（江慶興，1992；李源瑞，2008）；檢視1983年英國所頒布之「警察人員使用槍械準則」第2條對於槍械之核發規定：僅限於兩種情況，其一為有相當理由足認為警察人員遭遇武裝或甚具有危險性之歹徒，非使用槍械不足以保護警察人員之安全者。其二為因保護之目的或者為驅除具有危險性之動物而准予攜帶槍械。而在第9條亦說明用槍後之報告與調查義務：英國警察人員在使用槍械後，除了因為驅除動物而開槍射擊可以免除報告外，其餘均須由高階警察人員展開徹底調查，並且必須作成完整之調查報告，且有關警察人員使用槍械時機決定是否合法與使用後之責任問題，必須依法律程序來判定。第10條口頭開槍警告之規定：除非情況急迫不允許外，警察人員射擊前應先作口頭警告。第12條使用最小之警力：依該條所載情況下使用武力務須以最輕微且必要之手段為之。而警察使用警力之程度，依每一個個案之不同，情況而決定其合法與適當性。使用槍械之責任乃係使用者個人之決定，射擊之警察人員須於各種訴訟程序中證明使用之合法性與正當性（鄭昆山，

1987）。第13條有必要可以使用槍械之情形：任何人於下情況認有必要者，得使用
合理之武力，其一爲爲預防犯罪者；其二爲實施或協助合法逮捕人犯、嫌犯或非法
脫逃者（鄭昆山，1987；江慶興，1992；陳仟萬，1996）。另於第21條警告射擊之
禁止：警察人員不要作警告之射擊（鄭昆山，1987）。

　　但是，上述之規範，不得違反英國1967年刑法第三章有關警察人員於合理情
況下，爲預防犯罪於執行或協助合法逮捕現行犯、嫌疑犯或逃犯時，任何人均得使
用強制力；用槍之責，由使用個人承擔，且有義務至民、刑事法庭應訊回答問題及
在用槍案件中，高級警察人員可下令射擊，但不管命令正確與否，均不能使該用槍
之個人免除其責任（江慶興，1994）。所以，英國警察人員使用槍械前必須先取得
許可，才可佩槍執勤，執勤中亦必須在不得已的情況下，已經窮盡一切之手段，仍
不能減少目前危害時，應先口頭警告後，始能使用槍械，英國警察人員使用槍械之
規定，可謂相當嚴格。

第四節　結論

　　警察人員使用警械前，爰依據警械使用條例及警察人員使用槍械規範，需符合
法制規定，故先以第1條第2項所示，需依規定穿著制服，或出示足資識別之警徽或
身分證件，及依本條例第6條合理使用警械之比例原則，與警察人員使用槍械規範
第2點，規範各機關對於警察人員使用槍械適法性之判斷基準，應以用槍當時警察
人員之合理認知爲主，事後調查或用槍結果爲輔。

　　警察人員使用警械，需先合法（先符合法定使用槍械之時機），再講究方法
（使用槍械之限制），故警械使用時機應符合警械使用條例第2至5條及使用規範
之第4至6點，再以急迫需要爲前提要件，並不得逾必要之程度，明確指出合理使
用警械之原則，且儘可能事先警告，以昭慎重。警察人員使用槍械前應注意遵行
事項，明定應基於急迫需要，合理使用槍械，不得逾越必要程度，此爲用槍之比例
原則。由於槍械傷害程度不一，故本條規定警察人員使用槍械需符合比例原則規範
之要則：第一，需要性，而且基於急迫需要性，非適時使用槍械，即將失去阻止或
排除法律上所保護權益之時機。故用槍應基於急迫需要行之。第二，合理性，使用
槍械必須合理適當，而不過當使用，達成用槍之目的。第三，比例性，使用槍械，

應對人及公眾損害最少之方法爲之；且使用槍械所造成之損害，不得與所欲達成使用目的之利益顯失均衡，兩者之間，要有合理比例關係。故規定使用槍械不得逾必要程度（即學理上所稱之禁止過度）。故「正確、大膽使用警械」爲使用警械之原則（陳立中、曾英哲，2017：286）。基此，如何判斷是否合於「急迫需要」及「必要程度」，則必須以現場狀況，作主、客觀綜合性之判斷，而非僅以事後之客觀事實結果，檢討判斷其是否合於正當使用槍械之主、客觀綜合性具經驗法則之判斷[17]，故各機關對於警察人員使用槍械適法性之判斷基準，應以用槍當時警察人員之合理認知爲主，事後調查或用槍結果爲輔，以爲行政調查及司法判決參考。

---

[17] 最高法院96年度台上字第5765號刑事判決。

摘要

　　在任何國家，警察人員執勤過程中使用槍械，均有嚴格的限制，予以約制執勤人員，在合於用槍時機之際，仍須兼顧比例原則而用槍，惟實務上仍有甚多之差距，尤以，用槍時機及狀況之演變，均難以具體呈現，事後所產生之刑事、民事責任議題，皆由未具射擊實務運作之專家學者或檢察官、法官，以未具明確規範之比例原則，進行事後檢視，員警用槍當時環境及情境，研究結果，在此方面亟需較具公信力之鑑定機關，輔助檢察官及法官，強化其經驗法則之心證，以至於面臨是否用槍之抉擇時，呈現猶豫現象，若過度克制員警用槍，導致無法即時壓制罪犯，造成執勤人員傷亡與危害的具體建議，使員警能在各種危急狀況下，正確、大膽的使用槍械，方為確實保障人民生命權之展現。

關鍵字：警察人員、比例原則、用槍鑑定機關、經驗法則

---

* 本文曾發表於臺灣警察專科學校警專論壇第30期（2019年3月）。

第一節　前言

　　員警執勤時對於逮捕現行犯、通緝犯時，使用槍械致人傷亡之事件時有所聞，爰依現行法律及訴訟體系，警察人員均需面臨用槍時機適法性與否及用槍當時之客觀、合理性判斷之檢視，究有無違背警械使用條例用槍時機，其判斷之基準是否符合警政署頒布之警察人員使用槍械規範，就現場所認知之全般情況，有無審酌使用對象（暴力行為或犯罪危害程度、現場持有武器或危險物品種類、有無使用酒類或毒品、當時心理及精神狀態）、現場參與人數多寡、現場人、車及建築物等密集程度（會否危急第三人安全之考量）、使用其他非致命性武器或攔截圍捕等替代方式之可行性等；2008至2019年較為撼動社會之報導，有發生六起員警開槍致人於死之案件，面臨司法審判，結果僅二件案件獲不起訴處分或無罪判決；以至於員警因執勤用槍致人傷亡，仍須面對用槍當時合理認知之檢視，並由警察機關、司法機關加以調查，此等訴訟案件，往往訴訟期冗長，且需面臨當事人家屬之索賠、訴訟期間賠償與否之內心糾葛、面對和解金之籌措，以及用槍後之心理層面的煎熬甚巨，在訴訟未確定之際，對於執勤用槍狀況之判斷是否心存疑義，仍需有待觀察，本文遂以文獻探討法，對於員警執勤涉及使用槍械之國內外現況資料，加以歸納提出探討。

第二節　國內員警用槍涉訟大多以業務過失致死定罪

　　2017年8月新竹縣警察局員警因執行勤指中心通報，前往處理民眾未穿衣服砸車事件，員警馳赴現場處理後發現，外籍勞工坐在遭毀損車輛內，現場並有機車遭推入溪中之情境，遂進行盤查，惟該名男子情緒失控，員警遭其瘋狂攻擊，遂以警棍制止，協勤警力以辣椒水之應勤裝備噴灑失控之外勞，而該名外勞有搶奪警用車輛衝撞之虞，執勤員警在防止其駕駛車輛衝撞造成危害，情急之下使用槍械對其腳部射擊九發致死之案件，撼動社會之際，又聞高雄市政府警察局保安大隊特勤中隊，於2018年3月27日在夜間巡邏盤查一輛違規停車車輛，盤查之際，發覺對方持槍對執勤員警開槍，惟因槍枝卡彈致未擊發，盤查員警機警立即予以還擊，警網共射擊22槍擊斃通緝犯，震驚社會；事隔1個月，於2018年4月16日，又在臺南市發生通緝犯拒絕盤查駕車逃逸，員警遭拖行，二名支援員警開六槍制止，該通緝犯中彈

送醫不治；有關執勤實施盤查通緝犯過程，員警爲拔取車輛鑰匙，遂冒險將其上半身伸入對方車內，此種作法顯有違反警察盤查原則，極易遭拖行受傷。且該通緝犯逃逸之際，遭盤查員警射擊六槍不治，致使家屬不滿直指「打他腳就好」，再度引發警用槍時機討論。綜觀近年於媒體報導統計，從2008至2019年較爲撼動社會之報導，有發生六起員警開槍致人於死之案件，面臨司法審判，結果僅二件案件獲不起訴處分或無罪判決[1]，彙整如下[2]：

一、2008年9月29日於新北市，判刑1年6月、緩刑3年、賠錢522萬和解

新北市政府警察局蘆洲分局某派出所警員執勤時，巡邏發現一輛機車以紅毛巾蓋住車牌，對方拒絕攔檢加速逃逸，執勤員警追捕過程中，開了六槍，機車後座吳姓男子頭部中彈身亡。開槍之員警遭起訴後，被依業務過失致死罪判處有期徒刑1年6月、緩刑3年，雖可保住工作繼續當警察，但卻支付了新臺幣（下同）522萬和解。

二、2011年7月11日於臺北市，員警擊斃對方獲不起訴處分

一名羊奶送貨員電話報案，指內湖陽光街92巷有一名「怪怪的男人，說馬路是他的地盤，攔路不准我經過」，內湖分局警員二人獲報前往處理擋路之林姓民眾，卻遭其持30公分長之水果刀攻擊，員警先對空鳴槍制止警告未果，還被對方攻擊，員警方拔槍朝林姓民眾胸口射擊三槍，擊斃對方。最後檢方調查認定屬正當防衛，不起訴。

三、2013年8月13日發生於臺北市、歷經6年於2019獲判無罪

一名黎姓男子拒絕接受警方盤檢，駕車逃逸到西門町鬧區，當時正在附近處理民眾路倒事件的萬華警分局員警獲報加入圍捕，朝黎男的車輪連開二槍，一發子彈

1　林伯驊（2018）。警開槍打死人下場 近10年僅2例無罪。聯合新聞網，4月16日，https://udn.com/news/story/7315/3090146（查詢日期：2018年8月22日）。
2　蘇怡璇（2018）。警開槍打死嫌犯沒好下場？僅2例無罪。奇摩新聞網，11月9日，https://ynews.page.link/JULV（查詢日期：2018年11月9日）。

意外穿過擋風玻璃擊中黎男腹腔，嫌犯送醫不治。臺北地院審理認為，員警用槍具急迫姓，且射擊輪胎，已盡力減低對黎或路人的危害，未違反比例原則判無罪。

黎姓竊賊2013年8月13日晚間拒絕接受警方盤查，隨即飛車由新北市逃進臺北市西門町鬧區，沿途不但撞倒民眾機車，還差點撞傷路人，始終沒有停車；當時正在執行勤務的張警義，獲報後加入圍捕行列，朝竊賊的轎車連開二槍，其中一槍射中黎的腹部，送醫後5分鐘不治死亡，黎姓竊賊因此提告，臺北地檢署兩度作出不起訴處分，但都遭高檢署撤銷發回。臺北地檢署第三次偵查後，認為員警舉槍時，黎姓犯嫌已經倒車沒有衝撞員警的意圖，所以，他開槍時並無急迫性，因此認定他違反用槍時機規定、具有過失提起公訴。員警在庭上否認犯案，研判若不即時讓車子停下，很可能會造成大量人員傷亡，因此依規定朝車輪開槍，是不慎擊中車體再貫穿死者腹部，且曾對媒體表示，「國家發給我保護人民的槍我當然要用啊！」「不然要我肉身擋車去給車壓嗎？拿棍子去敲嗎？」臺北地院1月9日宣判無罪，員警表示，「心裡面的石頭總算輕輕地放下來了，當時的職責是執法者，這個判決等於給執法者一個公義」。並提到賠償80萬給死者家屬和認不認罪無關，會盡力幫助死者3個小孩，「無愧於心」。[3]

四、2014年2月16日發生於桃園市，判刑6月徒刑、得易科罰金、國賠150萬

（一）業務過失致死罪判處6月徒刑、得易科罰金，桃市府一審國賠85萬5,000元

桃園市政府楊梅警分局員警追捕羅姓通緝犯，羅男企圖倒車逃逸時，員警朝其腿部連開三槍，羅男大腿中彈、仍繼續逃逸，最後失血過多死亡。法官認為，執勤員警當時站在車門旁，並無遭衝撞的問題，卻連續朝羅男開了三槍，認定員警「未選擇對嫌犯侵害最小的方式」處理，依業務過失致死罪判處他6月徒刑、得易科罰金18萬元確定，民事部分，桃市府一審需國賠85萬5,000元。

3　開槍擊斃嫌犯／張景義一審獲判無罪　葉驤6月徒刑賠87萬5千元。ETtoday新聞雲，2018年2月20日，https://www.ettoday.net/news/20180220/1102314.htm（查詢日期：2018年5月11日）。

（二）警政署有五點聲明、一項呼籲

　　楊梅警分局派出所員警，因開槍打死拒捕又倒車衝撞的通緝犯，判刑6個月。警政署舉行記者會提出五點聲明、一項呼籲，並重申警政署是全國員警後盾，站在同一陣線。桃園市楊梅分局派出所警員對空鳴槍無效，開槍射擊駕車逃跑嫌犯大腿，嫌犯送醫後傷重不治，最高法院認定執法過當，依過失致死罪判刑6月，得易科罰金新臺幣18萬元定讞。判決一出，引起警界震撼。前警政署長陳國恩先以臉書表明支持警員葉驤，再舉行記者會說明立場，並由前督察室主任耿繼文對外說明，關於員警葉驤案，五點聲明、一項呼籲分列為：第一，經過調查，當時情境下用槍是正確；第二，警政署對於勇敢負責，努力維護治安的員警永遠支持；第三，對於員警面對訴訟問題，會招集第三人成立「警察人員審議委員會」協助員警；第四，號召警友成立專款專戶協助員警面對訴訟問題；第五，後續國賠會持續協助關心[4]。

（三）桃園警3槍打死通緝犯，判桃園市府國賠150萬定讞[5]

　　桃園市警局楊梅分局派出所員警，2014年追緝羅姓通緝犯時，開槍擊斃羅男，員警被依業務過失致死罪判處6月徒刑、可易科罰金18萬元定讞，羅的妻小向桃園市訴請國家賠償250萬元，桃園地院2018年1月認定警方有35%的過失責任，判桃園市府應賠87萬5,000元；高院二審今2018年10月改認定，警方應負六成過失責任，改判桃園市府應賠150萬，全案定讞。死者家屬訴請國賠，求償250萬元，桃園地院一審認定，員警在5秒內朝羅男連開三槍，確實執法過當，應負35%的過失責任，因此判賠87萬5,000元。高院二審今認定，拒捕的羅男應自負四成的過失責任，警方與桃園市政府應負六成的賠償責任。判決認定，當時執勤員警站在開啟的車門外，羅男倒車，不會危害到執勤員警，且當時雙方距離很近，員警朝羅男腿部射擊一槍後，並未停手，又朝羅男腿部接連射擊第二、三槍，顯然已經逾越逮捕羅男之必要程度，違反警械使用條例第6條比例原則，導致羅男死亡。

4　劉建邦（2015）。員警葉驤案 警政署再提5聲明。中央社，12月30日，https://youtu.be/L8m49yRdBXk?si=QfN1n13V5lrRMn1H（查詢日期：2018年5月11日）。
5　張文川（2018）。桃園警3槍打死通緝犯 判桃園市府國賠150萬定讞。自由時報，10月17日，https://news.ltn.com.tw/news/society/breakingnews/2583793（查詢日期：2018年10月18日）。

五、2016年1月22日發生於桃園市，判刑有期徒刑5個月

（一）業務過失致死，判刑5個月

　　桃園市楊梅警分局員警與同事巡邏發現失竊轎車，對方不停，遂開槍制止，不慎造成副駕駛座的徐姓少年爆頭死亡，桃園地院指出一行人沒有持危險物品、贓車也未攻擊任何人，且同行的楊姓警員證稱自己怕傷到人選擇不拔槍，認定劉員逾越必要程度，開槍違反比例原則。依業務過失致死罪嫌起訴，法院處以有期徒刑5月。

（二）未遭到生命危害以業務過失致死判處5個月徒刑、得易科罰金[6]

　　桃園地院以少年對員警沒有攻擊行為，開槍並無急迫和必要性，依業務過失致死判處5個月徒刑、得易科罰金。桃園市警局對判決表示遺憾，強調員警是正當執法，支持所有員警合法用槍，也會協助打官司爭平反。桃園地院調查，該員警於2016年1月21日凌晨，與二名員警巡邏經過楊梅區瑞溪路，發現失竊轎車，閃燈鳴笛警示，對方拒停、開車衝撞並加速逃逸，雙方在楊梅、平鎮、大溪等地高速追逐，後來成功攔截。贓車被攔停後，又試圖加速繞過警車逃逸，該員警朝車子右側開槍，子彈貫穿右後車門玻璃，打中坐在副駕駛座的徐姓少年，送醫後傷重不治，家屬控告劉過失致死。員警在法院審理時供稱，當時情況緊急，懷疑車上乘客有藏毒或涉其他刑案才開槍制止，使用槍械並無不當。法官檢視行車紀錄器，發現贓車只是逃避檢查，並無衝撞警車或攻擊員警行為，員警當下並未遭到生命危害，而使用槍械應把握急迫性、必要性原則，也應該以侵害法益最小方式處理，以當時的狀況，員警應該放棄射擊，採其他方式逮捕，開槍已逾越比例原則，認定劉有過失。

六、2017年8月31日發生於新竹縣，起訴並判處有期徒刑8月，緩刑3年

（一）用槍過當，依業務過失致死罪嫌起訴

　　新竹縣竹北警分局警員獲報處理疑似酒醉、吸毒、攻擊警方的越南移工阮國非案時，因為對方拒捕還企圖奪取警車，陳員連開九槍，移工傷重死亡。新竹地檢

6　呂開瑞、陳俊智、鄭國樑（2016）。阻贓車逃逸擊斃人 警起訴。聯合報，8月24日，https://udn.com/news/story/7315/3302896（查詢日期：2018年8月18日）。

偵查終結，檢察官認定，陳警雖依法令使用警枝，但使用槍械已逾越比例原則，用槍過當，依業務過失致死罪嫌起訴，地院處以8月徒刑，緩刑3年；後經員警上訴至臺灣高等法院，認該員警因自首又對事實客觀經過均多坦認，且與被害家屬達成和解，並已賠償完畢，被害家屬表示願意給予緩刑機會。臺灣高等法院108年度上訴字第3100號刑事判決裁定，原判決撤銷（以過失致死罪，處有期徒刑6月，如易科罰金，以新臺幣1,000元折算1日。緩刑3年）。

（二）員警近距離朝涉案外籍勞工連開9槍案，監察院糾正新竹縣政府警察局[7]

經監察委員陳慶財、李月德、章仁香、楊美鈴調查後，於2018年7月在監察院內政及少數民族委員會審查通過，糾正新竹縣政府警察局。糾正案文指出：

1. 新竹縣政府警察局未落實督導所屬警察人員之射擊教育訓練，致該局所屬竹北分局派出所前警員陳員於2017年8月31日應勤，前往處理民眾通報越南籍外勞阮國非涉犯刑事案件時，用槍過當，近距離於12秒內連開九槍，朝阮姓外勞射擊，且射擊部位主要集中於背部及側腰腹間，肇致該名外勞死亡結果，與警械使用條例所規範之比例原則未盡相符，核有違失。
2. 新竹縣政府警察局未善盡督導之責，要求所屬警察人員依規定適時開啟微型攝影機，以完整連續攝錄處理事件經過，並依「警察機關警備車（汽、機車）執勤安全注意事項」規定，妥適辦理警用巡邏車停放標準作業事宜，核有違失。
3. 新竹縣政府警察局未能灌輸所屬同仁，有關傷患救護、證據保全等刑案現場處理之正確觀念，致所屬警員於使用槍械造成人員傷亡時，有漏未即刻通報救護之情事；而支援警力經派遣至現場後，對於被警員開槍中彈之傷患欠缺積極作為，復有警員於鑑識人員到場採證前，即違規撿拾散落地面之彈殼情事，核均有怠失。

---

[7] 員警近距離朝涉案外籍勞工連開9槍案 監察院糾正新竹縣政府警察局。監察院網站，2018年7月12日，https://www.cy.gov.tw/News_Content.aspx?n=124&sms=8912&s=12975（查詢日期：2018年8月18日）。

（三）警專教育未包括「情境電腦模擬射擊訓練」課程訓練時數較警大為少

調查報告中指出，本案派出所前警員朝越南籍外勞連續開槍後，已造成該外勞大量出血，危及生命，傷勢顯較受有鼻骨骨折等傷害之民防人員為重，新竹縣政府消防局所屬分隊救護車到達現場後，卻先將民防人員送醫，迨至14分鐘後到場之第二輛救護車，始載送阮姓外勞就醫，終因傷勢過重，到院前已無生命跡象。上開救護流程難謂允恰，新竹縣政府消防局允宜以本案為鑑，加強救護人員之教育訓練，已經盡救護任務之執行。監察委員亦表示，目前於派出所負責第一線巡邏、值勤之基層員警大多來自臺灣警察專科學校（下稱警專），其等實際用槍機率較高，且面對之情境亦屬複雜，惟相較於現行警察大學之養成教育中，計有216小時之射擊課程訓練，警專之射擊課程訓練時數僅140小時，且未包括「情境電腦模擬射擊訓練」課程，致基層員警對於槍枝之正確使用方式與技巧及射擊之準確度，恐有未能符合臨場實務需求之狀況，內政部警政署除應協助提升警專射擊教育所需之軟硬體設備外，亦宜加強督導各警察機關有關手槍射擊常年訓練之辦理情形。

上述六起員警執勤對於依法執勤使用槍枝時，導致對方死亡而面臨訴訟及龐大和解金之議題，引發廣大討論。

第三節　美國芝加哥警察服勤用槍現況

上述國內街頭執勤槍擊案件，在國外亦有之，據自由時報於2016年8月28日報導[8]，以美國為例，近年來不斷發生警察向無辜民眾開槍的事件，引發美國國內強烈反彈聲浪。據「芝加哥論壇報」報導[9]，芝加哥警察服勤5至10年開槍頻率最高，從芝加哥警察部門過去6年的員警開槍紀錄顯示，從2010至2015年之間，共發生435起警員開槍事件，共計發射2,623發子彈，造成92人死亡與170人受傷。換算下來平均每5天就有1名警察開槍，且中槍者絕大多數是非裔男性，每5個中槍的人就有約4人是非裔男性，比例高達80%，而拉丁美裔比例達14%，白人僅有14人中槍，比例

---

[8]　芝加哥警察6年開2600槍　中槍者8成是非裔男。自由時報，2016年8月28日，https://news.ltn.com.tw/news/world/breakingnews/1808574（查詢日期：2018年5月11日）。

[9]　同上。

不到6%（圖7-1）。而報導也提到，開槍的員警並非大家刻板印象所想都是白人，其實約有一半是非裔或拉丁裔員警，統計也顯示，服勤5至10年的員警開槍頻率最高，其次是10至15年的員警，再者是1至5年。另外，開槍的芝加哥警察人數已慢慢遞減，從2011年超過100人中槍，降至2015年只有44人（圖7-2）。基此，中外警察人員執勤所遇之危險及使用槍械射擊之案件層出不窮，非臺灣所獨有之現象。

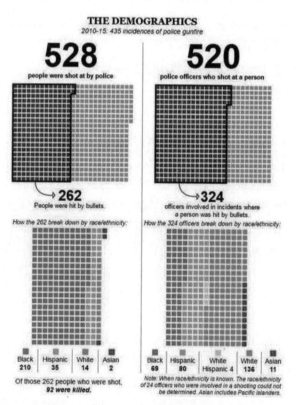

圖7-1　2010至2015年間芝加哥警察部門開槍紀錄

資料來源：芝加哥論壇報；自由時報（2016）。

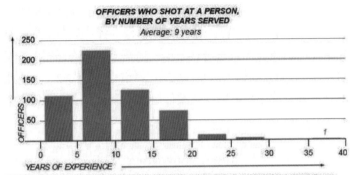

圖7-2　芝加哥警察之服勤年數與開槍頻率統計

資料來源：芝加哥論壇報；自由時報（2016）。

第四節　結論

　　無論係大陸法系或是海洋法系的國家，在警察人員執勤過程中使用槍械，基於保障人身生命權的概念下，均有嚴格的限制，舉凡各國均訂定用槍時機，予以約制執勤人員，需符合比例原則下，善盡所有可以替代之方式後，方能用槍，且用槍後之救護及報告亦規定甚詳，惟實務上仍有甚多之差距，諸如：用槍時機及狀況演變，均難以具體呈現，事後所產生之刑事、民事責任議題，侵害人民生命權之考量，皆由未具射擊實務運作之專家學者或檢察官、法官，以抽象、空洞的比例原則，進行事後檢視，用槍當時環境及情境，無較具公信力之鑑定機關，輔助檢察官及法官，強化其經驗法則之心證，以至於員警用槍後面臨訴訟時，經常受到用槍過當之質疑，因此，往往在此猶豫期時，太過度克制員警用槍，導致無法即時壓制罪犯，造成執勤人員傷亡與危害的擴大，所以既然賦予警察有急迫需要使用槍械之通常情形所不允許之強制力，此種警察急狀權之行使，亦應有容許警察執勤用槍容許誤差之範圍，方能在各種危急狀況下，正確、大膽的使用槍械，方為確實保障人民生命權之展現。

摘要

　　員警執勤使用槍械致人傷亡之事件時有所聞，警察人員因而牽涉訴訟，往往訴訟期冗長，面臨賠償、和解以及心理層面之煎熬甚巨，本文遂採以文獻探討、次級資料分析、深度訪談以及焦點座談之研究方法，以立意抽樣方式訪談實際開槍致人傷亡涉訟之員警四名，加以瞭解員警執勤用槍致人傷亡之情境與探討員警執勤用槍致人傷亡之訴訟歷程。發現所執行之勤務以專案勤務及巡邏爲主，約在短促1至2秒間決定，其與犯嫌間用槍之距離在2公尺內爲多，大多射擊一至三發；且具有用槍以制伏而非制裁爲原則，射擊腿部非致命部位爲首要；惟案發後機關長官、同儕間關懷程度反應，如人飲水冷暖自知呈現兩極化現象；從司法院裁判書類判決分析，員警執勤用槍致人傷亡涉訟期間最長9年6個月；訴訟判決結果與有無和解具有相關性；賠償金之支付，屬孤立無援型，大多是自籌財源，獨自面對賠償。用槍後之心理輔導機制失靈，無法實際輔導創傷之員警。並依發現提出對學校基礎教育、實務機關及修法建議，供相關機關之參考。

關鍵字：警察人員、員警執勤、使用槍械、傷亡涉訟

* 本文曾發表於中央警察大學警學叢刊第50卷第1期（2019年8月）；並依據內政部2019年5月13日台內秘字第1080201167號函，核定獲內政部107年度自行研究報告成績乙等獎，特此致謝。

第一節　前言

2017年8月新竹縣警察局員警因執行勤指中心通報，前往處理民眾未穿衣服砸車事件，員警馳赴現場處理後發現，外籍勞工坐在遭毀損車輛內，現場並有機車遭推入溪中之情境，遂進行盤查，惟該名男子情緒失控，員警遭其瘋狂攻擊，遂以警棍制止，協勤警力以辣椒水之應勤裝備噴灑失控之外勞，而該名外勞有搶奪警用車輛衝撞之虞，執勤員警在防止其駕駛車輛衝撞造成危害，情急之下使用槍械對其腳部射擊九發致死之案件，撼動社會之際，又聞高雄市政府警察局保安大隊特勤中隊，於2018年3月27日在夜間巡邏盤查一輛違規停車車輛，盤查之際，發覺對方持槍對執勤員警開槍，惟因槍枝卡彈致未擊發，盤查員警機警立即予以還擊，警網共射擊22槍擊斃通緝犯，震驚社會；事隔1個月，於2018年4月16日，又在臺南市發生通緝犯拒絕盤查駕車逃逸，員警遭拖行，二名支援員警開六槍制止，該通緝犯中彈送醫不治；有關執勤實施盤查通緝犯過程，員警為拔取車輛鑰匙，遂冒險將其上半身伸入對方車內，此種作法顯有違反警察盤查原則，極易遭拖行受傷。且該通緝犯逃逸之際，遭盤查員警射擊六槍不治，致使家屬不滿直指「打他腳就好」，再度引發警用槍時機討論。綜觀近年於媒體報導統計，從2008至2019年較為撼動社會之報導，有發生六起員警開槍致人於死之案件，面臨司法審判，結果僅二件案件獲不起訴處分或無罪判決[1]。

一、研究動機

基於社會多元化，治安環境日趨複雜，警察依據法令行使職權，實施命令或強制等干預手段時，民眾顯常遇警察盤詰檢查時，有所抗拒，且依法令遇有通緝犯、現行犯抑或應逮捕之人與各種警械使用條例之用槍時機及警察人員使用槍械規範之持槍警戒、得鳴槍擊、逕行射擊要件之運用，執勤員警常因狀況判斷有所落差，進而面對司法審判之窘境，諸如桃園市政府警察局緝捕通緝犯，開槍導致該通緝犯失

---

[1] 林伯驊（2018）。警開槍打死人下場 近10年僅2例無罪。聯合新聞網，4月16日，https://udn.com/news/story/7315/3090146（查詢日期：2018年8月22日）。

血過多死亡[2]、新竹縣緝捕外勞犯案現行犯[3]等案件，雖已善盡使用辣椒水及各種警械（棍）及警告射擊，行為仍為停止其行動，以致執勤員警使用槍械導致行為人死亡，而被以過失致死起訴及面臨法官審判，且警察人員執勤使用槍械若有所遲疑，極有可能造成執勤安全之疑慮，若有不慎，未依用槍時機及使用槍械規範，則侵害到民眾之生命法益及財物損失，影響面擴及警察人員與家庭及民眾權益，故萌生研究之動機。

員警執勤時對於逮捕現行犯、通緝犯時，使用槍械致人傷亡之事件時有所聞，爰依現行法律及訴訟體系，警察人員均需面臨用槍時機適法性與否及用槍當時之客觀、合理性判斷之檢視，究有無違背警械使用條例用槍時機，其判斷之基準是否符合警政署頒布之警察人員使用槍械規範，就現場所認知之全般情況，有無審酌使用對象（暴力行為或犯罪危害程度、現場持有武器或危險物品種類、有無使用酒類或毒品、當時心理及精神狀態）、現場參與人數多寡、現場人、車及建築物等密集程度（會否危急第三人安全之考量）、使用其他非致命性武器或攔截圍捕等替代方式之可行性等；以致，員警因執勤用槍致人傷亡，仍須面對用槍當時合理認知之檢視，並由警察機關、司法機關加以調查，此等訴訟案件，往往訴訟期冗長，且需面臨當事人家屬之索賠、訴訟期間賠償與否之內心糾葛、面對和解金之籌措，以及用槍後之心理層面的煎熬甚巨，在訴訟未確定之際，對於執勤用槍狀況之判斷是否心存疑義，仍需有待觀察，遂萌生本文動機之二。

二、研究目的

本文藉由相關文獻的探討發現，實施地方法院判決資料之分析，以及面對面訪談用槍涉訟之員警，期能對員警執勤使用槍械之狀況與訴訟過程，從法律實務認知面著手，有全面性的瞭解，進而從研究發現擬定建議措施，因此，本文之目的包括有三：

2　黃敦硯（2018）。桃園市警員開槍打死通緝犯遭判國賠 警政署：支持同仁上訴到底。自由時報，1月9日，https://news.ltn.com.tw/news/society/breakingnews/2306877（查詢時間：2018年8月15日）。

3　莊旻靜、徐養齡（2018）。槍殺拒捕外勞 新竹縣員警遭起訴。中時新聞網，1月23日，https://www.chinatimes.com/realtimenews/20180123004121-260402?chdtv（查詢時間：2018年8月15日）。

（一）瞭解員警執勤用槍致人傷亡之情境。
（二）探討員警執勤用槍致人傷亡之訴訟歷程。
（三）歸納分析研究結果及建議可行措施，供實務機關之參考。

三、解釋名詞

（一）警察人員

　　警察（Police）一詞是從希臘文「Politeia」與拉丁文的「Politia」演變而來，其意爲「都市之統治方法與都市行政」。警察係依據法令，以維持公共秩序，保護社會安全，防止一切危害，促進人民福利爲目的，並以指導、服務、強制爲手段的行政作用。由於此種概念限於現行組織法上及作用法之警察職權行使法第2條所示，均爲警察機關或警察人員的總稱，因而又稱爲「狹義的或法定上或實定法上或組織法上或形式上的警察」（梅可望等，2010）。而本文所稱警察人員，乃指依據警察人員人事條例任官、授階，經銓敘部銓敘合格實授，執行警察任務之人員（陳永鎮，2018）。

（二）執行勤務

　　警察勤務係依據警察勤務條例第11條規定，警察勤務區分爲一個個別勤務爲勤區查察，五個共同勤務，分別爲1.巡邏：執行檢查、取締、盤詰及其他一般警察勤務；2.臨檢：於公共場所或指定處所、路段，由服勤人員擔任臨場檢查或路檢，執行取締、盤查及有關法令賦予之勤務；3.守望：在一定位置瞭望，擔任警戒、警衛、管制；並受理報告、解釋疑難、整理交通秩序及執行一般警察勤務；4.值班：擔任通訊連絡、傳達命令、接受報告爲主；必要時，並得站立門首瞭望附近地帶，擔任守望等勤務；5.備勤：在勤務機構內整裝待命，以備突發事件之機動使用，或臨時勤務之派遣。本文所指執行勤務係指警察人員執行警察勤務條例之共同勤務而言。

（三）使用槍械

　　警察人員依據警察勤務條例執行勤務，依據警察法第9條規定，使用警械，而警械部分係依據警械使用條例第1條所示，警械區分棍、刀、槍及其他經核定之器械等，本文所指使用槍械係依據社數法條所規定警械規格中之「槍」，爲在使用之

際，必須兼具注意使用時機，亦即為警械使用條例第4條各款規定之時機及警政署於105年8月4日公布之警察人員使用槍械規範之規定，且必須遵守「比例原則」與相關程序，方符警械使用條例第12條所規定之「依法令之行為」，警察人員均需依據上述規定使用槍械。

（四）涉訟案件

有關違反刑事法令，侵害到國家法益、社會法益及個人法益等，均需依據相關刑事訴訟法程序進行偵查、起訴、審判及執行之階段，審慎進行調查，逐一釐清所犯行為是否符合刑法構成要件之該當性、有責性、違法性，以及是否具有故意、過失之行為，查明有無各項阻卻違法之事由等等，舉凡牽涉到上述之刑事案件而需進入訴訟之案件，均為本文所指之涉訟案件，尤以警察人員執勤使用槍械因而牽涉到刑法各種法益之案件均屬之。

四、研究限制

本文限於人力、物力、財力因素，在無任何經費協助下，研究者在教學之餘，利用僅剩之休憩時間，以自行研究方式進行，為期能在臺灣警察專科學校教學中，將理論與實務結合，讓學生進入職場前能與實務警察機關之實際作為，皆能在依據法律的情境下，保護民眾及自身安全，確保執勤安全。依據研究目的，本文以立意抽樣及滾雪球方式，選定警察人員執勤時，使用槍械致人傷亡，因而進入訴訟程序之個案為樣本，惟因部分近期發生之案件，仍在進行中或涉訟員警心理未調適妥適，均需加以排除，以致訪談樣本較少僅為四個（胡幼慧，1996），為符合本文目的，遂僅以受一審判決及定讞案件之個案為本文之樣本，為本文最大之限制。

第二節　文獻探討

警察人員執行勤務使用警械之行為，係屬於行政法上之事實行為，且訂定有相關之過失賠償及補償之規定，惟實務上甚難依照警械使用條例第11條所定之相關規定加以實施，探其原因，實為警察人員使用槍械致人傷亡，雖在行為作用法之性質上為事實行為，但實際上係侵害到人民之生命法益，自應回歸刑罰範疇，因應而成

相關刑事責任議題與民事賠償事宜，茲將「近年警察人員因公涉訟概況」、「各國警察人員使用槍械作為之比較」、「警察人員使用槍械作為相關實證研究」等加以探討。

一、近年警察人員因公涉訟概況

警察執勤涉訟輔助法源上有不足[4]

依據警察法第2條規定，依法維持社會秩序，保護社會安全、防止一切危害、促進人民福利，以確保社會治安之穩定，惟在民主的社會氛圍下，警察執勤反淪為帶槍之弱勢團體，警察依警察法第9條規定警察職權，除危害防止之行政作用外，尚於發現犯罪、犯罪嫌疑之際，及身分轉換為犯行追緝之輔助刑事司法作用，故經常性執行取締、干涉、拘提、逮捕等工作，過程中難免會產生肢體接觸、碰撞甚至引發衝突，極易與民發生認知上之爭執或糾紛，相較其他公務機關，發生因公涉訟案件的機率明顯高出許多。警察亦為公務員之一員，於執勤之際，遇有因公涉訟延聘律師費用申領不足以支應實際費用，爰依據「公務人員因公涉訟輔助辦法」規定，公務人員因公涉訟延聘律師費用得獲政府輔助，但實務上仍存在以下問題：

1. 該項補助額度有限，往往無法支應冗長訴訟程序所需。
2. 各單位之法律輔助預算編列狀況不一，無法提供涉訟當事人足額經費補助。
3. 依「公務人員因公涉訟輔助辦法」第16條規定，受涉訟輔助之公務人員，其刑事訴訟案件經法院判決有罪確定，或經檢察官予以不起訴、緩起訴處分確定者，即必須繳還涉訟輔助費用，縱使該案確為因公涉訟案件，當事人仍然無法向其服務機關申請訴訟費用補助。

二、成立「警察人員因公涉訟審議委員會」

為鼓勵警察人員勇於任事，減輕因公涉訟員警心理壓力，內政部警政署基於主動關懷及捍衛員警執法尊嚴之決心，積極推動專款訴訟基金，獲得企業界善意回響，捐助新臺幣（以下同）2,000萬元，作為警察人員因公涉訟補助之經費來源。遂於2016年2月23日函頒「警察人員因公涉訟審議委員會設置要點」，更於2018年

---

[4] 參照內政部警政署2017年警察人員因公涉訟補助案件辦理概況資料。

4月25日修正名稱爲「警察人員因公涉訟審議委員會設置及審議要點」，同時成立「警察人員因公涉訟審議委員會」，延聘國內著名律師、大學教授、專家學者及社會公正人士及警政署相關業務主管擔任審議委員，接受各警察機關因公涉訟案件補助申請、提供相關法律諮詢及其他法律事務協助、所需費用及補助金額之審議，期能補充「公務人員因公涉訟輔助辦法」第16條，員警無法向其服務機關申請訴訟費用補助之不足。

三、警察人員因公涉訟補助運作模式與概況[5]

（一）現行運作模式

員警因公涉訟案件所需法律輔助經費，應由服務機關依據公務人員因公涉訟輔助辦法編列預算支應；如有不足，則由其所屬服務機關詳述事件發生經過及需求，並檢附相關文件，經「警察人員因公涉訟審議委員會」開會審議後，報請社團法人中華民國警察之友總會補助之。

（二）審議委員會成立後補助概況

「警察人員因公涉訟審議委員會」自2016年成立迄今計召開七次會議，審議申請補助案件26件，核定21件，總補助金額計364萬1,400元。

（三）現行協助案件統計

2016年至2018年4月底止，各警察機關通報員警因公涉訟未結案件計有62件89人，警政署將持續追蹤、列管，必要時提供經費協助聘請律師，以維同仁法律權益。

四、警察人員使用槍械作為探討

警察人員在執行警察勤務之際，實施行政危害防止階段，大多會遇上各種危害自身安全之狀況，惟現今賦予警察人員保護自己及民眾之法制，爲警械使用條例，但法律規範仍具有裁量之空間，亦即，均需依據現場狀況加以判斷，究有無符合用

5　同上。

槍時機，倘若判斷後，符合用槍時機，基於時間急迫性，執勤員警需立即作出判斷使用槍械與否？依據各種案例及判決，於用槍後，均會面臨「執勤使用槍械均為依法令之行為？」、「警察人員執勤使用槍械屬於業務上之行為？」、「執勤使用槍械致人傷亡，究有無自首之適用？」、「警察人員使用槍械致人傷亡補（賠）償機制」、「員警用槍後之心理輔導機制」之問題，故加以探討如下：

（一）執勤使用槍械均為依法令之行為？

實務上之見解，採以「依法逮捕犯罪嫌疑人之公務員，遇有抵抗時。雖依據刑事訴訟法第90條得用強制力拘提或逮捕之。但不得逾必要之程度。」所以，程度上以能逮捕為已足，若超越此程度，即非法所許，不得認為依法令行為[6]，在非情況急迫下，傷及其人之致命部位，並非依法令之行為，則應成立如前所述之業務過失致死罪責，以致，警察人員執勤使用槍械時，必須符合警械使用條例第4條規定，輔以警察人員使用槍械規範外，尚須注意該條例第6條至第9條之比例原則相關注意事項規定，方為本條例第12條所示之依法令之行為，而阻卻違法。

刑法理論中之故意或過失就應在構成要件中存在，原以「構成要件該當性、有責性、違法性」犯罪三階論，但故意與過失應放在構成要件中或是有責性之責任中？依事前的人類具體行為及事後的價值判斷判斷分析（鄭善印，2012：23）：

1. 依事前人類具體行為而言，構成要件中，過失行為應無「正當防衛」問題，亦無「依法令行為」問題，原因在於過失並不可能出現「主觀的阻卻違法要素」，亦即過失行為無防衛意識或依法令行為之意識可能，「主觀的阻卻違法要素」只有在故意行為時才有可能一併出現。
2. 依事後價值判斷判斷而言，在責任中，則於構成要件階段不論主觀犯意，只論客觀行為及死傷結果，等到違法性階段，則可依「客觀的正當防衛」或「依法令行為」而阻卻違法，其中不需有主觀之阻卻違法心理，又因行為人之違法性已被阻卻，而不論有無故意過失責任，即應判為無罪。
3. 若構成要件行為與違法性阻卻事由不具主觀性，例如不知自己行為在不得以的緊急情形下，或係在法律規定之許可範圍內，則難以取得行為之正當性，亦即，難以阻卻違法，既然行為需具有主觀性，亦即明知自己在作什麼，則過失

---

[6] 最高法院30年度上字第1070號刑事判決。

行為因與自己明知或本意有違，所以不應與防衛意識或合法意識並存始為合理，亦即正當防衛或依法令之行為，應限於故意行為始為合理，故使用警槍過失致人傷亡，應不屬依法令之行為；

　　為進行事實行為之強制措施判斷，是否逾越依法令之授權者，實應自其行為作為判斷之基準，用槍結果僅為輔助行為判斷之作用，切忌不可倒果為因，逕以用槍結果作為是否逾越法令行為之標準（柯耀程，2016）。基此，參酌最高法院與各高等法院之相關判決，釐清司法判決有關合法用槍枝規則，需有以下各點之原則（鄭善印，2014）：

1. 用槍時機仍以是否為防衛警察或他人生命、身體而有急迫需要為基本原則。
2. 用槍時若僅擊中對方手腳，較易被認定為符合警械使用條例，若造成死亡，則可能認為業務上過失致死。
3. 依據上述皆須符合警械使用條例第6條之急迫需要、用槍時機及比例原則下實施。
4. 急迫需要與合理必要原則，區分四個象限以釐清責任，第一象限用槍人員不負刑責，屬急迫及必要，因急迫需要且合乎比例，結果無論對方死傷，均屬依法令之行為；第二象限用槍人員仍須負責，因符合用槍時機但不符比例原則，有過當之嫌；第三象限用槍人員必須承擔責任，因不符急迫亦不符比例原則；第四象限亦需負責，雖無急迫但有其必要性，合乎比例（圖8-1）。

（二）警察人員執勤使用槍械屬於業務上之行為？

　　依據各判決，警察人員用槍導致被判唯有過失，幾乎被認定為「業務上之行為」，但何以不屬於一般過失而為業務上之行為，即使法官量刑係從低度刑開始，但罪名各異將影響刑度，屬不爭之事實，惟警察主要之職務為偵查犯罪、拘提、逮捕犯人，為達成職務上所賦予之任務，所附隨之使用警械（用槍）行為，法官認定開槍係屬輔助事務，也就是說，警察開槍是屬一種「反覆經常實施的行為」，實務上，執勤員警，為依法令從事治安維護工作，而其執行職務時遇有警械使用條例第4條第1項各款所列情形之一時，即得使用槍械，為從事業務之人，其於執行業務中使用所配槍械肇事，因過失致人於死，核其所為，應成立刑法第276條第2項之業務

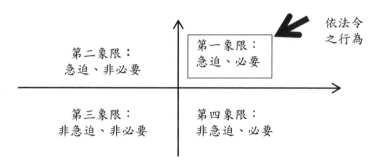

圖8-1　急迫需要及合理必要組成象限圖
資料來源：鄭善印（2012）。

過失致人於死罪[7]。

　　基此，實務判決上，皆以警察人員之主要職務，係依據警察法第9條為協助偵查犯罪、拘提、逮捕犯人，係符合社會地位繼續反覆所執行之事務，惟基於拘提、逮捕，被告或犯罪嫌疑人有所抗拒時，依據刑事訴訟法第90條之規定，得實施強制力拘提、逮捕，為完成該職務所附隨之開槍行為，係輔助事務，故開槍為警察人員執行職務之輔助事務，係屬業務行為之一種[8]。警察人員卻對此均未提出質疑。

（三）執勤使用槍械致人傷亡，究有無、自首之適用？

　　自首必須行為人需在有權偵查之機關或人員發覺其犯罪前，主動表明其開槍致人傷亡之事實，接受裁判者，方符自首要件，否則縱使呼叫救護車，告知地點，均屬救護之一部，而非自首之要件。

　　舉例說明：被告於開槍肇事後，隨即透過無線電表示「叫救護車、叫救護車。告知地點，此有通報攔截圍捕無線電譯文一份在卷可憑，然並無透過無線電向警員坦承被害人係其開槍所傷；被告固有主動透過無線電及向在場警員陳稱有人受傷、請求叫救護車等情事，但並未在有偵查犯罪權限之機關或人員發覺其犯罪前，主動表明其開槍致人傷亡之事實，顯與自首要件不符，自無刑法第62條前段規定之適

7　臺灣高等法院90年度上更（二）字第1142號刑事判決。
8　臺灣高等法院高雄分院96年度上更（一）字第331號刑事判決。

用[9]。又被告於持槍射擊被害人後,雖有員警隨即趕到現場與被告係同時執行本件勤務之員警,屬有偵查犯罪職權之公務人員,雖在本案中因告訴人之告訴,同時接受調查,惟嗣經檢察官為不起訴處分,嗣經臺灣高等法院檢察署駁回告訴人再議確定等情,適足以證明其他員警等人並未涉案,則被告於本案發生後,旋即為有偵查犯罪職權之員警等人發覺犯罪,縱被告辯稱事後有委請現場員警向110勤務中心報告犯罪經過屬實,亦與自首要件不符,附此敘明[10]。

是故,刑法第62條之規定係為對於未發覺之罪自首而受裁判者,得減輕其刑。但有特別規定者,依其規定。所以,行為人需在有權偵查之機關或人員發覺其犯罪前,主動表明其開槍致人傷亡之事實,接受裁判者,方符自首要件。

(四)警察人員使用槍械致人傷亡補(賠)償機制

警察人員執行職務未依警械使用條例使用警械,導致民眾財物損失、受傷或致死者,依其行為情狀,自應負有相關責任,且各該級政府亦負有相當之賠償責任。由各該級政府先給予醫藥費或撫恤費,但行為人係出於故意之行為,各級政府得向行為人求償;爰依警械使用條例第11條定有明文,警察人員執行職務,無論是否合於本條例使用警械,而致人傷亡,均定有相關之補償與賠償,又因使用警械為行政上事實行為之強制措施,而非屬行政處分,故無行為救濟之訴願、行政訴訟問題。基此,內政部於2002年12月25日發布「警察人員使用警械致人傷亡財產損失醫療費慰撫金補償金喪葬費支給標準」,以資補償與賠償之用,另國家賠償法第6條:國家損害賠償,本法及民法以外其他法律有特規定者,適用其他法律,據此,員警使用警械致人傷亡或財損時,應優先適用警械使用條例之規定(陳永鎮,2018)。但該條例第11條雖就警械使用責任定有特別規定,然因地方財政困難、機關未設專責單位提供因公涉訟輔助,導致用槍員警迫於情勢,與對方家屬和解賠償(楊芳苓,2012),爰依司法實務判決與現行條例針對「警察人員用槍致人傷亡之補償適用機制規範」、「警察人員用槍致人傷亡之賠償適用機制之規範」等加以探討如下:

1. 警察人員用槍致人傷亡之補償適用機制規範

警察人員使用槍械致人傷亡,在警械使用條例第11條定有補償、賠償之規範,

---

[9] 臺灣桃園地方法院105年度矚訴字第23號刑事判決。
[10] 同上。

舉凡警察人員依本條例規定使用警械，因而致第三人受傷、死亡或財產損失者，應由各該級政府支付醫療費、慰撫金、補償金或喪葬費。據此，該條第1項所示，警察人員合於用槍時機，導致犯罪嫌疑人或通緝犯傷亡的結果，各該級政府係無須支付醫療費、慰撫金、補償金或喪葬費。但對於「第三人」傷亡或財損者，則應由各該級政府支付上述各項款項。惟其家屬在此情境下，為獲得相關補償機制，善盡各種模式，尋求救濟，而向執勤之警察人員斥責，故意射擊致命部位，違反比例原則而提出刑事告訴，再依民法第186條，提出民事賠償，即所謂「以刑逼民」之策略，徒增員警面臨訴訟之壓力，甚至為免訴訟纏身，加上開槍致人傷亡，剝奪個人法益甚鉅，惟亦有堅持維護正義而不與犯嫌或其家屬和解之案例，但最終因未和解，再依其情節及行為態樣，予以判決有罪拘役25日，面臨刑事附帶民事賠償，判賠104萬元之裁定[11]。以致，無論合不合於用槍時機，開槍之員警大多基於道義責任，只要金額在募集所得之範圍內，即進行慰問、和解給付予家屬，以求停止訴訟之情形。

2. 警察人員用槍致人傷亡之賠償適用機制之規範

　　警械使用條例第11條規定，倘若，警察人員執行職務違反本條例使用警械規定，因而致人受傷、死亡或財產損失者，由各該級政府支付醫療費、慰撫金、補償金或喪葬費；其出於故意之行為，各該級政府得向其求償。基此，本條例有關警察人員執行勤務，違反警械使用條例使用槍械，導致有所傷亡之際，自應負有民事責任，而此民事責任之賠償，當依警械使用條例第11條第2項之規定，由各該政府支付上述費用；惟應先由各該級政府先行支付被害人之損害，抑或賠償後再向故意違反之行為人求償，或是逕由被害人非循國賠程序，而依民事訴訟程序，逕向行為人提起民事訴訟，再由行為人自行負擔民事賠償之責？目前，認為警械使用條例為特別法，所以優先適用於國家賠償法，因而限縮請求賠償之項目與金額等，但在司法實務上，法院認為如被害人之損害已超出「警察人員使用警械致人傷亡財產損失醫療費慰撫金補償金喪葬費支給標準」所列項目或金額時，因警械使用條例並無特別規定，自應回歸國家賠償法之範疇運用[12]。再者，警械使用條例並無國家賠償法有完整之程序，包括賠償方法及範圍、協議先行程序、當事人對賠償金額有疑義時

---

[11] 臺灣高等法院高雄分院96年度上更（一）字第331號刑事判決。
[12] 最高法院87年度台上字第1310號民事判決。

之救濟訴訟、彈性賠償，造成使用員警、警察機關和當事人莫大困擾，故爲解決此問題，似可將有關賠（補）償問題，回歸國家賠償法機制，尋求賠償（洪文玲，2018）。

3. 警察人員用槍致人傷、亡賠償制度，尚未完備

警察人員爲避開爭訟賠償問題，刻意避免朝嫌疑人身體開槍者；執勤時盡量避免用槍者，甚至必須自身遭遇危難時，才願意用槍，更有透過執勤技巧，來避免使用槍械，以免橫生枝節；甚至警察人員在開槍後，冀望警察機關能私下募款，協助解決棘手的司法興訟問題，這些作法似乎顯示出，在賠償問題上，警察人員因得不到適當合理的保障，爲求自保，透過經驗學習，尋求非正式的途徑，以避開用槍後的賠償問題（李瑞源，2008）。

雖是如此，警察用槍致人於死，死者家屬確實面臨親人離異之痛，但實際需要的爲喪葬費之經濟壓力，姑且不問警察人員執勤用槍之違法或合法，應於國家或個人擔負損害賠償或損失補償之責，就以「救急」觀點論之，應回復警察人員使用槍械致人死亡，應由或由各級政府先行支付喪葬費之規定，有其困難，各地方政府（警察機關），可依據自治條例送交各議會審議編列預算通過，以解決消減死者家屬經濟壓力，將此損害賠償或損失補償責任，導正回復國家賠（補）償法制正軌上（黃朝義，2015）。

（五）員警用槍後之心理輔導機制

警察人員用槍後，其心情未平復前，除了冗長之職務報告外。尙須面對機關長官及督察人員及司法單位後續的調查及相關賠償問題與司法爭訟問題等等，但其內在心理受到之影響，內心承受之壓力與失落感，媒體亦追擊訪問及受傷亡家屬的責難，雖然，警察組織內部設有「關老師」制度。惟卻是一個非專業，不具心理輔導專業知識之輔導機制的臨時編組職務，對用槍警察人員事後心理輔導時，不具實際輔導效果，就連在攻勢勤務安排上，警察機關也鮮少給予適當之調整，或給予用槍警察人員適當的心理調適休息。諸如：心理輔導問題；警察人員用槍後是否可以繼續配槍執勤之問題；訴訟協助問題等等，均有改善之空間（李瑞源，2008）。再者，員警面對司法纏訟的無力感，身、心狀況、對造或第三人協商賠（補）償，實務上，亦會向執勤員警求償，均對員警使用槍械心理負擔產生影響。尤其，使用

槍械影響認知有顯著差異，顯示分居及離婚（未再婚）的員警遇到緊急狀況時較消極，加上與家人、伴侶相聚時間不定，婚姻狀況若再出現問題，亦容易影響員警使用槍械（張世儒，2018）。

五、綜合評析

警察人員基於警察勤務條例之規範，為達成警察任務，而實施各項勤務，以攻勢勤務模式，實施危害防止之行政警察作用，進而在勤務中發現犯罪或犯罪嫌疑之際實施犯行追緝，實施強制力予以逮捕，以至於衍生使用警械問題，而在警械中涉及到人民生命權之警械大多以槍械為主，警察在平時不被允許之強制力，因情況急迫需要而展現之警察狀權，極易造成執勤員警牽涉到過失致死抑或業務過失致死之刑責，主要在於用槍時機及比例原則之拿捏，對於行為是否為依法令之行為，判定上影響深遠，茲將上述分析如下：

（一）警察執勤涉訟輔助法源上常有不足

近年警察執勤涉訟輔助法源上常有不足，公務人員因公涉訟延聘律師費用得獲政府輔助，但實務上因補助額度有限，無法支應訴訟所需，且各單位預算編列不一，無法提供涉訟當事人足額經費補助。倘受涉訟輔助之公務人員，其刑事訴訟案件經法院判決有罪確定，或經檢察官予以不起訴、緩起訴處分確定者，即必須繳還涉訟輔助費用，縱使該案確為因公涉訟案件，當事人仍然無法向其服務機關申請訴訟費用補助。2018年正式成立「警察人員因公涉訟審議委員會」，提供相關法律諮詢及其他法律事務協助、所需費用及補助金額之審議，期能補充「公務人員因公涉訟輔助辦法」第16條，員警無法向其服務機關申請訴訟費用補助之不足，但仍非體制內解決方案，亟待政府勇於任事，合法編列充足預算，讓員警執勤無後顧之憂。

（二）各國警察人員執勤用槍，仍以急迫合乎比例，保障人民生命權為基準

各國警察人員在執勤期間使用槍械的相關作為，無論係大陸法系或是海洋法系的國家，在警察人員執勤過程中使用槍械，基於保障人身生命權的概念下，均有嚴格的限制，舉凡日本、德國、美國、英國等，均訂定用槍時機，予以約制執勤人員，需符合比例原則下，善盡所也可以替代之方式後，方能用槍，惟實務上仍有甚

多之差距，用槍事後產生之刑事、民事責任議題，皆由未具射擊實務運作之專家學者或檢察官、法官，以抽象、空洞的比例原則，進行事後檢視，當時用槍環境及當時之情境，無較具公信力之鑑定機關，輔助檢察官及法官，強化其經驗法則之心證，引發員警執勤用槍意願議題，日本警視廳進行問卷調查，發現基層員警不願或延遲開槍之理由，主要爲感受到用槍是最後執法的手段；其次爲很不易理解用槍時機；其三爲用槍後之報告，過於繁瑣；其四太顧慮危及周遭第三人狀況等。既然賦予警察有急迫需要使用槍械之通常情形所不允許之強制力，此種警察急狀權之行使，亦應有容許警察執勤用槍容許誤差之範圍，方能在各種危急狀況下，正確、大膽的使用槍械，方爲確實保障人民生命權之展現。

（三）警察人員使用槍械需符合用槍時機急迫需要及比例原則下實施

　　爲進行事實行爲之強制措施判斷，是否逾越依法令之授權者，實應自其行爲作爲判斷之基準，用槍結果僅爲輔助行爲判斷之作用，切忌不可倒果爲因，遽以用槍結果作爲是否逾越法令行爲之標準（柯耀程，2016）。警察人員用槍時機仍以防衛警察或他人生命、身體而有急迫需要爲基本原則。惟需符合警械使用條例第6條之急迫需要、用槍時機及比例原則下實施。其急迫需要與合理必要原則，需以第一象限用槍人員不負刑責，屬急迫及必要，因急迫需要且合乎比例，結果無論對方死傷，均屬依法令之行爲，否則皆有非急迫或不符比例原則，而身陷業務過失致死或過失致死之疑慮（鄭善印，2015）。

（四）員警執勤用槍何以爲反覆經常實施之業務上之行爲

　　依據各判決，警察人員用槍導致被判唯有過失，幾乎被認定爲「業務上之行爲」，但何以不屬於一般過失而爲業務上之行爲，法官認定開槍係屬輔助事務，也就是說，警察開槍是屬一種「反覆經常實施的行爲」，但，何以員警用槍過失爲何是業務過失而非一般過失？其間本刑差異甚大，雖按刑法上之業務係爲個人基於其社會地位繼續反覆所執行之事務，其主要部分之業務固不待論，即爲完成主要業務所附隨之準備工作，與輔助事務，亦應包括在內；基此，實務判決認定開槍是輔助事務，亦即開槍是反覆經常實施之行爲，警察人員卻對此均未提出質疑。是否要質疑警察開槍是否爲判例所稱係一種反覆經常實施之行爲，即使在射擊訓練場上，警察亦非反覆經常去練習，更遑論在街頭上執勤開槍，用槍不當爲業務之說，並無正當理由，應予以質疑（鄭善印，2012）。

（五）員警用槍致人傷亡應回復國家賠（補）償法制正軌上實施，惟需考慮向員警求償之合理性

對於「第三人」傷亡或財損者，則應由各該級政府支付上述各項款項。惟其家屬在此情境下，為獲得相關補償機制，善盡各種模式，尋求救濟，而向執勤之警察人員斥責，採取「以刑逼民」之策略，提出刑事告訴，再依民法第186條，提出民事賠償，徒增員警面臨訴訟之壓力，甚至為免訴訟纏身，加上開槍致人傷亡，剝奪個人法益甚鉅，目前，認為警械使用條例為特別法，所以優先適用於國家賠償法，但實務上，法院認為如被害人之損害已超出所列項目或金額時，警械使用條例並無國家賠償法完整之程序，造成使用員警、警察機關和當事人莫大困擾，為解決此問題，似可將有關賠（補）償問題，回歸國家賠償法機制，尋求賠償（洪文玲，2018）。就以「救急」觀點論之，應回復警察人員使用槍械致人死亡，應由或由各級政府先行支付喪葬費之規定，有其困難，各地方政府（警察機關），可依據自治條例送交各議會審議編列預算通過，以解決消減死者家屬經濟壓力，將此損害賠償或損失補償責任，導正回復國家賠（補）償法制正軌上（黃朝義，2015），但要注意的事，對於執勤員警用槍不當之求償，警械使用條例僅規範故意行為，而國家賠償法則對於「故意」或「重大過失」仍得向其求償，此部分是否全爰引，實有待商榷。

（六）員警用槍後之心理輔導機制應以心輔專業介入

警察人員用槍後，內心承受之壓力與失落感，加上媒體追問及受傷亡家屬的責難，警察組織內部「關老師」制度。係不具心理輔導專業知識之輔導機制的臨時編組職務，對用槍警察人員事後心理輔導時，不具實際輔導效果，警察機關鮮少給予適當調整攻勢勤務，或給予用槍警察人員適當的心理調適休息。因用槍涉訟後，對用槍影響認知有顯著差異，顯示分居及離婚（未再婚）的員警遇到緊急狀況時較消極，加上與家人、伴侶相聚時間不定，婚姻狀況若再出現問題，亦容易影響員警使用槍械（張世儒，2018），實不容忽視。

第三節　研究設計與實施

　　本文之研究設計上，係採質性研究現象學的研究，主要在探索警察人員執勤時，遭遇到各種狀況，而使用槍械致人傷亡之情況，面臨訴訟的心路歷程，進行深度訪談，進而找出個案間的共通性。而在現今社會科學研究領域中，質性研究有助於使本文更具有深度、開放性及詳盡周密（吳芝儀、李奉儒譯，1999）。訪談之進行係由研究者提出問題，再由受訪者依其實際經驗自由論述，以至於答案並非固定，亦較能深入探討受訪者真正的想法，本文採用質性研究的主要理由如下：

　　員警執勤用槍枝案例時有所聞，然而，鮮少有學者針對是類案件，採用質性方法進行研究，且針對深入其內心世界探索之研究更是少見，因此，本文選擇質性研究方法，係本方法重視整體現象的發現，而非以量化概念的變項間，進行假設線性與因果關係。員警用槍時之想法及訴訟及機關輔導支助情形，整個歷程才是關鍵所在，也是研究者所欲探討的區塊。

一、研究方法

　　為能順利達成研究目的，本文採用文獻探討法、官方文件次級資料分析、深度訪談法及專家焦點座談法等四種研究方法，進行研究，茲將其分述如下：

（一）文獻探討法

　　文獻探討係一種簡單探索性的研究，也就是蒐集學者與專家的分析結論與建議，再將其應用，作為本文之基礎（楊國樞等，1986），研究者利用文獻探討法（Literature Review）廣泛蒐集相關員警執勤涉及使用槍械之國內外相關研究著作、論文、期刊雜誌報導與研究報告等資料，加以參考歸納，此處之文獻，運用在第二章文獻探討，予以鋪陳分析，據以萃取概念，形成研究架構與訪談半結構式大綱之依據。

（二）官方文件次級資料分析法

　　採用官方次級資料，進行內容分析，主要採以司法院網站「法學資料檢索系統」內所載裁判書為資料分析對象，在判決案由輸入業務過失，全文檢索語詞欄輸入警械使用條例等關鍵字，計有最高法院刑事四筆、高等法院臺中分院刑事三筆、

臺北地方法院一筆、桃園地方法院二筆、臺中地方法院一筆、屏東地方法院一筆，區分過濾排除同一案件計有九件，以及內政部警政署2017年警察人員因公涉訟補助案件辦理概況等資料，進行分析與瞭解員警用槍案件之現況。

（三）深度訪談

　　深度訪談為質性研究的主要資料蒐集方法，係以面對面的方式來進行會談式的訪談，研究者提出訪談的主要問題，建立訪談的方向，再針對受訪者的回答或說明，加以深入的訪談（吳芝儀、李奉儒譯，1999）。深度訪談是一種研究者與參與者間互動式的過程，兩者之間，進行一種有目的性的談話，可藉由此方法迅速獲取研究者所要之資料，也可更深入瞭解參與受訪者，如何去詮釋他們日常生活世界，所具有的特殊意義及對事情的看法與觀點（Mashall & Rossman, 1995）。以立意抽樣方式，選取偵辦社會上矚目，具代表性之警察執勤用槍案件之司法警察（官）四名進行深度訪談，分析出共通性，以瞭解員警執行勤務使用槍械之情境與歷程，以能達成本文之目的。

（四）專家焦點座談法

　　焦點團體核心是指一種由探討標的個人集合而成的團體，這些人就經過選擇的主題，應研究者的要求提出他們的觀點（王文科、王智弘譯，1999）。焦點團體訪談是經過較妥當的安排、較正式的、而且其發現是源自於分析訪談的實錄。在於發現每個人的觀點，因此鼓勵個人表達不同的觀點。研究者主要是一個傾聽者、仲介人、輔助者甚至協調人角色，而非一個提問者，如果團體暫時出現冷場的現象，研究者也不要馬上打破沉默，因為這種沉默可能是一種有意義的情感表現，研究者應該給予足夠的時間和空間讓其流露出來（陳向明，2002）。設計焦點團體在於獲致人們的意見，而非決定他們意見的優、缺點，本文遂邀請法學專家及實務法官等計五人實施法學探討。

二、研究過程與研究態樣分析

（一）研究過程

　　本文之目的透過文獻探討及官方次級資料分析、深度訪談及焦點座談等進行內容分析，並從司法院網站「法學資料檢索系統」內所載裁判書為資料分析對象，在

判決案由輸入業務過失，全文檢索語詞欄輸入警械使用條例等關鍵字，過濾排除同一案件計有九件，以及內政部警政署2017年警察人員因公涉訟補助案件辦理概況等資料，進行分析與瞭解員警用槍案件之現況。

　　進而實際訪談執勤用槍致傷亡涉訟經驗者四人，以及擬定議題邀請法官、專家學者五人進行座談，期能提出改善建議及可行作法，本文主要研究流程如下（圖8-2）：

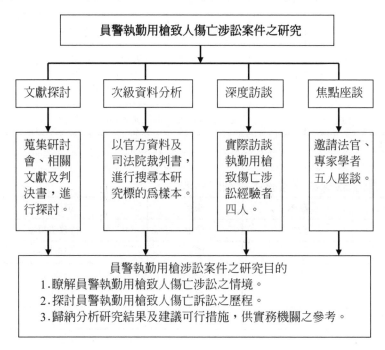

圖8-2　研究流程圖
資料來源：本文繪製。

（二）研究訪談個案及焦點座談

　　進行質性研究，其訪談對象之選取並不在量的多寡，而是在於選擇資訊完整及豐富的對象，以說明研究所關注的問題（吳芝儀、李奉儒譯，1999）。以至於本文採取「立意」抽樣及「滾雪球」抽樣；樣本是否具代表性？是否能契合研究問題的豐富資訊，才是取樣的標的（胡幼慧、姚美華，1996）。所以本文之訪談對象區分

為兩大部分，第一從實際於執勤勤務中用槍且致人傷亡與進入訴訟程序，經一審判決有罪之個案著手訪談（表8-1），第二由學界及司法界中，立意抽樣及經由學者之引介推舉對本文之研究議題，有所專研之學者及司法人員，以此「滾雪球」方式抽樣，選取專家座談之對象（表8-2），以增加研究之深度。

表8-1　研究訪談個案基本資料

個案代號	畢業多久涉案	射擊次數	最終罪名	判決結果	訴訟期間
A	2年	3	業務過失致死	有期徒刑4月，得易科罰金	7年
B	4年	1	業務過失傷害	拘役25日，緩刑2年	5年
C	18年	1	過失致死	無罪	5年
D	19年	1	業務過失致死	有期徒刑6月，得易科罰金	約2年

資料來源：本文整理。

表8-2　焦點座談專家學者基本資料分析表

類別	職稱	學歷	專長領域
PHD1	教授	博士	行政法領域
PHD2	教授	博士	刑事司法
PHD3	法官	博士	刑事司法
PHD4	助理教授	博士	刑事司法
PHD5	主任	碩士	刑事司法

資料來源：本文整理。

三、進入研究場域與建立關係

　　進入研究場域與研究對象建立彼此信任及良好的互動，是從事質性訪談研究，重要的關鍵步驟，為期能順利進入研究場域，研究者事先與各引介者接觸，取得訪談個案之初步同意後，方依據所提供之聯繫方式及勤餘時間，進行聯繫確切之訪談意願及時間，告知本文之目的及所需之研究對象，過程研究者有諸多考量，以不干預影響個案之勤務為先，各在雙方時間允許下進行協調，Bogdan與Biklen（1982）

在此有所提醒，認為在進入研究場域的過程中，必須遵守三個原則，堅持到最後、彈性運用不同方式和有創意的接近研究對象。於是研究者秉持第一原則堅持到最後，持續不懈尋找。為求能迅速接觸研究對象，乃透過研究場域之守門員，如個案信任之同事、長官與同學好友等之協助，取得其等同意後，就近在其辦公處不受干擾之處所進行訪談，並事先準備紀念品等，取得與研究對象有良好之互動。

訪談前，研究者先行閱讀相關文獻、判決書等相關資料，概略瞭解研究對象的背景及涉訟過程，於進入研究場域後，除了注意關係的建立外，最重要乃在於說明研究訪談的目的，在其同意下簽署訪談同意書（如附錄一），使其瞭解其相關權益，去除心中之疑慮，並告知訪談過程中，為求確保訪談內容之真實性，需全程錄音，在涉及私密問題時，受訪者得立即要求暫停錄音等，資料之呈現均以代號為之，確保資料之保密性，藉由此種的瞭解，期能拉近彼此間之距離，使研究對象能暢所欲言。

四、發展訪談大綱

深入探討執勤員警用槍致人傷亡涉訟的過程，所執行之勤務項目、是否有遇到特殊狀況而需使用槍械之腹案、如何預擬狀況處置？用槍時機及警察人員使用槍械規範之熟識程度、使用槍械規範對所遇到之狀況是否合宜？用槍判斷時間是否充裕、與犯嫌間用槍之距離為何？案發時腦中優先思考的重點為何？涉訟、賠償、保命？案件發生後機關、同儕間之反應？是否進行和解？如何進行？由誰提出？反應為何？和解金之支付係如何支付？機關介入協助情形？除涉訟律師扶助外之協助？用槍後之心理輔導機制？縣市政府協助情形等，並在學校基礎教育上與對實務機關之建議為何？並經由此架構發展出半結構式之訪談大綱（表8-3）及相關概念訪談細項問題（如附錄二）及專家焦點座談大綱（表8-4）。

表8-3　員警執勤使用槍械致人傷亡涉訟之訪談大綱

項目	訪談大綱
瞭解員警執勤用槍致人傷亡涉訟之情境所執行之勤務項目爲何？	所執行之勤務項目爲何？
	發生時用槍之判斷時間是否充裕？
	用槍時與犯嫌間之距離爲何？
	平時思考過？或預擬狀況解決方式爲何？
	用槍時機及警察人員使用槍械規範熟識程度？
	使用槍械規範對你所遇到之狀況是否合宜？原因爲何？
	案件發生後機關、同儕間之反應？
探討員警執勤用槍致人傷亡之訴訟歷程案發時腦中優先思考的重點爲何？	案發時優先思考之重點爲何？
	案件歷程進行和解？
	和解金之支付係如何支付？
	機關除涉訟律師扶助外有再介入協助？
	用槍後之心理輔導機制
	在學校基礎教育上、實務機關及法規之建議爲何？

資料來源：本文整理。

表8-4　專家座談焦點座談議題大綱

項次	討論議題
1	員警使用槍械致人傷亡，用槍行爲究係一般行爲抑或爲業務上行爲？
2	員警用槍過失致人傷亡，是否仍爲依法令之行爲？抑或爲過失行爲？

資料來源：本文整理。

五、實施訪談

　　研究者於確定研究對象後，爲確保訪談順利進行，即在訪談前即進行聯絡確定時間，進一步瞭解研究對象期能有良好之互動，並於訪談前一日再確認行程無誤後方成行，訪談時，經由個案同意下進行錄音及簽署訪談同意書後，針對依據文獻探討及資料分析，擬定半結構式之訪談大綱，實施訪談（表8-5）。

表8-5　實際訪談時間紀錄表

代號	訪談地點	訪談日期	訪談次數	訪談總時數
A	新北市某分局偵查隊詢問室	2018.06.07	1	1小時30分
B	北部地區某總隊刑警大隊部	2018.06.15	1	1小時18分
C	臺北市某警分局警備隊隊部	2018.05.11	1	1小時44分
D	桃園市某警分局派出所治公室	2018.05.24	1	1小時10分

資料來源：本文整理。

六、研究倫理與信效度

　　本文為求符合各相研究倫理及研究信、效度，研究者除受到專業質性研究之訓練外，尚於近2年內，分別受過臺灣學術倫理教育資源中心之「學術研究倫理教育課程」，並通過課程總測驗，修課時數累計共10小時、2017年4月10日參與國家實驗研究院科技政策研究與資訊中心，在臺灣大學集思臺大會議中心，舉辦之研究倫理教育訓練特殊議題研究倫理與受試者3小時、2017年5月8日參與退輔會臺北榮民總醫院舉辦之IRB研究倫理之實體講習6小時。

　　質性研究備受爭議與質疑的是信、效度問題。一般以確實性、可轉換性、可靠性及可確認性等四種方法來控制質性研究的信度與效度（Lincoln & Guba, 1984；潘淑滿，2003）。所以在實施訪談及專家焦點座談之際，需嚴守研究倫理，在個案無拘束之下陳述，另為確保保密性，在與受訪者進行簽署訪談同意書時，即已事先知會個案在其同意下，將採匿名代號方式為之，方進行訪談。

　　本文在倫理的界線下，採以下方式，對訪談所得之資料，進行檢核，以求其客觀及公正。

（一）確實性（內在效度）

　　研究者真正觀察到希望觀察的，亦即研究者對研究資料不加入任何個人的價值判斷。首先，邀請研究對象接受訪談前，先提出訪談同意書予以說明研究之目的，使其對討論議題有充分的心理準備，及簽署同意書，才進行訪談。最後在資料蒐集方面，為求真實呈現，所以訪談時全程錄音，並輔以筆記，採用逐字稿記錄方式，呈現出資料的真實性。

（二）可轉換性

經由研究對象所陳述的感受與經驗，亦即由研究者謹慎的將資料的意義、行動轉換成文字資料予以概念化，作為資料分析之參考。

（三）可靠性（一致性）

研究者將訪談過程中可能的干擾因素降至最低；亦將詳細的呈現完整研究過程，以達到資料的可信賴度。

（四）可確認性

透過研究倫理，經由相關判決書、新聞資料等相互檢驗，於研究過程中，取得受訪者及相關值得信賴之資料，強調研究訪談之結果，以增加客觀性。並採三角檢定法是常用有效的可信性檢定（吳芝儀、李奉儒譯，1999）。

第四節　研究結果分析

本文發現員警執勤開槍致人傷亡涉訟，加以區分執勤用槍致人傷亡涉訟之情境及訴訟歷程含和解情形等，茲將本文發現分析如下：

一、瞭解員警執勤用槍致人傷亡涉訟之情境

在員警執勤用槍致人傷亡涉訟之情境，採取深度訪談之研究方法進行分析，大致上區分為所執行之勤務項目？案發時用槍判斷之時間是否充裕？與犯嫌間用槍之距離為何？進而於平時如何預擬狀況之解決方式為何？用槍時機及警察人員使用槍械規範之熟識程度？以及案發後機關、同儕間之反應為何？資運用訪談及實務判決資料，加以分析如下：

（一）執勤用槍致人傷亡所執行之勤務以專案勤務及巡邏為主

訪談個案中，以專案勤務緝捕現行犯及通緝犯為主（個案A、B、D），巡邏緝捕通緝犯次之（個案C）。而依據判決書分析發現，在九件案件中，警察人員執勤用槍致人傷亡涉訟之勤務以專案查贓勤務、巡邏緝捕現行犯、通緝犯、戒護勤

務、交通整理緝捕通緝犯、攤販整理緝捕現行犯等勤務，卻是以專案勤務為多計有五件，巡邏勤務四件（表8-6）。

表8-6 員警用槍致人傷亡實務之刑事判決其勤務種類分析表

類別	勤務種類							
	專案勤務					巡邏勤務		
項目	查贓勤務	戒護勤務	肅槍勤務	整理		現行犯	通緝犯	處理糾紛
				交通	攤販			
				通緝犯	現行犯			
件數	1	1	1	1	1	2	1	1
	5					4		

資料來源：本文整理。

（二）案發時開槍約在短促之1至2秒間決定

在短距離間反應射擊，大多在1至2秒間至10秒左右決定，瞬間未決定即有自己或他人之生命危害發生。

> 我覺得我那時候沒有思考，但我不覺得我作錯啊，這是一個生命威脅啊，那我就使用警械啊，而且朝非致命部位開槍，怎麼會搞成要被起訴判決，然後還送公懲會，還被管了3年啊。A01-132
> 對，他撞了停下來我才有機會擋在他到車子前面，那時候拔槍就叫他下來了（喊）下車!下車!車又衝過來，我就閃開了，朝副駕駛座開，不停，再開！
> 就是短短的10秒內我作了很多的動作，所以說就牽扯到剛剛這誒，這個開槍的時間是否足夠……這個……足不足夠，我認為是不夠，在那麼多狀況以內，我作這麼多動作以內，才給我10秒鐘的反應。B01-026
> 對，這麼多狀況，包括擋在他車子前面喝令他下車之後，發現他車子衝向我這邊來，我閃身開了兩次槍，到人行道才10秒，所以開槍時間，就一瞬間而已啦。C01-027
> 對，因為已經，就是對空鳴槍就不停，他要跑了而且要C01-039很短暫，

可能1、2秒。C01-049

這個方向出來，短短10秒要作這麼多的動作其實你說值不值得，個人是認爲當初沒有必要開這個槍D01-132真的很短很短，那就是一瞬間的反應，不到1秒。D01-142

（三）與犯嫌間用槍之距離在2公尺內爲多，且大多射擊一至三發

訪談個案大多決戰1至2公尺，最多不超過10公尺，且在短暫的時間及距離內，快速射擊一至三發。在判決書分析，射擊發數，射擊一發三件，射擊二發三件，射擊四發二件，有關射擊距離1至2公尺以內六件，5至10公尺一件，故多數在2公尺內射擊一至三發（表8-7），若槍法不精準，極易造成第三人之傷亡。

表8-7　員警執勤用槍致人傷亡涉訟勤務與射擊時間發數距離分析表

類別	射擊情形							
	發數				距離			
項目	1發	2發	4發	9發	2M內	5~10M	11~14M	15~23M
件數	3（A）	3（C）	2（BD）	1	6（ACD）	1（B）	1	1

資料來源：本文整理。

對對對，然後我們就覺得他手放在後面，以距離，第一個不管是他有沒有持械，他大概跟我面對面只有2公尺，朝我這方向衝過來。A01-014

我跟他的距離原本大概是5公尺啦，當然他起身到到我射擊他的時候大概是2公尺。A01-015

那時候他10幾公尺。B01-063

那是瞬間發生拉，根本就沒什麼想法了，你往身上，對阿，至少不會想說，那時候還那時候蠻近的，因爲是不發車所以距離大概C01-053站起來他腳就……30到50公分大概1公尺多左右。D01-150

（四）用槍以制伏而非制裁爲原則，射擊腿部非致命部位爲首要

研究個案基於制止嫌犯而非制裁嫌犯之概念，執勤前皆有基本認知，何況於勤

前教育後思考犯嫌或通緝犯拒捕之作為，故在用槍之際，以制伏朝非致命部位開槍射擊腿部為要，但真正射擊時，很難去瞭解開了幾槍，就是看著對方射擊，直至危險消失為止，其實是壓力會影響生理反應，顫抖、害怕、手會抖心會慌，所以每個人的反應會有所不同（個案A），抑或以警棍因應（個案B），尤以，單純只是逃跑，仍採無射擊必要性作為，不至於說要開槍啦（個案C），帶往勤務處所時，須先搜身以優勢警力解送，抑或編排霹靂小組協助攻堅，確保安全（個案D）

（五）法律優位原則，以用槍時機為主，使用規範為輔，確遵比例原則

　　研究個案對於條例之運用均為純熟，惟對於使用槍械規範部分，大多認為規範太細，基於情況瞬息萬變，犯嫌之舉動皆會影響執勤用槍之判斷，直至對方停止舉動為止（個案B），在以安全考量取締違規，採事後舉發為原則，現行違法採以攻擊武器優勢原則，但需符合比例原則處置，狀況解除採以警戒模式，至於規範應以條例為圭臬，否則限制變得更多，約束用槍時機（個案C、D、A）。

> 我個人覺得就像在美國，他也是有警械使用規定，已有類似我們警械使用的規範，何時鳴槍？何時能使用？這個都有一定的比例跟他的規定，但是你使用警械之後它是一個行政行為。A01-101
> 第一個是我們遭受到危害嘛，因為對一個我們要逮捕的槍擊犯他的拒捕，其實他的手部的動作都會引起、只要任何的動作，不管跑步、蹲下……對我們來講就是一個執行的威脅呀。B01-010
> 沒有想這麼多，他衝過來我就開了，我也會怕阿我的安全，你說逮捕他也有，但是當下受到的驚嚇，當然是以保護自身的生命安全為主軸B01-051，除非他不動，他在移動情形下，誰能判斷他會不會攻擊，無法啊。B01-052
> 要害打不到，打不到搞不好嚇到人，沒事啊，你敢開槍就有嚇阻作用。對方搞不好拿刀子捅你，難道你站在那裡讓他捅？用槍的時機就是，你至少要比對方高一等，武器還要優良，你去到現場，看到對方拿棍子，我就拿更長的棍子，……現場對方空手你就拿棍子，對方拿刀你就拿槍，對方拿棍子，欸等一下，我就去找一根更長的棍子來跟你打。C01-193
> 你說規範裡面的哦這樣子看其實就ok啦D01-029啊也不是說限縮啦感覺會把那種逐條逐條那種規定好像D01-030會思考我這麼狀況到底可不可以

用，要怎麼規範D01-031你說限縮可能也有一點那種感覺，他把你動作好像規D01-032就變成要考慮，想到兩種法，好像兩種法條，大概遇到使用警械使用條例就不用，就按照規範的事由。D01-033

（六）長官、同儕間關懷程度反應，如人飲水冷暖自知呈現兩極化

　　研究個案對於機關長官及同儕之間關懷程度反應呈現兩極化現象，訴訟中無法同理心對待，出庭請假以不影響工作爲由藉故刁難；案發時長官主動協助，確保全身而退，惟新任長官未參與，難以深入協助；案發後分局堅持要製作筆錄，感覺長官未能同理心對待；同事間之反應支持、安慰、抱屈及爲和解金翻臉呈現兩極化，茲將其分述如下（表8-8）：

1. 訴訟中長官無法同理心對待，出庭請假以不影響工作為由藉故刁難

　　案發後機關長官部分無法同理心對待，出庭請假反而以不影響工作爲由藉故刁難，直接影響出庭情緒及爾後工作態度與用槍思維，個案內心呈現出孤立無援獨自面對的窘境，因訴訟冗長歷經2至9年；非當時案發之長官，無法同理心對待，常抱以冷漠態度，案件出庭請假常遭以其他事由而刁難，致心灰意冷。

2. 案發時長官主動協助確保全身而退，惟新任長官，難以深入協助

　　剛發生的時候，長官主動幫忙（個案A、B、C、D）。有擔當的長官會關懷尋找各方資源，甚至募款，爲確保涉案同仁，面臨訴訟能全身而退，但個案辭謝和解金募款，仍堅信以法律規範爲要，而非捨法律條例規範而不用，但最終堅決不與歹不和解而仍被判刑及賠償百餘萬（個案A）。當然長官升遷了嘛，換了好幾任，總不能每任都請他們幫忙。但長官升遷來來去去，新任長官沒有去參與這個案子的，他根本不曉得什麼狀況（個案B、D）。

3. 案發後製作職務報告即可，何以要製作詢問筆錄

　　執勤時使用槍械依規定製作職務報告即可，當時長官對執行公務程序上，可能不甚瞭解，因爲檢察官說既然是執行公務就製作職務報告，報告事發經過及處理，製作訪談筆錄是不用的，這對後續訴訟影響很大，經歷兩次不起訴直至第三次均因未與家屬和解而起訴，對訴訟制度深感不解。

4. 同事間之反應支持、安慰、抱屈及為賠償金翻臉呈現兩極化

　　同事大多在精神上支持陪伴走過黑暗期表示支持、安慰、抱屈、認為不值為多，但亦有少數同事因募款和解金而翻臉，導致心理壓力大而請調離開原單位，形成獨自面對訴訟，旋於判決時未被宣告易科罰金而被停職，歷經3年8個月，淪為打零工持續上訴。

表8-8　案發後機關長官及同儕之態度分析

個案狀態	案發後態度
綜合	1. 訴訟中長官無法同理心對待，出庭請假以不影響工作為由藉故刁難。 2. 案發時長官主動協助確保全身而退，惟新任長官未參與難以深入協助。 3. 案發後製作職務報告即可，何以要製作詢問筆錄。 4. 同事間之反應支持、安慰、抱屈及為賠償金翻臉呈現兩極化。
代號A	1. 長官一直協助和解金事宜，分局的長官也指示請其他同仁募款，協助部分和解金，但家屬無法接受金額而未和解，因無法調整好心思，接連在勤務上有所缺失而被記過，於案發後2個月請調，導致獨自面對訴訟，那時候接到通知跟我講說我隔天開始停職，後來判決後被停職而打零工持續上訴。到復職，3年8個月。 2. 在新單位的同仁，因為未接觸過此類事情，只能精神支持，為整個事件抱屈，認為不值得的。 3. 舊單位因為為了談和解的事情大家也翻臉。大家情緒低落，其他同事又不知道該如何安慰，覺得對同仁有所虧欠，那我就自己請調離開。
代號B	1. 個案內心呈現出孤立無援獨自面對的窘境，因訴訟冗長歷經2至9年。 2. 非當時案發之長官，無法同理心對待，常抱以冷漠態度，案件出庭請假常遭以其他事由而刁難，致心灰意冷。 3. 同事也只能默默安慰，下班後陪伴藉酒撫平心靈。
代號C	1. 剛發生的時候，長官主動跳出來、主動幫忙募款和解金，但家屬所提金額過大而作罷。 2. 當然長官升遷了嘛，換了好幾任，我總不能每一任都請他們幫我忙，直到這個起訴之後，案子向新聞曝光之後，有了這個回應，那也已經過了3年多了。 3. 很納悶我是因公執行幹嘛要我製作筆錄，直接製作職務報告就好了，何以案後要製作筆錄。 4. 長官升遷來來去去，沒有去參與這個案子的，他根本不曉得什麼狀況。 5. 同事一直安慰、支持。
代號D	1. 面臨訴訟，同儕之間的反應其實都表支持鼓舞。大家也是認為是很正常，安慰。 2. 機關長官全力支持並予以協助。

資料來源：本文彙整。

二、員警執勤用槍致人傷亡之訴訟歷程

　　本文有關警察人員執勤用槍致人傷亡訴訟之歷程，係採司法院裁判書類，在判決案由輸入業務過失，全文檢索語詞欄輸入警械使用條例關鍵字等方式，以及訪談個案四名之訪談結果，進行質性、內容分析，進而加以分析如下：

（一）司法院裁判書類判決分析

　　經以業務過失，全文檢索語詞欄輸入警械使用條例關鍵字等，計有最高法院刑事四筆、高等法院臺中分院刑事三筆、臺北地方法院一筆、桃園地方法院二筆、臺中地方法院一筆、屏東地方法院一筆，區分過濾排除同一案件計有九件，加以區分為三大部分（表8-9）：

表8-9　1995至2018年員警執勤用槍致人傷亡判決情形

編號	案發時間	訴訟期間	罪名	判決結果	和解情形
1	19950905 21時50分許	19950905-20020124 6年4月	業務過失致死	4月易科罰金	未和解
2	19961227 1時40分許	19961227-20040225 8年6月	業務過失致死	10月緩刑參年	國賠款200多萬元
3	19971113 17時30分許	19971113-20000127 2年10月	業務過失致死	4月緩刑貳年	達成和解
4	19980206 4時45分許	19980206-20070822 9年6月	殺人變業務過失致死	1年減為6月易科罰金緩刑參年	未和解，上訴後和解
5	19990320 17時55分許	19990320-20020822 3年5月	過失致死	無罪	未和解
6	20020605 10時30分許	20020605-2003041 5年10月	業務過失致死	6月易科罰金	260萬和解
7	20130806 21時50分許	20130806-20180731 5年1月	業務過失致死	無罪	未和解
8	20140216 5時30分許	20140216-20150625 1年4月	業務過失致死	6月易科罰金	未和解
9	20160122 4時5分許	20160122-20180731 2年6月	業務過失致死	5月易科罰金	未和解

資料來源：本文整理。

員警執勤用槍致人傷亡涉訟期間：包含有案發時間、訴訟期間（表8-10）

(1) 員警執勤用槍致人傷亡涉訟期間最長9年6個月

　　從判決書分析訴訟期間最短的為10個月時間，最長的為9年6個月，其中1年未滿以上至4年有五件，5年以上至10年有四件；案件發生時間在凌晨1時至5時有三件，10時一件，15時至18時三件，21時至22時二件。

表8-10　員警執勤用槍致人傷亡涉訟及案發期間分析表

類別	訴訟期間		案件發生時間			
時間	1年未滿以上至4年	5年以上至10年	1時至5時	10時	15時至18時	21時至22時
件數	5	4	3	1	3	2

資料來源：本文整理。

(2) 訴訟判決結果與有無和解具有相關性

　　在判決書中分析發現，開始之罪名有殺人、過失致死、業務過失致死，但經過上訴到最高法院或定讞之罪名均為業務過失致死；所判徒刑除二件無罪外，其餘介於4至10月不等，大多為5至6月之有期徒刑，其中易科罰金有五件，緩刑2至3年者有三件；未與被害家屬和解計有六件，其中有一件在最後審時與被害家屬和解，案件一開始就與被害家屬和解者計有二件，被害家屬申請國賠者一件（表8-11）。惟被判無罪案件發現並未與被害家屬和解。而被判緩刑案件三件中，有二件與被害家屬和解，一件是獲得國賠，亦即，被害家屬有獲得賠償，無論為和解抑或獲得國賠之案件，法官傾向判決緩刑機率大增。

表8-11　員警執勤用槍致人傷亡涉訟罪名、判決結果與和解情形分析表

類別	罪名		判決結果				和解與否				
種類	業務過失致死	過失致死	無罪	緩刑	4至5月	6至10月	未和解		和解	國賠	
							無罪	有罪	緩刑		
件數	8	1	2	3	3	4	2	4	2	1	

資料來源：本文整理。

（二）立意抽樣實施訪談結果分析

　　本文探討員警執勤用槍致人傷亡之訴訟歷程，主要從1.案發時腦中優先思考的重點爲何？2.案件是否進行和解？如何進行？由誰提出？你的反應爲何？3.和解金之支付係如何支付？4.機關是否介入協助？除涉訟律師扶助外之協助？5.用槍後之心理輔導機制？6.在學校基礎教育上、實務機關及法規之建議爲何？

1. 案發時腦中優先思考的重點以「安全爲先，避冤擴大傷亡」

　　個案在面臨抉擇是否選擇開槍之際，因時間大約僅1秒，故優先考量的重點爲「執勤人員自身安全」，另再依現場狀況，注意「行人之安全，避冤擴大傷亡，迅速讓車停住」，以及直覺反應防止其逃跑，才會開槍制止，且射擊方式亦採逐一射擊，並沒有思考賠償問題，非不得已之狀況絕不使用槍械。

　　勤教上指揮官也有特別提啦，我們要逮捕的嫌犯可能持有槍械，可能會拒捕，請大家要小心安全啊。A01-008

　　人行道急馳這樣開，到這邊人行道又衝又衝，又衝進，他是車子開進去。A：我的想法就是，趕快把車給停下來，不然讓他衝撞夠，糟糕了。B01-068不讓他再造成更大的傷亡。B01-070

　　但是說當下就是想要逮捕他嘛，那時候我是扶著他，他車門是開開的，扶著他的車門，你那時候看就知道他在催油門C01-037他根本不願意停嘛，當下的想法就是說，一定要制止他繼續逃跑，而且另一個想法就想說，他是要倒車，我那時候扶著他，他再倒車那是很危險，那時候的想法，可是就是沒有想到那個那個，就是造成反射，反射動作C01-038打腳打一下他還是不停，不是連開，是開了一槍不停，又開一槍，打下去還是不停。C01-041

　　應該是有命中，因爲我預計的開槍的角度是朝他的手臂射擊，但我不知道他會往前趴，後面相驗的結果就是他往前趴，擊中他的手臂，但是是從他的胸腔這邊貫穿進去，因爲正常假如射擊手臂的話，它是不會跑到胸腔的，他就剛好往前縮。D01-028

　　因爲當下那個狀況眞的很快，因爲我們兩個同仁，一個被撞倒，一個被拖出去，我們另一個同仁也是跟著開槍，只是他沒有打中犯嫌，是我打中犯嫌，差別在這裡，所以那個情境一直圍繞在這裡，我是合法在使用

槍械，假如講一件事件的話，不可能只有我一個人被起訴，因為另外一位同仁也有開槍阿，為甚麼他就不會被起訴我被起訴？就回到我們的結果論啦。D01-141

2. 案件最終未達成和解，檢察官與法官皆提出是否和解之問題

本文之研究個案中均未與犯罪嫌疑人之家屬達成和解，惟均抱持道義責任之關懷之意，進行協助，但因案件已進入訴訟，則依刑事訴訟程序進行，以致每個個案都經歷過檢察官及法官詢問同一問題「是否與家屬達成和解？」，個案對於和解均有不同之見解，惟一致不與家屬和解，機關長官雖協助籌措和解金，惟均在家屬所提之高額和解金而卻步，甚至犯嫌家屬更依相關程序均提出各種的補償及賠償之機制，導致執勤員警除被判徒刑外，尚需支付相關的賠償金以及被地檢署被害補償基金索賠，更有因籌措和解金過程，同事與其翻臉，認為所提之和解金何以未依警察人員使用警械致人傷亡財產損失醫療費慰撫金補償金喪葬費支給標準，由各該及政府支給，卻要由開槍之執勤人員之機關與個人自行籌措款項支應（表8-12）。

表8-12　個案進行和解與否情形分析表

個案	是否和解	如何進行	由誰提出	反應為何
A	案發後並未達成和解。	檢察官及法官開庭均詢問是否達成和解；由調解委員會進行調解未果。	分局長官基於關懷並詢問是否有腹案進行，於是先行籌措120萬準備和解，分局也發動募款計有200多萬元，惟家屬並不接受這個數字，於是一直無法和解。	因為一審判是有罪，且未有易科罰金之宣告，變成必須被停職，持續上訴，之後個案願意和解，但家屬不接受，只能依判決支付民事判決賠償支付，以期早日結束，而在幫忙籌措和解金的部分，到後面同事也翻臉也就沒有連絡，造成憾事。
B	金額再怎麼低也堅決不和解。	檢察官及法官開庭均詢問是否達成和解。	犯嫌家屬主動提出和解金。	基於執行職務且符合用槍時機，何以要跟犯嫌低頭和解，有損害也是依照程序，由市政府負責怎會由執勤人員負責。
C	不接受和解。	檢察官及法官開庭均詢問是否達成和解。	犯嫌家屬提出高額和解金高達1,400萬，第二次更提高為1,980萬元，以致調解不成。	符合期待不再進行和解，惟對家屬之生活甚為關懷。

表8-12　個案進行和解與否情形分析表（續）

個案	是否和解	如何進行	由誰提出	反應為何
D	家屬不同意。	檢察官及法官開庭詢問是否達成和解。	原由分局長官協助，並由慈善團體捐助9萬元及喪葬費，但家屬不同意。	家屬提出民事告訴判陪19萬多元，另在進行地檢署的被害補償告訴，此部分地檢署支付相當金額，但旋即向個案索賠17萬5,000元。

資料來源：本文整理。

3. 透過募款、自籌財源及委員會協助支付賠償金

　　本文之個案均未與犯嫌家屬達成和解，皆依判決結果予以賠償，惟支付款項之來源各有不同，其中除個案C被判無罪外，其餘皆定有刑度，而所支付之80萬元，為道義責任並非賠償，經費來源為案發時分局長，透過民間團體募集而來；個案A、B皆屬孤立無援型，均為獨自籌措財源，個案D自籌19萬5,000元支付於犯嫌家屬，另犯嫌家屬向地檢署犯罪被害人補償審議委員會，申請遺屬補償金，予以補償17萬5,000元，而地檢署向個案D請求返還該筆補償金，則由警察人員因公涉訟審議委員會協助支付律師費（18萬）及17萬5,000元（表8-13）。

表8-13　研究個案賠償金金額、實付金額與支付模式分析

個案	賠償金額	實付金額	支付模式	備註
A	66萬	66萬	扣除喪葬的部分，其他都是個人獨自承擔賠償金，基於同事間募集款項幫忙籌措的部分。	同事間募集款項，到後面也翻臉也就沒有連絡。
B	104萬	30萬	利用犯嫌先前損害對象，以30萬向該對象購買對犯嫌之債權400萬，藉以扣除104萬，犯嫌尚欠個案296萬，依此個案反向犯嫌查扣其名下財產。	犯嫌還欠個案。
C	無	80萬	無罪，但仍支付道義責任80萬供犯嫌家屬扶養三個小孩。	由前分局長協助籌募80萬，支付道義責任。
D	19萬5,000	0元	自籌19萬5,000元支付，另犯嫌家屬向地檢署犯罪被害人補償審議委員會，申請遺屬補償金，予以補償17萬5,000元，而地檢署向個案D請求返還該筆補償金。	警察人員因公涉訟審議委員會協助支付律師費（18萬）及17萬5,000元。

資料來源：本文整理。

4. 用槍後之心理輔導機制失靈

本文之個案案發後期待有專業的諮商或心理治療，但大多是未能有此機制加以心理輔導，通常藉以酒精減去壓力，實務上，完全缺乏此制之實質意義，警察機關之關老師制度，形同虛設；解決方案採用外聘專業人員，以特約機構方式，進行研究員警的開槍後壓力跟狀況問題，一切講求專業，心理輔導從自己自身上去調適，到專業介入輔導，調適的結果就是能讓這件事情淡淡的過去，重新出發，再以全新的心境，面對執法的工作環境。

惟本文發現個案居然在案子發生之後，不到2週因勤務缺失被記了二支小過，機關內長官抱持勤務有缺失而加以懲處，完全漠視一個因公涉訟者，其內心之脆弱，飽受官司纏身煎熬的員警，在無效輔導制度下，自行療癒的苦楚，最終，必須寫報告請調離開，在一個全新的環境，孤立無助的面對訴訟及賠償的壓力，顯然心理輔導機制出現漏洞，亟待修復此機制。

三、專家焦點座談分析

（一）員警使用槍械致人傷亡，其用槍行為究係一般行為抑或為業務上之行為

1. 警察違反比例原則，故意射擊，方為具危害性

論及業務之概念，來自於日本刑法，德國並無業務這個概念，所以業務過失，可以直接把它設定為重大過失。但是他有一個共通點就是可經常操作性反覆實施，所以對行為的熟悉程度，會比不同業務程度來得高，自然你的注意義務要更高、在技巧上、在迴避危險上，都要高於一般人，所以，不管是在任何的情況之下，只要有故意射擊或者違反比例原則，這時候才能說警察用槍的行為是有危害性的（PHD2）。

2. 警察用槍射擊行為，本身帶有風險應予以承認容許風險存在

警察執勤用槍時，需具有用槍時機，當犯嫌有抗拒行為之時，或者脫逃之際，是否具有容許風險存在，這是很明顯的一種行為，而且是一種干預性的措施，警察使用射擊行為，他本身是一個帶有風險，像射擊沒有人百分之百說瞄哪裡射哪裡，這是一般的經驗，那麼瞄哪裡，我們可以看得到的，在法院審理中，經常出現的用

語，就是這時候警察應該要放棄射擊，這時候要否放棄，則已經進入警察裁量，其實就是警察裁量的判斷（PHD2）。如果在警察裁量裡面，法院能夠進入到裁量裡面嗎？是很難的，現場的氛圍，難以再現，那這時候容許風險應該要出現，你要讓違反警察命令的人可以得到制裁，由違反者去吸收這個風險，而不能直接把這個風險，由警察來承擔，甚麼叫承認警察風險，應該要讓這段的射擊風險資格有一個比較合理方式處理，而不是在這個射擊的情況之下，完全不去承認容許風險（PHD2）。

在使用槍械的合法性認定上，現有的法律規範上面容許警察算是合法使用，後面導致的結果，應該要容許風險的時刻，亦即，不能因為警察用槍致人死亡，此時，產生的死亡的結果就跟原來用槍時機的合法性就脫鉤，而變成過失，且從判決中，多數可見，判決業務過失致死，是基於警察槍械射擊不準，其合法性的使用，就變成是違法的過失理由，所以，有些非使用槍械的時機，而使用槍械，仍然沒有錯誤優位的存在（PHD1），基此，應承認容許風險的存在。

3. 員警執勤用槍係屬公權力行為，何以能轉換為私法領域之業務行為

公權力行為跟業務行為不能是等號，公權力行為是代表國家。警察是國家的手足，意即公權力集合，如果說警察所從事的是業務行為，那國家的公權力行為怎麼會是業務行為？（PHD3）

在判決上，針對警察執勤配槍之規定與用槍之行為、業務屬性分析、執勤用槍等，是否具有繼續反覆之行為與業務行為之差異，加以分析，實務判決上，皆以警察人員之主要職務，係依據警察法第9條協助偵查犯罪、拘提、逮捕犯人，係符合社會地位繼續反覆所執行之事務，惟基於拘提、逮捕，被告或犯罪嫌疑人有所抗拒時，依據刑事訴訟法第90條之規定，得實施強制力拘提、逮捕，為完成該職務所附隨之開槍行為，係輔助事務，故開槍為警察人員執行職務之輔助事務，係屬業務行為之一種[13]。

以依法令行為而言，公務員依法令行為會不會是種業務上的行為？因為實務上通常，業務行為是社會活動引起，或是一個實驗的活動。但是警察人員執行公權力，他是國家的助手，所以其實是一個國家行為。公權力行使既然是國家行為的

---

[13] 臺灣高等法院高雄分院96年度上更（一）字第331號刑事判決。

話，為何會落入到私法領域的業務上的行為？（PHD3）

據此，警察開槍是否為「反覆經常實施的行為」，在實務訓練上警察射擊均需在射擊訓練場內，其開槍練習亦非屬「經常性之行為」，更遑論在街頭上執勤，是故，員警使用槍械致人傷亡，其用槍行為屬業務上之行為，係值得商榷，所幸，2019年5月10日業已在刑法分則中刪除「業務過失致死傷罪」之規範。

（二）員警用槍過失致人傷亡，是否仍為依法令之行為

1. 逕以用槍結果未加審查用槍合法與安定性，顯有疑義

員警用槍之狀況瞬息萬變，僅以簡易之要件予以框住，甚難判定其全貌，爰依據警械使用條例第12條規定，舉凡符合用槍時機，兼顧急迫性之需要及比例原則下，方屬依法令之行為，故期間具有裁量之空間，非以用槍之情境及用槍結果加以專業之鑑定，實難以回復當時情境，而逕以用槍致人死亡之結果，認定行為過當，實有疑義，應詳細審查用槍的合法性跟安定性，但從結果到業務過失，這是很奇怪的一個連結，實難定為有業務過失之責，需集中在用槍專業認定上的故意過失犯。

再以構成要件、阻卻違法事由、法理等加以分析，依最高法院30年上字第1070號刑事判例要旨：「依法逮捕嫌疑人之公務員，遇有抵抗時，雖得以武力排除之，但其程度以能達逮捕之目的為止，如超過其程序，即非法之所許，不能認為依法令之行為」可資參考。爰依警械使用條例第12條明定：警察人員依本條例使用警械之行為，為依法令之行為。惟從實務判決中不難發現，警察人員應基於急迫需要，合理使用槍械，不得逾越必要程度。又警察人員使用警械時，如非情況急迫，應注意勿傷及其人致命之部位。同條例第6條規定：「警察人員應基於急迫需要，合理使用槍械，不得逾越必要程度。」同條例第9條規定：「警察人員使用警械時，如非情況急迫，應注意勿傷及其人致命之部位。」[14]按警察人員執行職務時，遇有依法應逮捕、拘禁之人拒捕、脫逃時，得使用槍械，固為警械使用條例第4條第1項第3款所明定。惟同條例第6條之規定，觀其內涵即為「比例原則」之展現[15]。

---

[14] 臺灣臺北地方法院106年度訴字第462號刑事判決。

[15] 臺灣桃園地方法院103年度矚訴字第19號刑事判決；105年度矚訴字第23號刑事判決；臺灣高等法院104年度上訴字第787號刑事判決。「適合性原則」，即使用槍械必須基於急迫需要，且能有效達成行政目的；「必要性原則」，即依當時情況，必須沒有其他侵害法益較小之方

2. 用槍合法性宜成立專業鑑定機關審查當時情境再判定其適法性

　　為確認執勤之用槍時機，德國有個裁罰，檢方在法院判決時，她對警察警械使用，也是採用鑑定，至於我們要建立那種鑑定委員會，可以參考交通事故鑑定委員會，交通事故有沒有過失，也是由交通事故委員去判斷鑑定再複鑑，有一套程序規定，現在警械使用條例缺少這個，因為交通事故鑑定委員的鑑定也是判斷有沒有違法，就是要有一套配套的程序，可以與交通事故委員會相當，這個鑑定委員會要如何運作？成員來源等以授權命令為之（PHD3），鑑定委員會對於執勤員警用槍致人傷亡行為之判定，是否為依法令之行為，會有更符合現況的幫助，而警察在用槍應該是在專業的角度。他的注意能力要比一般人還要高，那為何會一般使用槍，而導致是業務過失，這個在理解上面，或是補充條件上面，應該是審查用槍的合法性跟安定性（PHD1）。

　　縱然外觀上，犯罪型態是依據法令或命令，所以他還是有明確的認定，這樣才對公務員有保障，否則，警察執行公權力，遭遇攻擊時，哪個敢開槍，這是一個很重要的問題，遭遇危害之際，無法用槍怎能行使公權力去打擊犯罪，這是兩難的問題；依法執行時，應該是公務行為，代表國家行使公權力，所以這部分是可以肯定的。最高法院89年的刑事判決，員警係因執行職務而使用槍械，應為刑法第21條之依法令之行為，亦於警械使用條例第12條定有明文，不宜認為係業務上之行為（PHD5）。

第五節　結論與建議

一、結論

　　有關員警執勤用槍致人傷亡之實證研究，本文聚焦在涉訟個案之研究，藉以瞭解員警執勤用槍致人傷亡之情境及探討員警執勤用槍致人傷亡之訴訟歷程，其中仍涉及依法令行為及業務行為之探討，茲將其分述如下：

式時，始得使用槍械，並非警察人員為逮捕拒捕或脫逃之現行犯即得毫無限制使用槍械，且縱有使用之需要，仍應選擇侵害人民法益最小之方式為之；「利益相當原則」，即所欲達成之行政目的，必須與不得不侵害之法益輕重相當。

（一）員警執勤用槍致人傷亡涉訟之情境

員警執勤用槍致人傷亡所執行之勤務以專案查贓勤務、巡邏緝捕現行犯、通緝犯、戒護勤務、交通整理緝捕通緝犯、攤販整理緝捕現行犯等勤務，且以巡邏勤務為主，較易發生用槍之行為；且案發時開槍約僅1至2秒間決定，用槍時與嫌犯之距離約2公尺內為多，射擊一至三發；用槍概念以制伏而非制裁為原則，開槍射擊之位置以腿部，非致命部位為首要，為仍有彈道偏移之狀況，導致致人傷亡；用槍依據仍以警械使用條例之用槍時機為圭臬，行政規則之使用規範為輔，並需遵守比例原則及用槍限制，為依法令之行為。

案發後之心理感受，警察機關長官、同儕間關懷程度反應，呈現兩極化：訴訟中長官部分無法同理心對待，出庭請假以偵查績效或工作為由，藉故刁難，衝擊員警內心慎重。惟大多長官皆主動協助，並確保員警能全身而退，但新任長官未參與案發情形，實難以深入協助員警；案發後，督察、調查人員要求製作詢問筆錄，造成員警內心遲疑，爰依警械使用條例之規定，僅需製作職務報告即可，何以要製作詢問筆錄，製造機關內部矛盾；基於，和解金及相關賠償款項之募集，未依實際法令規範。探以機關或個人進行募款，造成同事間之支持、安慰、抱屈及為賠償金翻臉等兩極化現象。

（二）探討員警執勤用槍致人傷亡之訴訟歷程

區分私法裁判與訪談及焦點座談研究之方式，進行探討，從司法院裁判書類判決，員警執勤用槍致人傷亡涉訟期間最長9年6個月；訴訟判決結果與有無和解具有相關性；再者，以立意抽樣實施訪談結果分析如下：

案發時，員警腦中優先思考以「民眾安全為先，避免擴大傷亡；而案件最終未達成和解居多，大多因家屬漫天提高和解金額，且在檢察官與法官提出是否與家屬和解之問題，直接與案件起訴或判決相關，期間涉及員警使用槍械致人傷亡，其用槍行為，實務上，大多以業務上之行為予以起訴會判決，造成法邏輯上之矛盾現象，員警執勤用槍係屬公權力行為何以轉換為私法領域之業務行為，實有待商榷，另警察用槍若違反比例原則，故意射擊，方為具危害性，否則，警察用槍射擊行為，本身即有風險應予以承認容許風險存在，勿以用槍致人死亡，而否決用槍之合法及比例性，遽以用槍結果未加審查用槍合法與安定性，顯有疑義，更期用槍合法性之審查，宜成立專業鑑定機關審查當時情境再判定其適法性；而在賠償金之支付

上，雖由縣市政府處理，惟仍有孤立無援，自籌財源之現象，員警面臨獨自賠償之窘境。

　　機關協助之現象，針對法律議題僅以機關內部之法制、司法部門之制式簽辦，未有實質之法條諮詢功能，對於案件無法具體提供專業諮詢，且用槍後之心理輔導機制失靈，無法實際輔導創傷之員警，甚至對於勤務之編排仍未加注意，攻勢勤務執行之考量，造成諸多勤務缺失，使員警難以平復心境，影響後續勤務之遂行。

二、建議

（一）在學校基礎教育上之建議

1. 教導學生於警械使用條例之規範與運用，射擊行為仍須先符合用槍時機，再遵照比例原則，方符合第12條之依法令之行為。
2. 強化情境教學視實際需要加強情境教學，解說員警用槍導致人員傷亡的情形下，包含實務、判例、判決之研討，行為運用法律依據之可行性探討，能迅速判斷個人在和情況下開槍，射擊後之處置，以及即將面臨之程序、報告、調查與面對現實家屬之各項狀況，強化心理建設。
3. 針對用槍時機及各種替代方式之運用，強化記憶法規法條的背誦與複寫，讓警察執勤時，能迅速運用法條，更加順遂，讓民眾及自己之生命權更有保障。

（二）對實務機關之建議

1. 面對訴訟之際，強烈不建議與嫌犯家屬和解；但實際狀況因賠償金額因素，呈現與實務判決矛盾之現象，實應回歸現有國家補（賠）償制度面上實施。
2. 使用武器之順序，仍以非警械之「噴霧型辣椒水」為第一優先考量，其次為警棍，或以擊昏槍（俗稱電擊槍），在非急迫之情境，勿再進一步使用槍械，以目前訴訟層面而言，只要是致人傷亡幾乎被認定為用槍過當，違反比例原則而判處業務過失致死罪，導致相關權益的損失。
3. 成立使用警械適法性鑑定委員會，強化檢察官及法官用槍之實務經驗，強化經驗法則之呈現，讓執勤員警能在執勤使用槍械的判斷基準跟司法審查標準結合，以去除是否為正確依法用槍之疑慮。
4. 員警執勤用槍致人傷亡案件，依法予以製作職務報告，確保員警權益，審慎遵

守調查程序，勿逕以筆錄模式呈現。

5. 成立專業律師團隊，以確保員警執勤用槍致人傷亡案件之權益，且協助辦理相關訴訟與補（賠）償事宜。各級縣市政府認為合法的行為跟符合程序的行為，要去包容這個合法的損失，主動啟動補（賠）償機制。

6. 常年訓練以建置現場模擬的方式，加以訓練，從模擬現場情境，結合法條規範，有助於各種時機之運用，作為術科常訓之重點。

7. 員警執勤用槍後之心理輔導，應以專業心理諮詢師，加以輔導，莫以機關內部警職人員兼任，以達實際之輔導效果，避免創傷後症候群。

8. 用槍致人傷亡之涉訟及補償、賠償經費，應極力爭取預算之編列，回歸法律層面之支付，並由縣市政府主動出面辦理，而非由執勤員警自行面對。

9. 強化司法官對於警械使用情境之經驗

　　司法官實習時，建請實際跟警大及警專學生實習一樣到第一線參與實作觀察，擔負實際的偵查主題案件始末過程的瞭解，增加偵查起訴、審判的經驗，強化經驗法則，讓員警能依法大膽強力執法，否則，使用警械還擔憂面臨訴訟賠償，這種後顧陰影下，顯難強力執法，行使公權力，此種目標較易實現。

（三）修法建議

　　基於時代變遷有關警察人員使用槍械致人傷亡財損醫療費、慰撫金、補償金、喪葬費支給標準之金額，顯已不符現今環境需求，為能符合社會環境，建採回歸國家賠償法之機制，另為確保警察急狀權而使用槍械，應承認容許風險存在，故在此宜保留警械使用條例第11條第2項規範，「警察人員執行職務違反本條例使用警械規定，因而致人受傷、死亡或財產損失者，由各該級政府支付醫療費、慰撫金、補償金或喪葬費；其出於故意之行為，各該級政府得向其求償。」而第3項「前二項醫療費、慰撫金、補償金或喪葬費之標準，由內政部定之」應修正為「前二項醫療費、慰撫金、補償金或喪葬費之標準，依國家賠償法相關事宜辦理」，使賠償、補償金額符合實際社會需求，而求償部分則僅限於故意行為，確保用槍之警察人員及當事人權益。

附錄一　訪談同意書

　　_____先生，您好：

　　我是臺灣警察專科學校行政警察科助理教授，現在正從事**員警執勤使用槍械致人傷亡案件之實證研究**，希望能夠與您進行訪談，在透過你的經驗分享及協助，使研究的問題更加深入的瞭解。

　　這是一項純學術的研究，對您自身的利益不會有任何的損害，過程中您有絕對的個人自由來決定揭露隱私的程度，也有權利可隨時向我們提出疑義或在任何階段終止訪談。本訪談中我們將借助於錄音方式，以便能就訪談內容詳實記錄，以完整而忠實呈現您所表達的內容，但我們也保證針對訪談內容，以及您的任何身分資料將完全保密，相關資料並以化名或匿名方式處理，請您放心。

　　訪談結束後，我們會把您的看法和別人的一些看法綜合起來一起探討，但是不會在研究報告中提及您的名字或身分，您的談話絕對保密就本訪談資料內容，在經過整理之後，才會採用爲研究資料。如果您同意以上有關訪談目的、做法、資料運用與保密原則之說明，請在本同意書上簽署您的大名。非常感謝您的參與和協助！

臺灣警察專科學校行政警察科

助理教授陳永鎭敬上

連絡電話：（02）22308514＃2581　　　連絡地址：台北市文山區興隆路3段153號

　　我瞭解並同意以上的敘述，願意簽名表示同意參與這項研究，請在下列簽名或蓋章：

研究參與者簽章：_____　　　研究者簽章：_____

中　華　民　國　　　　　年　　　　　月　　　　　日

附錄二　訪談大綱

1. 所執行之勤務項目爲何？

2. 是否有遇到特殊狀況而需使用槍械之腹案？

3. 如何預擬狀況處置？平時思考過或預擬狀況之解決方式爲何？

4. 用槍時機及警察人員使用槍械規範之熟識程度？

5. 使用槍械規範對你所遇到之狀況是否合宜？原因爲何？

6. 發生時是否用槍之判斷時間是否充裕？

7. 與犯嫌間用槍之距離爲何？

8. 案發時腦中優先思考的重點爲何？涉訟、賠償、保命？

9. 案件發生後機關、同儕間之反應？

10. 案件是否進行和解？如何進行？由誰提出？你的反應爲何？

11. 和解金之支付係如何支付？

12. 機關是否介入協助？除涉訟律師扶助外之協助？用槍後之心理輔導機制？

13. 和解金得否向縣市政府申請？

14. 在學校基礎教育上之建議爲何？

15. 對實務機關之建議爲何？

16. 警械使用條例及警察人員使用槍械規範在你所遇之狀況，是否足以協助你進行判斷？你的建議爲何？

參考文獻

一、中文文獻

大淵憲一、戴伸峰（2013）。犯罪心理學。雙葉書廊。

王文科、王智弘（2002）。教育研究法。五南圖書。

王永福（2008）。不同類型公務員貪瀆犯罪之特徵及影響因素之調查研究。國立臺北大學犯罪學研究碩士論文。

王石番（1996）。傳播內容分析法——理論與實證。幼獅文化。

王佳煌、潘中道（2005）。當代社會研究法。學富文化。

司法院（2012）。司法院公報，第54卷第1期，頁165。

朱儀羚、吳芝儀等譯（2004）。敘事心理與研究：自我創傷與意義的建構。濤石文化。

何畫瑰譯（2003）。科學倫理的思索（D. B. Resnik著，*The Ethics of Science*）。韋伯文化。

吳庚（2005）。行政法理論與實用（增訂第9版）。

吳芝儀、李奉儒譯（1999）。質的評鑑與研究。桂冠出版社。

呂政達、胡駿、楊荊蓀（1996）。警察王國秘辛。臺灣先智。

李政賢譯（2009a）。質性研究——設計與計畫撰寫。五南圖書。

李政賢譯（2009b）。訪談研究法。五南圖書。

李暖源（2014）。日本警槍使用規範之修正目的及概況。刑事雙月刊，第60期。

李源瑞（2008）。我國警察人員使用槍械問題之研究。中央警察大學警察政策研究所碩士論文。

李震山（2002）。警察法論：警察任務篇。正典出版社，頁39-55。

李震山（2016）。警察行政法論：自由與秩序之折衝。元照。

李震山、蔡庭榕、簡建章、李錫棟、許義寶（2018）。警察職權行使法逐條釋論。五南圖書。

李震山譯（1995）。德國警察秩序法原理。登文出版社。

邢泰釗（2011）。貪污治罪條例圖利罪構成要件實務解析。法務部廉政署。

孟維德、蔡田木等（2009）。以地方政府為型模。建置廉政風險預警機制及具體防制措施。臺北縣政府政風處委託研究案。

孟維德、蔡田木、劉至剛（2010）。公務員貪瀆犯罪原因及預警機制之研究。**執法新知論衡**，第6卷第2期，頁27-57。

孟維德、鄧馨華（2011）。公務員貪瀆犯罪之實證分析。2011年倡廉反貪防治貪瀆學術研討會，嘉義。

林世當（2009）。警政人員貪腐因子之概述。2009年倡廉反貪防治貪瀆學術討會，嘉義。

林明鏘（2009）。**歐盟行政法——德國行政法總論之變革**。新學林。

林素鳳（1999）。即時強制的縱向探討。**中央警察大學行政警察學系研討會論文集**，頁156。

林釗圭（2002）。**警察貪污問題之研究**。中央警察大學公共行政研究所碩士論文。

法務部（2010）。**台灣地區廉政指標民意調查第二次調查報告書**。國際透明組織台灣總會─台灣透明組織。

法務部廉政署（2014）。**法務部廉政署簡介**。法務部廉政署。

法務部廉政署（2015）。**法務部廉政署統計報告**。法務部廉政署。

法務部廉政署（2015）。**紐西蘭廉政機構考察報**。法務部廉政署。

法務部廉政署（2016）。**中央廉政委員會第17次委員會議資料**。法務部廉政署。

法務部廉政署（2017）。首次政府反貪腐報告初稿，頁23。

法務部調查局（2014）。**法務部調查局102年度工作報告**。法務部調查局。

施俊堯（2017）。**警械使用條例解析案例研究**。自版。

施嘉文（2009）。**警察人員貪污犯罪之研究**。國立臺北大學犯罪學研究所碩士論文。

柯耀程（2016）。用槍過當？——評最高法院104年度台上字第3901號、臺灣高等法院104年度上訴字第787號、桃園地方法院103年度矚訴字第19號刑事判決。月旦**裁判時報**，第45期，頁33-39。

洪文玲（2018）。研修警械使用條例。2018年警政與警察法學學術研討會，桃園：中央警察大學行政警察學系、中華警政研究學會。

胡幼慧主編（1996）。**質性研究：理論、方法及本土女性研究實例**。巨流圖書。

胡佳吟（2003）。公務員貪污犯罪影響因素之研究。國立臺北大學犯罪學研究所碩士論文。

胡佳吟（2005）。公務員貪污犯罪影響因素之研究。犯罪與刑事司法研究，第4期，頁41-81。

馬傳鎮（2008）。**犯罪心理學新論**。心理出版社。

馬躍中（2016）。警政貪瀆犯罪型態及其防制策略。載於**當代法學理論與制度的新視角－林騰鷂教授七秩華誕祝壽論文集**，頁237-264。

高薰方、林盈助、王向葵譯（2001）。**質化研究設計：一種互動取向的方法**。心理出版社。

國立中正大學犯罪防治中心（2014）。**103年上半年度全國民眾被害暨政府維護治安施政滿意度調查報告**。國立中正大學。

張平吾、范國勇、黃富源（2012）。**犯罪學新論**。三民書局。

梅可望（2002）。**警察學原理**。中央警察大學出版。

梅可望、陳明傳、李湧清、朱金池、章光明、洪文玲（2010）。**警察學**。中央警察大學。

許文義（1999）。時代潮流變革探討當前警察法演進之趨勢：以德國法為例。**警學叢刊**，第30卷第1期，頁321-348。

許春金（2014）。犯罪學。三民書局。

許福生、蔡田木、陳永鎮、陳昭佑（2017）。**警察人員貪污防治對策委託研究**。法務部廉政署委託研究案。

郭玉霞（2009）。**質性研究資料分析NVivo8活用寶典**。高等教育出版社。

陳文隆（2010）。**警察人員貪瀆歷程之探討——以賭博性電玩為例**。國立臺北大學犯罪學研究所碩士論文。

陳仟萬（1996）。各國警察人員使用槍枝之探討。**警學叢刊**，第26卷第4期。

陳正根（2010）。**警察與秩序法研究（一）**。五南圖書，頁108-110。

陳永鎮（2007）。**台灣地區新興詐欺犯罪趨勢與歷程之研究**。中央警察大學犯罪防治研究所碩士論文。

陳永鎮（2013）。貪污犯罪決意影響因素之探討。第五屆**全球化時代犯罪與刑法國際論壇研討會論文集**，北京，頁464-481。

陳永鎮（2015）。**公務員貪污犯罪行為歷程及其決意影響因素之研究**。中央警察大學犯罪防治研究所博士論文。

陳永鎮（2017）。因應聯合國反貪腐公約預防性反貪腐政策及作法之研究——以公務員貪污犯罪特性及人格特質為例。載於**聯合國反貪腐公約暨教學個案論文集**。法務部廉政署、世新大學。

陳永鎮（2017）。員警執行職權涉及貪污態樣之研究——以一審判決為例。**警察通識叢刊**，第8期，頁71-97。

陳永鎮（2018a）。警察人員執勤使用槍械致人傷亡涉訟案件之研究。107年「執法人員行政管理理論與實踐」學術研討會。

陳永鎮（2018b）。第七章。載於警察法規（下）。臺灣警察專科學校，頁128。

陳永鎮（2018c）。臺灣地區警察人員廉政風險管理之研究。應急管理學報，第2卷第2期。

陳永鎮（2018d）。第九章警察救濟與結論。載於警察法規（下）。臺灣警察專科學校。

陳永鎮、張平吾（2013）。公務員貪污犯罪特徵與形成因素之初探。載於銘傳大學2013第二屆應急管理論壇學術研討會論文集，頁291-318。

陳立中、曾英哲（2017）。警察法規（一）。臺灣警察專科學校。

陳俊宏（2018）。警察用槍時機之研究。警察通識叢刊，第9期。

陳景發（2013）。警械使用之法的制約。中央警察大學出版社。

陳新民（2005），憲政僵局與釋憲權運用──檢討機關忠誠的概念問題，載於法律哲學與制度──公法理論，馬漢寶教授八秩華誕論文集。元照，頁348。

陳碧祥（2011）。以網路為研究媒介之研究倫理問題新挑戰：85-97學年度教育類論文之分析研究。教育科學研究期刊，第56卷第2期，頁27-67。

曾英哲（2017）。社會秩序維護法。臺灣警察專科學校。

游恆山（2001）。心理學導論。五南圖書。

黃光雄、鄭瑞隆譯（2001）。質性研究教育研究理論與方法──實地工作。濤石出版。

黃成琪（2001）。我國公務人員貪污問題與防制策略之研究。中國文化大學中山學術研究所博士論文。

黃啓賓（2005）。警察職務犯罪之研究。中央警察大學犯罪防治研究所博士論文。

黃朝義（2015）。警察用槍規範與審查機制──兼論其他警械使用。警察法學，第11期。

黃榮堅（2007）。人格心理學。心理出版社。

楊士隆（2009）。犯罪心理學。五南圖書。

楊明輝（2006）。警察職務犯罪預防機制之研究。國立臺北大學犯罪學研究所碩士論文。

楊芳苓（2012）。立法院第九屆第五會期研究報告：警械使用權限及賠償責任相關問題之研析。立法院。

楊國樞、文崇一、吳聰賢、李亦園（1986）。社會及行為科學研究法（上、下）。東華書局。

葉重新（2008）。**心理學**。心理出版社。

劉墉（2014）。**人生百忌：劉墉教你趨吉避凶**。時報出版。

歐用生（1999）。**質的研究**。師大書院。

潘淑滿（2003）。**質性研究：理論與應用**。心理出版社。

蔡田木（2013）。公務員貪瀆犯罪影響因素之實證研究。載於第二屆應急管理論壇研討
　　會論文集，頁129-148。

蔡田木（2014）。公務人員貪污犯罪原因及其防制策略。載於刑事政策與犯罪研究論文
　　集（17），頁111-138。

蔡田木、陳永鎮（2012）。我國貪污犯罪研究類型與趨勢之探討。載於2012年犯罪防治
　　學術檢視與創新研討會論文集。中華民國犯罪學學會、臺灣警察學術研究學會、中
　　央警察大學犯罪防治學系，頁99-152。

蔡德輝、楊士隆（2012）。**犯罪學**。五南圖書。

蔡震榮（2004）。**行政執行法**。元照，頁227-230。

鄭善印（2003）。**有關警察職權行使法之性質與定位之探討**。中央警察大學。

鄭善印（2012）。使用警槍致人傷亡之司法判決研究。**警察法學**，第11期。

謝志偉、王慧玉譯（2010）。**混合方法研究導論**。心理出版社。

簡春安、鄒平儀（1998）。**社會工作研究法**。巨流圖書。

顏寧譯（2011）。**質性研究——設計與施作指南**。五南圖書。

二、外文文獻

Agnew, Rober (1992). "Foundation for a General Strain Theory of Crime and Delinquency."
　　Criminology, Vol. 30, pp. 47-87.

Akers R. L. (1990). "Rational Choice, Deterrence and Social Learning Theory in Criminology:
　　The Path Not Taken." *Journal of Criminal Law and Criminology*, Vol. 81, pp. 653-676.

Akers, Ronal L. & Gary F. Jensen (2003). *Social Learning Theory and the Explanation of
　　Crime*. New Brunswick.

Barr, A. & Serra, D. (2010). "Corruption and Culture: An Experimental Analysis." *Journal of
　　Public Economics*, Vol. 94, No.11, pp. 862-869.

Bayley, D. H. (1990). "The Effects of Corruption in a Developing Nation." In Arnold J.
　　Heidenheimer et al. (eds.), *Political Corruption: A Handbook*, pp. 935-952.

Benson, M. & S. Simpson(2009). *White Collar Crime: An Opportunity Perspective*. Routledge.

Bertaux, D. (1981). *Biography and Society: The Life History Approach in the Ssocial Sciences*. Sage.

Biklen, S. K. & R. C. Bogdan (1982). *Qualitative Research for Education: An Introduction to Theory and Methods*. Allyn and Bacon.

Brantingham, P. L. & P. L. Brantingham (1991). *Environmental Criminology* (2nd Ed.). Waveland.

Clarke, R.V. & P. M. Harris (1992). "A Rational Choice Perspective on the Targets of Autotheft." *Criminal Behaviour and Mental Health*, Vol. 2, pp. 25-42.

Clarke, R.V. & M. Felson (1993). "Routine Activity and Rational Choice." In *Advances in Criminologlcal Theory Vol. 5*. Transaction.

Clarke, R.V. (1997). *Situational Crime Prevention: Successful Case Studies* (2nd Ed.). Harrow and Heston.

Clarke, R.V. & D. B. Cornish (1985). "Modeling Offenders' Decisions: A Framework for Research and Policy." In M. Tonry & N. Morris (eds.), *Crime and Justice Vol. 6*, pp. 147-185. University of Chicago Press.

Clarke, R.V. & D. B. Cornish (1986). *The Resoning Criminal: Ration Choice Perspectives on Offending*. Springer-Verlag.

Clarke, R. V. & D. B. Cornish (2001). *Rational Choice—Explaining Criminals and Crime Essays in Contemporary Criminological Theory*. Roxbusy Publishing Company.

Cloward, R. & L. Ohlin (1960). *Delinquency and Opportunity: A Theory of Delinquent Ganga*. Free Press.

Cornish, D. B. (1993). *Theories of Action in Criminology: Learning Theory and Rational Choice Approaches*. pp. 351-382.

Cope, H. & K. R. Kerly (2001). "Personal Fraud Victims and Their Official Responses to Victimization." *Journal of Police and Criminal Psychology*, Vol. 17, No. 1, pp. 19-34.

Cullen, F. T. & Robert Agnew (2006). *Criminological Theory: Past to Present Essential Readings*. Roxbury Publishing Company.

Dennis Jay Kenney & Roy Godson (2002). "Countering Crime and Corruption: A School-Based Program on the US–Mexico Border." *Criminology and Criminal Justice*, Vol. 2, No. 4, pp. 439-470.

Dollard, J. C., L. Doob, & N. Millen (1939). *Frustration and Aggression*. Yale University Press.

Dong, B., Dulleck, U., & Torgler, B. (2012). "Conditional Corruption." *Journal of Economic Psychology*, Vol. 33, No. 3, pp. 609-627.

Farrington, D. P. (2005). "Childhood Origins of Antisocial Behavior." *Clinical Psychology and Psychotherapy*, Vol. 12, pp. 177-190.

Felson, Marcus (2002). *Crime and Everyday Life*. Pine Forge Press.

Felson, M. (2010). *Crime and Everyday Life* (4th Ed.). Sage Publications.

Felson, Marcus & R. V. Clarke (1998). *Opportunity Makes the Thief*. Home Office.

Gennaro F. V., M. Ronald, & Holmes (1993). *Criminology: Theory, Research, and Policy*. Wadsworth Publishing Company.

Gottfredson, M. R. & D. M. Gottfredson (1988). *Decision Making in Criminal Justic*. Plenum Press.

Gottfredson, M. R. & T. Hirschi (1990). *A General Theory of Crime*. Stanford University Press.

Hall, C. S., G. Lindzey, & Campbell, John B. (1998). *Theories of Personality* (4th Ed.). John Wiley & Sons, Inc.

Harry, F. W. (1990). *Writing Up Qualitative Research*. Sage Publications.

Heinrich Scholler & Bernhard Schloer (1993). Grundzüge des Polzeiund Ordnugsrechts in der Bundesrepublik Deutschland, C. F. Müller.

Hennessey Hayes & Tim Prenzler (2003). *Profiling Fraudsters—A Queensland Case Study in Fraudster Crime*. Criminology and Criminal Justice Griffith University.

Hycner, R. H. (1985). "Some Guidelines for the Phenomenological Analysis of Interview Data." *Human Studies*, Vol. 8, pp. 279-303.

Irving, Seidman (2006). *Interiewing as Qualitative Research*. Teachers College, Columbia University.

Jeffery, C. Ray (1977). *Crime Prevention Through Environmental Design*. Sage Publications, Inc.

John H. Laub & Robert J. Sampson (2003). *Shared Beginnings and Divergent Lives: Delinquent Boys to Age 70*. Harvard University Press.

Jose L. Galvan (2012). *Wrting Literature Reviews: A Guide for Students of the Social and Behavioral Sciences* (3rd Ed.). California State University.

Juin-jen Chang, Ching-chong Lai, & C. C. Yang (2000). "Casual Police Corruption and the

Economics of Crime: Further Result." *International Review of Law and Economics*, Vol. 20, pp. 35-51.

Kennedy, L.W. & V. F. Sacco (1998). *Crime victims in context*. Roxbury Publishing Company.

Klitgaard, R. (1988). *Controlling Corruption*. University of California Press.

Kohlberg, L. & E. Turill (1969). *Research in Moralization: The Cognitive Developmental Approach*. Holt, Rinehart and Winston.

Lincoln, Y. S. & E. G. Guba (1985). *Naturalistic Inquiry*. Sage.

Lipson, J. G. (1994). "Ethical Issues in Ethnography." In Morse. J. M. (ed.), *Critical Issues in Qualitative Research Methods*. Sage Publications.

Martin, Randy, R. J. Mutchnick, & Austin, W. T. (1990). *Criminological Though: Pioneers Past and Present*. Macmillan Publishing Company.

Mashall, C. & G. B. Rossman (1995). *Designing Qualitative Research* (2nd Ed.). Sage.

Maslow, A. H. (1954). *Motivation and Personality*. Harper.

Maslow, A. H. (1970). *Motivation and Personality* (2nd Ed.). Harper & Row.

Mashall, C. & Rossman, G. B. (1995). *Designing Qualitative Research* (2nd Ed.). Sage.

Matza. D. & G. M. Sykes (1970). "Techniques of Neutralization: A Theory of Delinquency." In H. L. Voss (ed.), *Society, Delinquency and Delinquent Behavior*. Little Brown.

Michael G. Maxfield & Eael R. Babbie (2003). *Research Methods for Criminal Justice and Criminology* (4th Ed.). Wadsworth Publishing Company.

Moerton, Robert C. (1986). *Social Theory and Social Structure*. The Free Press.

Newman, Oscar (1972). *Defensible Space, Crime Prevention Through Urban Design*. Macmillan.

Paternoster, Raymond & Ronet Bachman (2001). *Explaining Criminals and Crime*. Roxbury Publishing Company, pp. 23-42.

Patton, M. Q. (1980) *Qualitative Evaluation Methods*. Sage.

Peter B. Kraska & Lawrence Neuman (2008). *Criminal Justice and Criminology Research Methods*. Wadsworth Publishing Company.

Piaget, J. J. (1932). *The Moral Judgment of the Child*. The Free Press.

Potkey, C. R. & B. P. Allen (1990). *Personality: Theory, Research, and Applications*. Brooks Cole.

Reckless,W. C. (1976). "A New Theory of Delinquency and Crime." In Rose Giallombards (ed.),

Jurenile Delinquency (3rd Ed.), p. 168.

Reiboldt, Wendy & Ronald E. Vogel (2003). "A Critical Analysis of Telemarketing Fraud in a Gated Senior Community." *Journal of Elder Abuse and Neglect*, Vol. 13, No. 4, pp. 21-38.

Ronald V. Clarke (1997). *Situational Crime Prevention: Successful Case Studies* (2nd Ed.), p. 18.

Rory Truex (2011). "Corruption, Attitudes, and Education: Survey Evidence from Nepal." *World Development*, Vol. 39, No. 7, pp. 1133-1142.

Sampson, Robert & John Laub (1993). *Crime in the Making*. Harvard University press.

Schultz, Donald O. & Service, Gregory J. (1981). *The Police Use of Force*. Charles C Thomas Publisher.

Schram, T. H. (2003). *Conceptualizing Qualitative Inquriry: Mindwork for Fieldwork in Education and the Social Science*. Merrill prentice Hall.

Seidman, I. E. (1998). *Interviewing as Qualitative Research: A Guide for Researchers in Education and the Social Sciences* (2nd Ed.). Teachers College Press.

Sharan, B. M. (2009). *Qualitative Research: A Guide to Design and Implementation*. John Wiley & Sons, Ic.

Siegel, Larry J. (2006). *Criminology* (9th Ed.). Wadsworth Publishing Company.

Sutherland, E. H. (1939). *White Collar Criminality*. American Sociological Review.

Sutherland, E. H. & D. R. Cressey (1978). *Criminology*. Lippincott Company.

Van Wyk, J. & K. A. Mason (2001). "Investigation Vulnerability and Reporting Behavior for Consumer Fraud Victimization." *Journal of Contemporary Criminal and Justice*, Vol. 17, No. 4, pp. 328-345.

Van Manen, M. (1990). *Researching Lived Experience: Human Science for an Action Sensitive Pedagogy*. The University of Western Ontario.

Vgl. Moller/Wilhem, Allgemeines Polizei- und Ordnungsrecht, 5. Auflage, Stuttgart 2003, S. 112ff.

Vgl. Rachor, F. Polizeihandelm, in Lisken/Denninger, Handbuch des Polizeirechts, S. 541ff.

Vgl. Denninger, Polizeiaufbgabe, in Lisken/Denninger, Handbuch des Polizeirechts, 5. Aufl., 2012, D. Rdnr. 218-229.

Walters, Gleen, D. & T. W. White (1989). "Lifestyle Criminality From a Development Standpoint." *American Journal of Criminal Justice*, Vol. 13, pp. 257-258.

Walker (2005). *The New World of Police Accountability*. Sage Publication.

Weisburd, David, Laura A. Wyckoff, Justin Ready, John Eck, Joshua C.Hinkle, & Frank Gajewski (2006). "Does Crime Just Move Around? A Controlled Studt of Spatial Displacement and Diffusion of Crime Control Benefits." *Criminology*, Vol, 44, No. 3, pp. 549-592.

國家圖書館出版品預行編目資料

警察危害防止實踐之研究／陳永鎮著. -- 二
版. -- 臺北市：五南圖書出版股份有限公司,
2023.11
　　面；　公分
　ISBN 978-626-366-788-4（平裝）

　1.CST：警政法規　2.CST：論述分析

575.81　　　　　　　　　　112019149

1RD7

警察危害防止實踐之研究

作　　　者 — 陳永鎮（265.8）

發 行 人 — 楊榮川

總 經 理 — 楊士清

總 編 輯 — 楊秀麗

副總編輯 — 劉靜芬

責任編輯 — 黃郁婷

封面設計 — 陳亭瑋、封怡彤

出 版 者 — 五南圖書出版股份有限公司

地　　　址：106台北市大安區和平東路二段339號4樓

電　　　話：(02)2705-5066　　傳　　　真：(02)2706-6100

網　　　址：https://www.wunan.com.tw

電子郵件：wunan@wunan.com.tw

劃撥帳號：01068953

戶　　　名：五南圖書出版股份有限公司

法律顧問　林勝安律師

出版日期　2019年 6 月初版一刷
　　　　　2019年10月初版四刷
　　　　　2023年11月二版一刷

定　　　價　新臺幣380元

經典永恆‧名著常在

五十週年的獻禮——經典名著文庫

五南，五十年了，半個世紀，人生旅程的一大半，走過來了。

思索著，邁向百年的未來歷程，能為知識界、文化學術界作些什麼？

在速食文化的生態下，有什麼值得讓人雋永品味的？

歷代經典‧當今名著，經過時間的洗禮，千錘百鍊，流傳至今，光芒耀人；

不僅使我們能領悟前人的智慧，同時也增深加廣我們思考的深度與視野。

我們決心投入巨資，有計畫的系統梳選，成立「經典名著文庫」，

希望收入古今中外思想性的、充滿睿智與獨見的經典、名著。

這是一項理想性的、永續性的巨大出版工程。

不在意讀者的眾寡，只考慮它的學術價值，力求完整展現先哲思想的軌跡；

為知識界開啟一片智慧之窗，營造一座百花綻放的世界文明公園，

任君遨遊、取菁吸蜜、嘉惠學子！